Custos de operações no e-commerce

CB058240

inter
saberes

Custos de operações no e-commerce

Silvana Torquato Fernandes Alves
Lúcia Maria Tavares

Rua Clara Vendramin, 58 . Mossunguê
CEP 81200-170 . Curitiba . PR . Brasil
Fone: (41) 2106-4170
www.intersaberes.com
editora@intersaberes.com

Conselho editorial
Dr. Alexandre Coutinho Pagliarini
Drª Elena Godoy
Dr. Neri dos Santos
Mª Maria Lúcia Prado Sabatella

Editora-chefe
Lindsay Azambuja

Gerente editorial
Ariadne Nunes Wenger

Assistente editorial
Daniela Viroli Pereira Pinto

Copidesque
Tiago Krelling Marinaska

Edição de texto
Fábia Mariela De Biasi
Tiago Krelling Marinaska

Capa
Iná Trigo (*design*)
davooda/Shutterstock (imagem)

Projeto gráfico
Bruno Palma e Silva

Diagramação
Rafael Ramos Zanellato

***Designer* responsável**
Iná Trigo

Iconografia
Maria Elisa Sonda
Regina Claudia Cruz Prestes

Dados Internacionais de Catalogação na Publicação (CIP)
(Câmara Brasileira do Livro, SP, Brasil)

Alves, Silvana Torquato Fernandes
Custos de operações no e-commerce / Silvana Torquato Fernandes Alves, Lúcia Maria Tavares. -- Curitiba, PR : Editora Intersaberes, 2023.

Bibliografia.
ISBN 978-85-227-0394-4

1. Comércio eletrônico – Administração 2. Contabilidade de custos I. Tavares, Lúcia Maria. II. Título.

22-140592 CDD-658.1

Índices para catálogo sistemático:
1. E-commerce : Controle de custo : Administração financeira 658.1
Eliete Marques da Silva – Bibliotecária – CRB-8/9380

Foi feito depósito legal.

1.ª edição, 2023.

Informamos que é de inteira responsabilidade das autoras a emissão de conceitos.

Nenhuma parte desta publicação poderá ser reproduzida por qualquer meio ou forma sem a prévia autorização da Editora InterSaberes.

A violação dos direitos autorais é crime estabelecido na Lei n. 9.610/1998 e punido pelo art. 184 do Código Penal.

sumário

apresentação

Dedicamo-nos especialmente à escrita deste livro sabendo que a temática aqui abordada tem um conteúdo amplo. Assim, decidimos abordar os principais temas referentes aos custos de operações no e-commerce, considerando que outros pontos igualmente importantes foram excluídos.

Nesses termos, o material foi desenvolvido com base na exposição de conceitos, constructos e práxis, relacionando saberes de base teórica e empírica. Em outras palavras, estabelecemos uma rede de significados entre saberes, experiências e práticas, assumindo que tais conhecimentos se encontram em constante processo de transformação.

A escolha dos conteúdos abordados neste livro foi realizada com vistas a auxiliar você a expandir todo o seu conhecimento com relação aos custos de operações no e-commerce. Assim, a primeira decisão foi a de apresentar uma rápida introdução dos conceitos dos custos operacionais relacionados à área.

Os seis capítulos que integram este livro reúnem contribuições referentes às regras, aos custos, aos gastos, às causas, à infraestrutura, entre outros aspectos da área de e-commerce.

Tendo elucidado alguns aspectos do ponto de vista epistemológico, é necessário esclarecer que o estilo de escrita adotado é influenciado pelas diretrizes da redação acadêmica.

A vocês, estudantes e pesquisadores, desejamos excelentes reflexões.

capí-
tulo
1

Custos e operações no e-commerce

Conteúdos do capítulo

- Investimento: primeiros passos para um e-commerce.
- Gastos, custos e despesas.
- Custos diretos e indiretos nos negócios.
- Custos fixos e variáveis em uma loja virtual.
- Perdas e desperdícios.
- Causas de ruptura e prevenção.
- Custos de infraestrutura.

Após o estudo deste capítulo, você será capaz de:

1. avaliar o tipo de investimento necessário para a abertura de um e-commerce;
2. indicar os principais custos, despesas e gastos de operação de loja virtual;
3. identificar os custos diretos e indiretos e modos de minimização de gastos extras;
4. reconhecer o alcance dos problemas causados por perdas e desperdícios em uma operação de e-commerce;
5. criar infraestrutura tecnológica para garantir o desenvolvimento de um *site* escalável e sustentável.

Considerado uma tendência mundial, principalmente no Brasil, o e-commerce está em ampla expansão, motivo pelo qual é preciso entender como estruturá-lo e reconhecer quais são os custos e as despesas demandadas em seu desenvolvimento para que o negócio consiga escalar e aumentar o tráfego de clientes.

Compreender cada etapa e todo os setores de um e-commerce é a única maneira de o empreendedor determinar com exatidão os investimentos necessários para que sua empresa se desenvolva com saúde financeira controlada, o que detalharemos logo a seguir. Nesse contexto, podemos usar como exemplo dois aspectos críticos, muitas vezes deixados de lado nos negócios digitais: as perdas e os desperdícios; ligada a esses fatores, podemos indicar a ruptura – no âmbito do e-commerce, vender um produto que não existe em estoque e não perceber e corrigir esse problema interfere no relacionamento com o cliente. Nesse caso, é importante implantar o setor de prevenção de perdas para que essa avaliação e seu acompanhamento sejam constantes.

Além disso, o e-commerce demanda planejamento sobre seu domínio, o nome que será dado à loja no ambiente virtual, que reflete a área de negócio explorada. Todos os elementos anteriormente elencados dependem de uma infraestrutura adequada para realidade do negócio, como você poderá verificar nas seções a seguir.

1.1 Investimento: primeiros passos para um e-commerce

A transformação digital vivenciada na atualidade está trazendo profundas mudanças para o mercado e fazendo com que as organizações se adéquem rapidamente a essa nova realidade. Por muito tempo, a fisicalidade teve uma presença forte na vida dos consumidores e dos empresários, e aqueles que não se prepararam para adentrar no universo *on-line* se viram com as portas das lojas fechadas.

O potencial de crescimento do e-commerce só tende a aumentar, pois, nesse âmbito, é o consumidor quem escolhe seus canais de compra. Nesse contexto, o empresário deve compreender que sua marca precisa estar presente e comunicar a mesma mensagem em diferentes canais – a ideia é criar a convergência dos canais dos quais a empresa dispõe, de tal modo que o cliente não perceba diferenças entre as experiências nas lojas virtual e física, dinâmica também conhecida como *omnichannel*, que demanda investimento e planejamento; nesse caso, é importante frisar que o retorno dessa iniciativa demora a ser notável e escalável.

O que é?

Citando Sebrae (2022a) e Fonseca (2017), Fiori (2023, p. 147-148, grifo do original) informa a seguinte definição de *omnichannel*:

> *Omnichannel* é uma tendência do varejo que se baseia na concentração de todos os canais utilizados por uma empresa. Trata-se da possibilidade de fazer com que o consumidor não veja diferença entre o mundo on-line e o off-line. O omnichannel integra lojas físicas, virtuais e compradores. Dessa maneira, pode explorar todas as possibilidades de interação. Essa tendência é uma evolução do conceito de multicanal, pois é completamente focada na experiência do consumidor nos canais existentes de uma determinada marca (Sebrae, 2022a).
>
> Nessa estratégia, um cliente pode, por exemplo, fazer o pedido com um dos vendedores da loja física, ou pelo aplicativo da loja, e optar por receber a entrega em casa, retirar na loja ou levar o produto da loja física e pagar pelo celular ou pelo aplicativo. Dessa forma, um canal ajuda o outro a oferecer uma experiência de compra melhor, estreitando as relações on-line e off-line (Fonseca, 2017).

Convém destacar que, antes de se investir em um e-commerce, é preciso construir um *site* responsivo, que se adéque a qualquer plataforma. Além disso, é necessário utilizar técnicas que permitam que esse domínio apareça facilmente, por exemplo, em buscas do Google, pois, na internet, é preciso aparecer para existir. Para que a aplicação desses recursos seja eficiente, o nome do produto/serviço deve ser muito bem pensado, bem como a escolha da plataforma ideal para seu mercado e nicho.

Pelo fato de as oportunidades de negócios na internet serem inúmeras na atualidade, as empresas devem explorar todo esse potencial combinando o e-commerce aos negócios de suas unidades físicas, caso as tenham. Outra possibilidade é a tendência contemporânea, utilizada por muitos empreendedores, de iniciar o negócio já na *web*, haja vista ser um formato menos burocrático que o tradicional.

Para Turchi (2012, p. 25), "para as PMEs [pequenas e médias empresas] investirem em uma loja virtual pode ser muito vantajoso, por representar mais uma forma de conquistar novos clientes, além de ser uma fonte alternativa de receita e, inclusive, de ampliar a visibilidade da sua marca". Tudo é uma questão de estratégia e do que se deseja alcançar – as vendas na internet não conhecem barreiras, pois demandam um investimento menor em aspectos como manutenção de espaço físico e encargos, podendo funcionar em um escritório e iniciar com investimentos mais baixos referentes a hospedagem de *site*, plataforma, funcionários etc.

Assim como no ambiente físico, a atuação no meio digital requer planejamento, estudo de mercado, identificação da concorrência (seu comportamento e perfil de vendas) e, principalmente, análise do público, cuja abordagem deve ser segmentada, ou em nichos, de modo a satisfazer "necessidades e interesses distintos, agradando cada vez mais consumidores e seus gostos específicos" (Ruano, 2015). Por exemplo: com base na teoria da cauda longa, apresentada na Figura 1.1, a seguir, é possível perceber que o eixo dos segmentos é bem maior que o do volume de vendas, o que se deve à elevada segmentação de público e de produtos. É uma visão, segundo Turchi (2012, p. 26), de mudança de foco: "pouca quantidade de produtos campeões de venda, que estão no topo da demanda, e voltando-se para uma grande quantidade de produtos de nichos específicos, que se encontram na cauda".

Figura 1.1 – Teoria da cauda longa

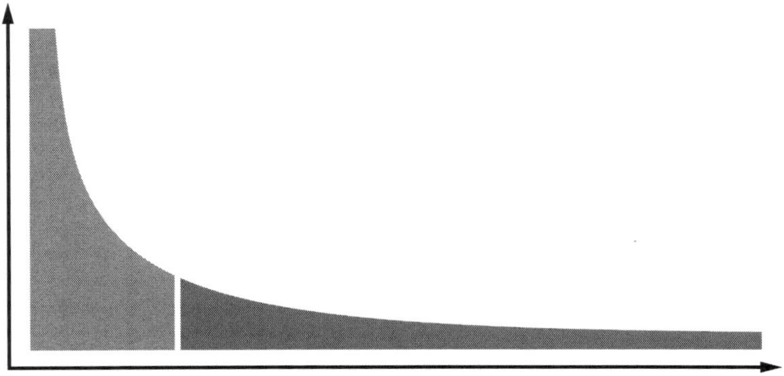

D-Krab/Shutterstock

Realizados esses estudos, é hora de pesquisar sobre os seguintes investimentos para o negócio:

» identidade visual;
» plataforma a ser contratada;
» registro e hospedagem de domínio;
» plataforma para geração de notas fiscais e controle de estoque (ERP);
» *softwares* e licenças;
» equipamentos;
» equipe e espaço para administração da operação;
» logística;
» embalagens;
» publicidade para anúncio da loja *on-line*.

Observe os exemplos citados no Quadro 1.1, a seguir. Os valores apresentados referem-se a uma média de mercado, podendo, portanto, sofrer variações.

Quadro 1.1 – Exemplos de investimentos para e-commerce[1]

Investimento inicial	Custo com plataforma Custo com identidade visual Investimento em estoque Abertura da empresa
Investimento até a loja ter lucro	Marketing: R$ 5.000,00/mês Plataforma: R$ 300,00/mês ERP (sistema de gestão): R$ 100,00/mês *E-mail* marketing: R$ 100,00/mês Agência de marketing: R$ 3.000,00/mês Contador: R$ 500,00/mês Outros: R$ 500,00/mês

Fonte: Elaborado com base em Tucunduva, 2017.

Nota: [1] Os exemplos citados no Quadro 1.1 baseiam-se em média de mercado e podem sofrer alterações.

Para saber mais

Sobre os vários investimentos necessários para a criação e um empreendimento virtual, leia o seguinte material complementar:

VEJA quanto custa montar uma loja virtual em 2023. **Contabilizei**, 24 jan. 2023. Disponível em: <https://www.contabilizei.com.br/contabilidade-online/quanto-custa-montar-uma-loja-virtual/>. Acesso em: 17 jul. 2023.

Schroder (2018, p. 380) destaca um ponto importantíssimo quanto à natureza do investimento no e-commerce: "Quando falamos em investir não falamos apenas em investimento de capital, dinheiro, mas sim também investir em tempo, conhecimento, dedicação. Não se pode iniciar um negócio e delegar 100% das responsabilidades a terceiros". Portanto, é importante analisar cada fator do investimento e assimilar suas especificidades, pois a pior maneira de se começar um negócio é empreender sem prévio domínio dos elementos que farão com que o empreendimento se concretize.

Vale ressaltar outro ponto fundamental de empreendimentos na internet: a implantação gradual do modelo de negócios – como em uma *startup*, o empreendedor deve avaliar aos poucos como a empresa irá se encaminhar e se desenvolver. Segundo Felipini (2014), diferentemente de uma empresa tradicional, que precisa estar totalmente estruturada para dar início às suas atividades, as operações na internet podem transcorrer paralelamente ao seu desenvolvimento. O autor complementa afirmando que,

> na internet, [pode-se] montar um site de conteúdo, com ou sem sua marca definitiva, testar a aceitabilidade de seus produtos, avaliar a visitação e, somente depois, começar a vender. É evidente que esse processo demanda tempo, mas é um tempo muito bem gasto, que pode representar a diferença entre ganhar ou perder o jogo depois. (Felipini, 2014, p. 30)

Para essa avaliação contínua do negócio, utilizam-se amplamente as métricas das visitas ao *site* e da taxa de conversão. Conforme a Associação Paulista das Agências Digitais (Apadi, 2013), a conversão[1] de vendas de um produto equivale a 1% do número de visitas. Portanto, se a loja virtual pretende realizar 1.000 vendas por mês, são necessários 100 mil visitantes para se obter esse resultado. Nesse contexto, segundo Sebrae (2022b), a Pesquisa Experian Hitwise aponta que, no Brasil, a taxa de conversão é de 1,65%, considerada um valor baixo quando em comparação com o de outros países.

1 Nesse contexto, destacamos a Ebit | Nielsen, importante plataforma de conversão, "uma empresa que mede a relevância das lojas virtuais brasileiras, avaliando se elas, de fato, são confiáveis. Esse sistema de avaliação permite aos lojistas, inclusive, entender as mudanças de hábitos no perfil do consumidor. A plataforma oferece um selo de credibilidade, que pode ser inserido na loja virtual, atestando que ela cumpre com o que promete" (Coelho, 2021).

Exemplificando

Não há regra para que um e-commerce tenha sucesso. No entanto, há certos parâmetros que são importantes para o desenvolvimento de um negócio virtual no contexto brasileiro (Apadi, 2013):

» Total do número de visitas do e-commerce = 0,5% a 1,5% de vendas.
» 100 mil visitas por mês no e-commerce – 500 a 1.500 vendas.

Além disso, um visitante único acessa, em geral, cerca de 15 páginas de um mesmo e-commerce. Nesse caso, temos o seguinte cálculo:

» Cada visitante = 15 *pageviews*.
» 100.000 visitantes – 1.500.000 *pageviews*.

Com base nessas projeções, é possível estabelecer o tipo de investimento a ser utilizado no início do empreendimento com plataformas (p. ex.: as que cobram por visitação no *site*). Contudo, caso o empresário pretenda escalar seu negócio, a plataforma tem de atender a essa demanda de imediato. É uma questão de planejamento e compreensão sobre em que e onde investir.

1.2 Gastos, custos e despesas

O gerenciador de um e-commerce deve entender que esse negócio deve ser administrado como qualquer outro tipo de empreendimento – os gastos, os custos e as despesas demandadas por uma loja física são os mesmos de uma loja na internet. Daí a necessidade de um bom e-commerce contar com uma gestão de custos adequada.

Ainda que, de acordo Lima e Moraes Filho (2016, p. 529), seja "possível perceber a utilização da gestão de custos mais desenvolvida nas empresas de médio e grande portes devido ao maior investimento por meio de profissionais capacitados, novos sistemas integrados e indicadores", há um universo de microempresas que também estão atuando na internet e que contam com recursos bem mais escassos. Nesse contexto,

> a permanência das microempresas no mercado depende de muitos fatores adequados às suas necessidades respeitando as limitações de investimento. Entre as dificuldades encontradas destacam-se: conceber a diferença entre gastos e custos, classificar os custos e organizá-los em planilhas para mapeá-los de maneira objetiva e eficaz. (Lima; Moraes Filho, 2016, p. 529)

O que diferencia os gastos e despesas de uma loja virtual são os investimentos iniciais. Muitos profissionais empreendem seu negócio e adquirem experiência nessa atividade com a prática diária – por meio das vendas e do desenvolvimento contínuo da operação –, antes de empregar qualquer investimento de grande volume. No entanto, isso não é regra.

O que é?

As microempresas são assim definidas de acordo com o critério de receita bruta anual, conforme a Lei Complementar n. 139, de 10 de novembro de 2011. Conforme o Sebrae (2023a), *microempresa* é uma sociedade empresária, sociedade simples, empresa individual de responsabilidade limitada e o empresário, devidamente registrados nos órgãos competentes. A receita bruta anual é igual ou inferior a R$ 360 mil.

Segundo Lima e Moraes Filho (2016), gastos podem ser considerados sacrifícios da empresa para a obtenção de bens/serviços e, em última instância, para efeitos contábeis, são classificados em custos e despesas. Portanto, para manter a saúde financeira da empresa, é preciso ter o controle de gastos, ou seja, identificar e classificar custos e verificar o destino das despesas.

> Despesas são gastos com bens e serviços não utilizados nas atividades produtivas e consumidas com a finalidade de obtenção de receitas. Custo é um gasto, ou seja, um sacrifício econômico para aquisição de bens ou serviços, utilizados na produção de outros bens ou serviços, relacionados com a atividade de produção. (Lima; Moraes Filho, 2016, p. 531)

Na contabilidade, os gastos oriundos da elaboração do produto são classificados como custos; os gastos advindos da disponibilização do produto, por sua vez, são classificados como despesas. "Nesse conceito, gastos podem ser considerados investimentos antes da produção de bens e serviços. No processo de transformação de gastos, enquanto os produtos ficam estocados, os custos são ativados" (Lima; Moraes Filho, 2016, p. 532).

As despesas têm natureza não fabril, sendo associadas ao seu consumo ou uso, por isso possuem tempo. A Figura 1.2, a seguir, demonstra onde os custos e as despesas se encontram em relação aos gastos.

Figura 1.2 – Diferença entre custo e despesa

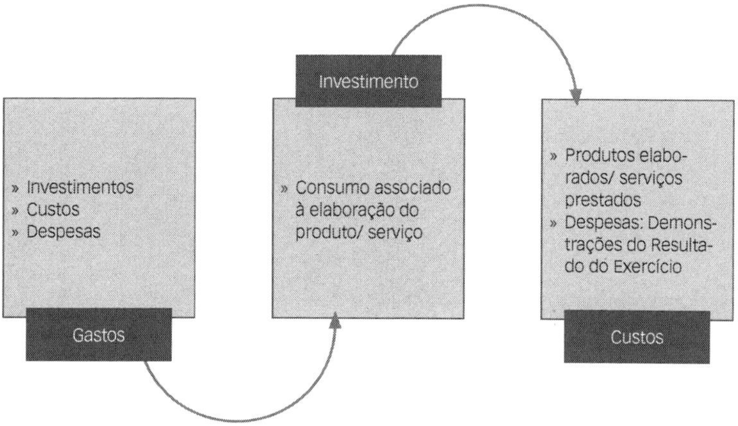

Fonte: Elaborado com base em Lima; Moraes Filho, 2016.

As despesas podem ser consideradas **fixas** quando não são associadas à produção e são periodicamente recorrentes (p. ex.: meses), como no caso de aluguel de escritório para funções administrativas do negócio. As despesas **variáveis**, por sua vez, dependem de produção ou venda, seja com a comercialização de mil unidades ou de um único exemplar de determinado produto. Convém destacar que essa categoria não pode, de maneira alguma, ser confundida com a dos custos variáveis, haja vista que, como explicamos, as despesas variáveis mudam conforme sua utilização, como é o caso do volume produzido ou do volume de vendas.

Sendo assim, podemos verificar, no quadro a seguir, algumas despesas comuns aos diversos tipos de comércio eletrônico e físico.

Quadro 1.2 – Especificidades das despesas fixas e variáveis

Despesas fixas	Despesas variáveis
Pessoal	Frete
Taxas bancárias	Comissão de vendas
Seguro	Embalagem de entrega
Energia usada no escritório	*Royalties*
Material de limpeza	Multas por atrasos na entrega
Hospedagem de *site*	Combustível do veículo da empresa
Propaganda	Reparo de avarias

No que diz respeito aos custos, a contabilidade correlata prevê a identificação, a informação e a mensuração de custos de produtos/serviços, de modo a fornecer dados para tomadas de decisão mais assertivas. São três os objetivos dessa atividade, como aponta Megliorini (2001) citado por Friedrich e Siluk (2010, p. 3): "a determinação do lucro, o controle das operações e a tomada de decisões. Para alcançar tais objetivos, as empresas se valem de métodos de custeio que [...] tem a finalidade de fornecer as informações necessárias para a tomada de decisão".

Em suma, podemos afirmar, de acordo com Martins (2003, p. 26), "que os gastos do processo de produção serão os custos, já referentes ao processo administrativo, às vendas, as despesas".

Levando-se em consideração a importância dos custos, trataremos na sequência dos custos diretos e indiretos dos negócios.

1.3 Custos diretos e indiretos nos negócios

As operações de e-commerce pressupõem custos diretos e indiretos. Para entendê-los, precisamos compreender o que são os **métodos de custeio**, usados pela contabilidade para se apropriar dos custos dos produtos. Cada empresa precisa adotar o método mais adequado para atender às suas necessidades e fornecer informações para tomadas de decisão mais assertivas.

> Nesse sentido, os custos diretos são definidos como os custos que podem ser identificados e apropriados a um determinado departamento, centro de custo ou produto, e os custos indiretos são custos relacionados à produção que não podem ser separados economicamente entre as unidades que estão sendo produzidas, ou seja, devem ser apropriados segundo determinado critério de rateio. (Lima; Moraes Filho, 2016, p. 532)

Em suma, os custos diretos têm relação com os produtos, aos quais são acrescidos materiais consumidos, embalagens utilizadas, horas de mão de obra empregadas e até quantidade de força consumida. Já os custos indiretos têm mais relação com o aluguel do espaço, se houver; a supervisão, as chefias etc. "Portanto, a classificação de direto e Indireto que estamos fazendo é com relação ao produto feito ou serviço prestado, e não à produção no sentido geral ou aos departamentos dentro da empresa" (Martins, 2003, p. 32).

Nesse sentido, *custeio* significa "apropriação de custos". Entre esses métodos estão os custeios por absorção, variável, ABC, RKVV e outros. Sendo um dos mais utilizados no e-commerce, veremos a seguir o custeio por absorção.

Para saber mais

Um dos grandes "gargalos" do e-commerce é a contabilidade. Entender todos os fatores relacionados a essa área, tais como custos, gastos e investimentos, é fundamental para o bom andamento do negócio. Pensando nisso, recomendamos uma empresa trabalha só com contabilidade para vários tipos de e-commerce. Para mais detalhes, acesse:

CONTABILIZEI. Disponível: <https://www.contabilizei.com.br/contabilidade-para-ecommerce/>. Acesso em: 17 jul. 2023.

1.3.1
Custeio por absorção

De acordo com Martins (2003, p. 24)

> Custeio por Absorção é o método derivado da aplicação dos princípios de contabilidade geralmente aceitos, nascido da situação histórica mencionada. Consiste na apropriação de todos os custos de produção aos bens elaborados, e só os de produção.

No contexto das operações de e-commerce, é preciso compreender que, apesar de muitos custos serem idênticos, há custos de produtos/serviços que são diferentes daqueles observados em lojas físicas, pois decorrem de estruturas logísticas que incluem entrega e utilização de centros de distribuição. Daí a importância dos métodos de custeio, tendo em vista que, de acordo com Lima e Moraes Filho (2016, p. 532), são usados para "orientar a tomada de decisões na escolha da melhor alternativa para a solução de um problema e, se necessário, efetivar ações corretivas, em caso de resultados não planejados".

Custos dessa natureza são voltados principalmente à avaliação de estoques, fundamentais para as operações de um e-commerce. Quando uma venda ocorre pela internet, ela depende de um estoque físico completo, o que na prática nem sempre acontece. Em muitos casos, os estoques de lojas físicas e de lojas virtuais não são segregados, contudo há um gerenciamento eficiente.

Lima e Moraes Filho (2016) lembram que é o custeio por absorção que separa custos e despesas, bem como apropria custos indiretos e diretos. "Dessa forma, vale destacar que o custeio por absorção reconhece todos os custos de produção como despesas somente no momento da venda, demonstrando de forma mais apropriada a relação da receita com a despesa" (Lima; Moraes Filho, 2016, p. 532).

Exercícios resolvidos

A operação de um e-commerce inclui os custos diretos, que abrangem todos os fatores relacionados à revenda de um produto/serviço, tais como o aluguel do galpão para o estoque. Apesar de a maior parte desses negócios ser de revenda, há casos em que as atividades fabris também são parte do processo, o que as inclui nesses custos. Já os indiretos relacionam-se a fatores como aluguel de escritório, despesas extras ocasionais etc. Diante dessas informações, o que caracteriza como custos diretos no e-commerce?

a. A manutenção de um e-commerce demanda custos como o referente à energia elétrica e a materiais de embalagem.
b. As operações de e-commerce devem levar em conta os custos com materiais de embalagem, já que entregas são necessárias, bem como com mão de obra da produção.
c. Toda operação de e-commerce demanda aluguel de unidades fabris, seja para fabricar produtos, seja para armazená-los, bem como custos com customização da plataforma e-commerce e energia elétrica.
d. Os materiais de embalagem, os equipamentos de produção e a energia elétrica fazem parte dos custos diretos de um e-commerce poder funcionar.

Gabarito: B

***Feedback* do exercício**: Os custos diretos de um e-commerce têm ligação direta com o produto vendido, o que inclui as embalagens, que são necessárias para qualquer tipo de entrega. O mesmo vale para a mão de obra de produção, que entra como custo direto na realização do produto final que será entregue ao cliente. Portanto, são custos que têm objetividade e finalidade clara.

1.4 Custos fixos e variáveis em uma loja virtual

Como explicamos anteriormente, uma adequada estrutura de custos é um aspecto fundamental na elaboração de qualquer modelo de negócio. Essa estrutura deve cobrir todos os custos necessários ao funcionamento e à oferta de bens/serviços do empreendimento.

Nesse contexto, os custos também podem ser classificados como **fixos** e **variáveis**, levando-se em conta a unidade de tempo, o valor total de custos de um item em determinada unidade de tempo e o volume de atividade. Na prática, essas nomenclaturas auxiliam na compreensão do negócio como um todo e na separação de todos os gastos da empresa.

1.4.1 Custos fixos

É importante destacar que tais classificações decorrem da relação dos custos com as mudanças nos volumes de produção ou vendas. Em outras palavras, para determinado volume de produção/venda, relaciona-se certo montante de custos: "Se esse volume aumentar ou diminuir, o consumo de alguns elementos de custos acompanhará a oscilação para mais ou para menos" (Megliorini, 2011, p. 10).

Martins (2003, p. 33) exemplifica essa dinâmica da seguinte maneira:

> O valor global de consumo dos materiais diretos por mês depende diretamente do volume de produção. Quanto maior a quantidade fabricada, maior seu consumo. Dentro, portanto, de uma unidade de tempo (mês, nesse exemplo), o valor do custo com tais materiais varia de acordo com o volume de produção; logo, materiais diretos são Custos Variáveis. Por outro lado, o aluguel da fábrica em certo mês é de determinado valor, independentemente de aumentos ou diminuições naquele mês do volume elaborado de produtos. Por isso, o aluguel é um Custo Fixo.

Exemplificando

Imagine a seguinte situação: você possui um negócio na área de e-commerce com uma estrutura que tem capacidade de processamento de 10.000 itens/semana. A manutenção de tais dimensões exige certos custos relacionados a aluguel de espaço, colaboradores etc. Considere a seguinte situação: em determinado mês, foram movimentados apenas 5.000 itens/semana; nesse caso, ainda que o volume de processamento não alcance a capacidade máxima, os custos se mantêm os mesmos. Portanto, seja com a produção de 10.000 itens, seja com a elaboração de 5.000 unidades, o aluguel e os custos com folha de pagamento se manterão iguais, ou seja, não irão variar com o maior ou menor volume de processamento, o que torna tais custos fixos, pois ocorrerão de qualquer maneira, visto que sustentam a estrutura operacional da empresa.

"Portanto, para classificar um elemento de custo como fixo ou variável, é preciso verificar como ele reage às alterações no volume de produção. Se o volume se alterar e o custo também, ele será variável, do contrário será fixo" (Megliorini, 2011, p. 10).

A Figura 1.3 representa o comportamento do custo fixo. Observe que o preço do aluguel não varia, mesmo que a produção varie em 50, 1.000 ou 1.000.000 de peças.

Figura 1.3 – Comportamento do custo fixo

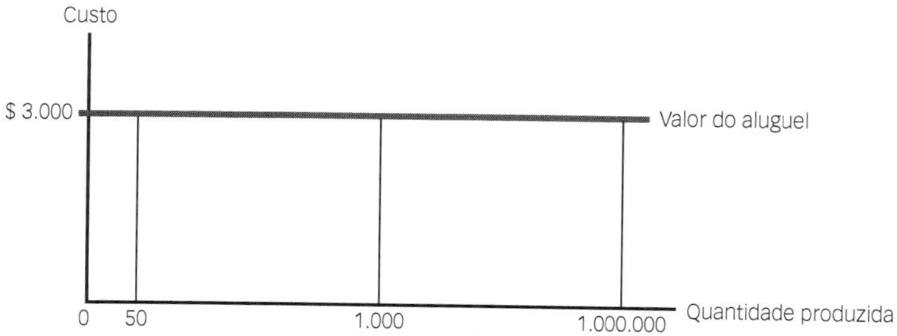

Para Megliorini (2011, p. 10), *custos fixos* são aqueles que "decorrem da manutenção da estrutura produtiva, independendo da quantidade que venha a ser fabricada dentro do limite da capacidade instalada. Exemplos desse comportamento são o custo do aluguel e a depreciação".

Os custos fixos também podem ser classificados em **repetitivos** e **não repetitivos em valor**, isto é, "custos que se repetem em vários períodos seguintes na mesma importância [...] e custos que são diferentes em cada período. Outro aspecto dos custos fixos é que eles não são, mesmo os repetitivos, eternamente do mesmo valor" (Martins, 2003, p. 33).

1.4.2 Custos variáveis

Os custos que dependem da produção, ou seja, aqueles que se alteram com a variação do volume de produção, recebem a denominação de *custo variável* (p. ex.: custos de processamento de pedidos, custos de análise de fraudes).

O que é?

O relacionamento entre uma organização e seus clientes inicia quando o pagamento do pedido é confirmado. O processamento do pedido conta com etapas relevantes, que devem ser monitoradas de modo a assegurar sua execução dentro do planejado e, principalmente, comunicar ao cliente sobre o andamento do pedido.

Figura 1.4 – Exemplo de processamento de pedido

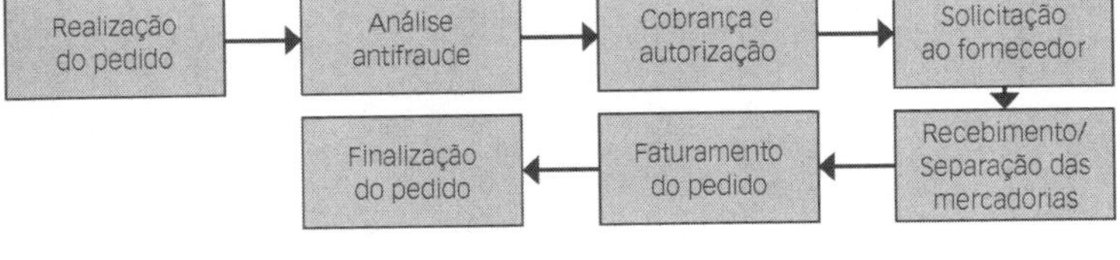

Quanto maior a produção, maior será o custo de determinados itens necessários ao processo. Logo, o custo variável relaciona-se à maior ou menor produtividade.

> Custos variáveis são aqueles que aumentam ou diminuem conforme o volume de produção. São exemplos desse comportamento os custos da matéria-prima (quanto mais se produz, maior a necessidade, portanto, maior o custo) e da energia elétrica (quanto mais se produz, maior o uso de máquinas e equipamentos elétricos. Consequentemente, maiores o consumo e o custo). (Megliorini, 2011, p. 10)

A Figura 1.5 demonstra o comportamento do custo variável, no qual o crescimento do custo acompanha o volume produzido. Observe que cada unidade produzida custa R$ 5,00; conforme o aumento da produção ocorre o aumento do custo. A produção de 50 unidades representa o custo de R$ 250,00. Já uma produção de 1.000 unidades representa o custo de R$ 5.000,00, e uma produção de 1.000.000 representará o custo de R$ 5.000.000,00.

Figura 1.5 – Comportamento do custo variável

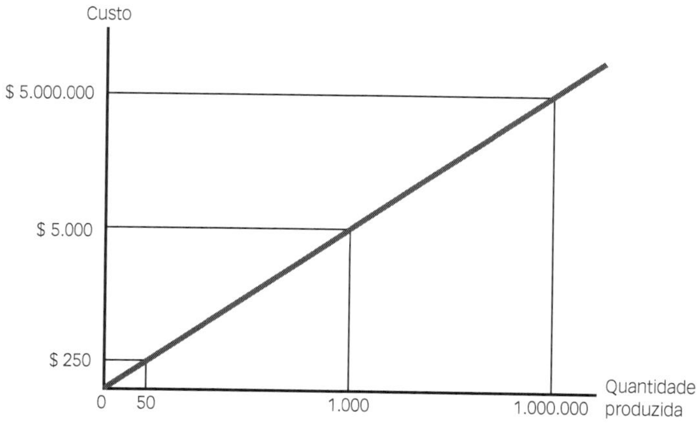

No que que diz respeito ao e-commerce, os custos variáveis relacionam-se ao volume de vendas, o que impactará sobre o custo de mercadoria, de tarifas cobradas decorrentes das formas de pagamento selecionadas, de frete etc. Por outro lado, os custos fixos englobam aspectos independentes do volume de vendas, como: internet, mensalidade da plataforma de e-commerce, salários, etc., que devem ser adequadamente planejados de modo a sustentar o desempenho da plataforma, independentemente do volume de vendas.

Outra maneira de entender os custos no comércio eletrônico pode ser através do seguinte exemplo: as empresas que atuam nesse tipo de negócio necessitam de sistemas de segurança que consigam evitar diversas fraudes e que transmitam confiança ao usuário. Dessa forma a empresa pode decidir por desenvolver o próprio sistema de segurança, assim o sistema passa a ser um investimento. Entretanto, após a implementação, os sistemas devem ter atualizações e revisões para verificar se estão funcionando adequadamente; nesse caso o custo dessas atualizações é fixo e com periodicidade definida, porque o sistema precisa estar funcionando o tempo todo para manter a plataforma de e-commerce segura para a empresa e para os usuários. Explicando um pouco o exemplo, o sistema de segurança deve atuar 100% dos dias e horários que o e-commerce disponibilizar sua plataforma para os usuários, portanto deve estar sempre atualizado evitando prejuízos. Pensando que essa plataforma seja de venda de roupas, se, em um mês, apenas duas pessoas efetivaram ações de compra no *site*, o sistema deve estar funcionando assim como se no mês seguinte tiver duas mil pessoas efetivando compra. Ou seja, independentemente do quanto foi vendido, das operações anteriores de logística etc., o custo com o sistema de segurança irá ocorrer da mesma forma, por isso é fixo.

Alguns custos fixos e variáveis podem ser comuns tanto no comércio físico quanto no comércio eletrônico. O quadro a seguir apresenta alguns desses custos.

Quadro 1.3 – Custo fixo *versus* custo variável

Custo fixo	Custo variável
Aluguel	Comissões
Folha de pagamento	Meio de pagamento (taxa)
Luz	Frete
Água	Embalagem
Telefone	Impostos
Internet	Despesas comerciais
ERP	Despesas com correio
Ferramentas de *marketing*	Afiliados digitais

É relevante perceber que, além dos custos tipicamente fixos e variáveis, há aqueles considerados **mistos**, nos casos em que uma parte do custo é atribuído ao fixo e outra parcela é destinada ao variável. O custo com a energia elétrica é um exemplo adequado: enquanto a energia utilizada na parte administrativa é fixa, visto que, independentemente da produção ou da venda, esse custo se mantém relativamente o mesmo mensalmente, o custo da energia relacionada à quantidade produzida é variável, pois muda, por exemplo, dependendo do tempo que determinado equipamento funciona. Portanto, a conta de energia elétrica a ser paga terá a soma desses dois custos. No Quadro 1.4 estão sintetizados os conceitos explorados nesta seção.

Quadro 1.4 – Comportamento dos custos

	Conceito	Característica
Fixo	Decorre da atividade operacional da empresa, independentemente de haver produção ou venda de um produto/serviço.	Valor total do gasto não se altera; valor unitário do gasto se altera.
Variável	Decorre apenas do volume de produção ou venda de um produto/serviço.	O valor total do gasto se altera em razão do volume de produção ou venda; o valor unitário do gasto não se altera em razão do volume de produção ou vendas.
Misto	Consiste na composição dos gastos das empresas em que pode haver uma parte fixa e uma parte variável.	Apresentam variações de acordo com o volume de produção ou elaboração de um bem ou serviço.

Fonte: Paim, 2016, p. 131.

Destacamos que os custos fixos e variáveis também se aplicam às despesas de vendas fixas como: propaganda, parte fixa da remuneração dos vendedores etc., e as variáveis, englobam comissão de vendedores, despesas de entrega etc.

1.5 Perdas e rupturas

Outros fatores relevantes a serem considerados no contexto do e-commerce se referem às perdas e aos desperdícios. É muito comum que empresários pensem nos investimentos a serem feitos, no quadro funcional a ser contratado, nas metas a serem alcançadas e, principalmente, nos lucros a serem auferidos e, nesse processo, negligenciem as perdas e os desperdícios durante suas operações.

Uma das áreas mais comuns do e-commerce é o varejo, definido como "todas as atividades que englobam o processo de venda de produtos e serviços para atender as necessidades pessoais dos consumidores finais dos produtos e serviços" (Parente, 2000, p. 24). Outro nicho em que o e-commerce pode ser enquadrado é o modelo B2B (*Business to Business*), que se verifica quando a empresa vende para outras empresas.

Independentemente da situação em que o negócio virtual se situe, nada é mais importante que manter um estoque alinhado para que o produto vendido esteja disponível, de modo a evitar que uma venda seja cancelada. Em alguns setores do varejo, a rotatividade é tão rápida que o estoque precisa passar por avaliações constantes para que o pedido seja feito e o produto sempre esteja à disposição.

1.5.1
Perdas

No que tange às perdas, a empresa de e-commerce sempre deve contar com um setor de prevenção para evitar esse tipo de prejuízo. "A principal perda do segmento varejista é obtida pelo resultado da diferença entre os estoques contábil e físico apurado na ocasião do inventário físico de mercadorias" (Costa, 2010, p. 18). Costa (2010) categoriza cinco tipos de perdas, como mostra o Quadro 1.5, a seguir.

Quadro 1.5 – Tipos de perdas no varejo

Perdas de estoque	Causadas pela diferença entre os estoques contábil e físico apurados na ocasião do inventário físico de mercadorias; têm como causas furtos, erros e fraudes.
Perdas financeiras	Oriundas das operações financeiras da empresa com base nos pagamentos e nas concessões de crédito aos clientes nos pontos de venda. Têm como causas assaltos, inadimplência, fraudes, pagamento de juros indevidos etc.
Perdas administrativas	Causadas por desperdícios de suprimentos, água, energia, telefonia e manutenção.
Perdas comerciais	Ocasionadas por fatores como ausência de produtos na gôndola, embalagens não apropriadas, prazos de entrega não cumpridos e distribuição incorreta.
Perdas de produtividade	Causadas pela burocracia nos processos e nas atividades, demora no atendimento em geral, tempo de execução dos trabalhos acima do tempo padrão e "retrabalho".

Fonte: Elaborado com base em Costa, 2010.

Vale ressaltar que essas categorias de perdas podem estar presentes em qualquer área de atuação, seja em lojas físicas, seja em empreendimentos de e-commerce, independentemente da dimensão do negócio. Tais ocorrências geram impactos negativos e gastos desnecessários, fazendo com que os lucros sejam mais baixos e que a equipe se desgaste.

Os principais problemas que causam essa redução de rentabilidade são:

- inadimplência;
- desvio de mercadorias;
- furtos;
- devolução de entregas;
- produtos danificados ou vencidos;
- problemas com fornecedores.

Todos esses problemas acontecem frequentemente no e-commerce. Mais um motivo para que o monitoramento desses eventos seja constante para evitar que tal recorrência se torne um padrão e para que a origem desses erros seja corretamente determinada.

Figura 1.6 – Principais causas das perdas

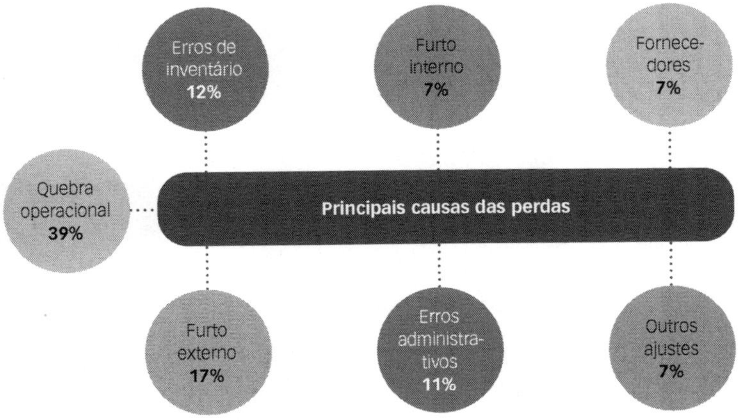

Fonte: Abras Brasil, 2020.

Vejamos a seguir como a prevenção contra perdas é um instrumento fundamental para a boa administração do e-commerce.

É importante enfatizar que, quando falamos em *perda*, uma das mais comuns é a comercial, que ocorre quando o produto não está disponível para venda, fenômeno chamado de *ruptura, como veremos a seguir.*

1.5.2 Rupturas

Aguiar e Sampaio (2012) lembram que o tema ruptura é cada vez mais reconhecido como problema crítico no varejo. "Ruptura de estoque é definida como um evento onde um varejista experimenta uma demanda por um item, porém ele não está disponível para venda" (Aguiar; Sampaio, 2014, p. 57).

O que é?

Nesta obra, entendemos *ruptura* como a indisponibilidade de produto em lojas virtuais, ou seja, sem estoque ou como "item removido". Do ponto de vista prático, esse tipo de problema ocorre quando determinado produto pesquisado não se encontra disponível no estoque de dada loja virtual ou foi retirado pelo lojista. Nesse caso, o empreendedor do e-commerce perde a oportunidade de vender produtos e fica exposto ao risco de ser substituído pela concorrência.

A primeira pesquisa realizada no Brasil sobre ruptura data de 1963. Segundo Mesquita e Loos (2017), James O. Peckham foi o primeiro a sinalizar sobre as rupturas de vendas (em gôndolas) voltadas mais para o consumidor quando este se depara com a ausência do produto. "A ruptura é definida quando o produto não se encontra na gôndola para ser vendido ao consumidor final, pois isso ocasiona a venda perdida. Tais situações são prejudiciais tanto para os fabricantes como para os varejistas" (Mesquita; Loos, 2017, p. 277).

Esse mesmo problema se reflete no e-commerce: quando um consumidor opta por um produto que consta como disponível em estoque em determinado *site* mas se encontra em ruptura (ausente), o cliente também fica sem o produto, o que é prejudicial para o negócio, que pode perder o comprador, que, por sua vez, pode procurar o concorrente e deixar de comprar no primeiro canal de venda.

> Tanto varejistas como fabricantes gostariam de identificar e mapear as causas de ruptura de estoque de suas respectivas cadeias de suprimento, pois a redução de sua ocorrência pode aumentar em até 5% as receitas do varejista. Apesar da atratividade, poucos estudos até o momento se dedicaram a investigar a ruptura de estoque em países em desenvolvimento como o Brasil. (Aguiar; Sampaio, 2014, p. 57)

Diante dessa exposição, é relevante pensar que a gestão do estoque é necessária para que o produto não falte por algum motivo, seja na loja física, seja na *on-line*. "Com a competitividade no varejo moderno não é possível pensar em administrar o estoque apenas olhando para a gôndola e vendo qual produto precisa ser reposto" (Rosa; Dias, 2015, p. 91).

Exercícios resolvidos

O trabalho com lojas, sejam físicas, sejam virtuais, sempre implica perdas e desperdícios. No entanto, o descontrole desses eventos pode gerar impactos negativos e gastos desnecessários, o que faz com que o lucro diminua, evento que representa um grave problema para o empresário. O que fazer para que tal erro não ocorra?

a) Mostrar à equipe que esse tipo de problema é comum e recorrente e que, em muitas situações, não há o que fazer, pois a perda de controle de rupturas no estoque é normal.
b) Ter um controle sob o centro de distribuição; acompanhar todo o processo de compra, desde o pedido até a chegada do produto no ponto convencionado; utilizar estratégias para identificar esse tipo de problema o mais rápido possível para combatê-lo.
c) Realizar fiscalização constante; colocar câmeras de segurança para evitar furtos ou perdas de produto.
d) Ter em mente que as perdas comerciais (que são a ausência de produtos) são entraves para todo tipo de operação e aplicar esse raciocínio visando a um rigor na hora de conferir item por item, sempre exigindo da equipe que haja uma fiscalização em todos os produtos.

Gabarito: B

***Feedback* do exercício**: Perdas ou rupturas em lojas, principalmente naquelas presentes na internet, podem acarretar sérios problemas. Nesse contexto, é necessário o engajamento de toda a equipe, partindo do setor de compras, que deve verificar as condições das embalagens dos produtos vendidos, bem como a logística destes até o ponto de entrega estabelecido.

A ruptura é um grande desafio para os varejistas ao tentar alcançar um estoque consistente, pois é preciso ter uma quantidade de itens que não prejudique o capital de giro, mas também não ter um estoque reduzido que prejudique o negócio.

Como explicamos anteriormente, o problema de rupturas em lojas, principalmente no contexto do e-commerce, pode trazer sérios prejuízos às operações do estabelecimento e de seu centro de distribuição.

Para Marquai, Alcântara e Christopher (2010), as causas da ruptura podem ser divididas em três grupos: problemas de **planejamento**, de **processamento de pedido** e de **reposição**.

Já conforme Corsten e Gruen (2003, 2004) e Kucuk (2004), citados por Mesquita e Loos (2017, p. 278),

> as causas de rupturas incluem: grande número de SKUs [*Stock Keeping Units*], problemas de previsão e colocação de pedidos, frequência de compra do produto, pessoal insuficiente ou ocupado, retaguarda congestionada e desorganizada, informações imprecisas do ponto de venda, registros imprecisos, reabastecimento de gôndolas ineficiente, ou falta de espaço na gôndola, quebra de produto devido a dano ou furto, procedimentos incorretos nos centros de distribuição (falta de registro no sistema e nas movimentações), transporte, recebimento e armazenagem em centros de distribuição, e mais questões como o longo tempo de reposição de um CD.

Um ponto que devemos enfatizar é o **relacionamento entre comprador e fornecedor**, pois é desse fator que depende a cadeia logística, o que torna importante o monitoramento e o controle de prazos para que rupturas sejam minimizadas: "O principal objetivo do gerenciamento de estoques é assegurar que o produto esteja disponível no tempo e nas quantidades desejadas pelos consumidores, não ocorrendo rupturas" (Mesquita, 2017, p. 278).

Perguntas & respostas

Você saberia indicar as principais ações de prevenção contra perdas e desperdícios?

É necessário realizar frequentes inventários e auditorias na empresa para identificar mais facilmente perdas ou desperdícios. Tais iniciativas devem ser complementadas com a implementação de tecnologias que otimizem as verificações e permitam a identificação mais ágil de possíveis problemas, o que demanda uma equipe treinada para identificar eventos dessa natureza.

1.5.3 Prevenção contra perdas e rupturas

O trabalho de prevenção contra perdas é muitas vezes ignorado pelos empresários, que frequentemente creem ser desnecessário o investimento em um setor dessa natureza. Contudo, há organizações que reconhecem essa demanda e implantam departamentos para atender à prevenção de perdas, escolha que acaba por dar origem a novos cargos, aumentar a lucratividade das empresas e ajudar na diminuição de rupturas e, consequentemente, de prejuízo. "À medida que há a identificação dos pontos críticos em que ocorrem as perdas e, principalmente, de seu montante em valores monetários, os gestores podem melhor organizar a estrutura de combate às perdas" (Costa, 2010, p. 18).

Por exemplo: ao adicionar o preço e a quantidade padrão de determinado produto, com valor mínimo e máximo, o lojista tem condições de decidir quais varejistas e produtos precisam ser analisados. Com os instrumentos anteriormente indicados, o empreendedor pode verificar comportamentos (movimentos) diários, semanais ou mensais, bem como práticas a serem empregadas de modo a combater rupturas e suas reincidências. Tal integração possibilita a apresentação de dados consolidados durante dado período, bem como a identificação de diferentes fatores que podem impactar o desempenho de vendas para esses intervalos. Além disso, o empresário pode verificar como o problema da ruptura se concentra em suas lojas, sua frequência, entre outros aspectos.

Observe que tais informações estratégicas dão base à identificação de falhas. Quando estas são corrigidas, o potencial de incremento do negócio aumenta e o relacionamento entre fabricante e varejo se torna mais sólido, o que resulta no desenvolvimento de novos planos com foco em conversão.

Nessa dinâmica, devem ser consideradas sete classes de perdas (com base no Sistema Toyota de Produção), que, aplicadas ao e-commerce, podem se apresentar da seguinte maneira (Antunes Júnior, 1995):

1. **Perdas por superprodução**: causadas por problemas de excedente ou carência de produtos. Quando um e-commerce tem entre suas operações a fabricação de produtos, é fundamental a atenção direcionada às quantidades produzidas de modo a evitar produções antecipadas, pois, além de custos com matéria-prima, a operação em si acarreta custos de armazenagem dos produtos. No caso de empresas que revendem produtos, a quantidade estocada tem de atender às necessidades dos consumidores, não podendo ser nem abaixo do necessário (o que acarreta perda da vendas) nem acima do demandado (pois os produtos podem, por exemplo, tornar-se obsoletos).
2. **Perdas por transporte**: referem-se à movimentação de matéria-prima até o ponto de uso para fabricação. Nesse sentido, os e-commerces que contam com atividades fabris devem tomar alguns cuidados para diminuir esses custos, e uma opção é que a entrega seja realizada no exato lugar em que vai ser usado. Além disso, essas perdas estão relacionadas ao transporte dos produtos até o consumidor. Muitas vezes, os produtos passam por mais de uma transportadora (terceirização) até chegar

ao destino final, fazendo com que ocorram atrasos, atendimentos inadequados e perdas ou avarias de produtos. Por outro lado, em casos em que a empresa faz seu próprio transporte, aumentos de custos são possíveis. Essa é uma questão que deve ser bem pensada pelas organizações, pois oferecer frete grátis pode gerar mais vendas, mas acarretar maiores custos. Nesse sentido, é importante verificar se a terceirização desse serviço irá atender às necessidades do negócio e dos clientes.

3. **Perdas por processamento incorreto**: acontecem quando há na operação processos que não agregam ao produto ou que são desnecessários, causando custos adicionais. Também são associadas a problemas que ocorrem em compras de produtos em plataformas de e-commerce, como no caso em que um cliente não consegue efetivar a compra porque o sistema está com falhas ou sobrecarregado. Nesse sentido, é muito importante que o sistema definido para o negócio suporte a carga de informações e acessos pretendidos, bem como seja rápido.
4. **Perdas por produção de exemplar defeituosos**: ocorrem por falhas na verificação de qualidade. Para que tais problemas sejam evitados, a verificação deve ocorrer em todas as etapas de produção. Quanto antes a falha for identificada, menores serão os prejuízos à produção e às comercializações do negócio. Convém destacar que o envio de produtos com defeito para os consumidores acarreta elevados custos de transporte e logística reversa, bem como a insatisfação do cliente.
5. **Perdas por administração incorreta do estoque**: relacionadas à manutenção e movimentação incorretas de estoque de produtos acabados, matérias-primas e componentes. Para prevenir essas perdas, é necessário um estoque de segurança; além disso, também é possível a utilização de alternativas como estoques enxutos

ou estoque zero, levando em consideração o relacionamento com os fornecedores e as especificidades de cada produto. Esse problema é bastante visível nas lojas virtuais em casos em que o cliente busca o produto, que, de acordo com a plataforma, encontra-se incorretamente indisponível, gerando a perda da venda.

6. **Perdas por movimentação**: ocorrem pela movimentação desnecessária de um operador responsável por determinado processo. Por exemplo: um operador pode perder tempo de serviço em atividades paralelas à da produção, como se ausentar de seu setor para pegar uma ferramenta que já deveria estar em sua posse (Slack; Chanbers; Johston, 2002). Para evitar perdas dessa natureza, é necessário reavaliar os processos com frequência e fazer adaptações necessárias. Os problemas de movimentação são visíveis quando ocorrem atrasos nas entregas e quando um cliente faz o cancelamento da compra quando o item já está a caminho. Para diminuir essas perdas, é necessário que se tenham políticas adequadas de cancelamento, bem como serviços de transportes otimizados.
7. **Perdas de tempo disponível (espera)**: ocasionadas por tempo ocioso de máquinas e quando há desalinhamento do processo produtivo, ou seja, um gargalo causado por produção lenta ou interrompida, que compromete todo o processo. Para evitar esse inconveniente, é necessário que, além da reavaliação do processo como um todo, os equipamentos sejam testados de modo a se avaliar se estão funcionando da melhor maneira possível. Ademais, esses problemas estão presentes quando o cliente faz uma compra e cancela pelo fato de a entrega não ter chegado no tempo aprazado. Esses custos de transporte são pagos pelo e-commerce e, uma vez que a venda foi cancelada, não haverá compensação.

Para que a gestão de e-commerce seja mais rápida e integrada, são fundamentais a inteligência em precificação e a acuracidade. Nesse sentido, alternativas como a integração sistêmica entre plataformas de ERP/WMS podem ser boas soluções em relação a rupturas em razão do emprego de inteligência e análise de relatórios que monitorem oscilações de preços e quantidades de cada item, em diferentes espaços virtuais, e alertem em caso de algum problema.

Figura 1.7 – Uso de *software* ERP

Fonte: Passo..., 2020.

O que é?

"ERP é a sigla para Enterprise Resource Planning, ou Sistema de Gestão Empresarial. Esse software tem como objetivo auxiliar a companhia a organizar os seus diversos processos. Depois de implementado, podemos entender essa plataforma como a 'coluna vertebral' da companhia, conectando os seus diversos setores em um único ecossistema.

[...]

WMS é a sigla para Warehouse Management System, ou Sistema de Gerenciamento de Armazém. Esse é uma plataforma projetada para administrar as atividades, produtos e equipes de centros de distribuição e armazéns. A sua implementação aperfeiçoa a operação logística, garantindo total rastreabilidade das mercadorias em todas as suas movimentações, desde o recebimento até a expedição" (Qual é..., 2023).

Para que a integração ocorra por completo no e-commerce, evitando rupturas do negócio, é preciso que sejam administradas quatro grandes áreas estruturais que envolvem: produto, cliente, estoque e pedido.

Portanto, o uso de sistemas integrados de gestão auxilia na diminuição das perdas da seguinte maneira:

» **Perdas por superprodução**: os sistemas integrados geram relatórios que podem ser usados para previsões de demanda e integrados à produção, evitando que os produtos sejam produzidos antes do necessário.
» **Perdas por transporte**: com a integração de sistemas, é possível realizar a modelagem de fluxos de transportes, diminuindo o tempo e o custo dos percursos.

- **Perdas no processamento**: quanto mais ágil e mais amplo for o sistema, menores são as chances de perdas de vendas. Por exemplo: é importante que os clientes possam efetuar compras em vários sistemas que comportem a plataforma do e-commerce, tais como *smartphones*, de modo a evitar lentidão do sistema e, consequentemente, de suas operações, o que pode impedir a finalização de compras.
- **Perdas por produzir produtos defeituosos**: a verificação da qualidade é realizada de modo que o produto defeituoso sequer chega a ser vendido, pois, assim que o sistema acusa o problema do produto, este já é encaminhado para o processo necessário e os estoques são atualizados.
- **Perdas por estoque**: podem ser contabilizadas quando os sistemas permitem o monitoramento de itens procurados *versus* itens não encontrados. Assim, toda vez que um cliente busca por determinado produto e este não se encontra disponível, o sistema contabilizará a procura, classificando-a por categoria de busca. Outra alternativa para esse tipo de perda é a integração de sistemas para trabalho com estoques menores, pois, com a sinergia com fornecedores, é possível diminuir o tempo de entrega dos produtos que irão para o cliente e disponibilizar informações suficientes para calcular o estoque de segurança adequado.
- **Perdas por movimentação**: a integração permite maior controle da localização dos produtos, diminuindo o extravio e possibilitando recálculo de rotas para amenizar os custos de devolução ou de entrega.
- **Perdas de tempo disponível (espera)**: nesse contexto, a integração dos sistemas diminui o tempo de espera, bem como os custos com movimentação, mão de obra e pagamento de frete excedente.

A centralização dos estoques físicos é fundamental para que, no momento da compra eletrônica, seja garantida a disponibilidade do produto para a entrega ao cliente, bem como as informações do pedido e dados cadastrais do comprador, de modo que a nota fiscal seja emitida e a venda seja consolidada com sucesso.

O cuidado com as perdas e rupturas exige que o empreendedor realize cursos e capacitações constantes, estruture um plano de negócios para que o tráfego de mercadorias de seu e-commerce seja administrado estrategicamente e, além disso, invista em uma plataforma que permita a gestão consolidada de sua empresa. Ademais, o empresário deve ter plena consciência de seu público-alvo, de seus canais de venda, de seu produto e, acima de tudo, de seu cliente.

1.7 Custos de infraestrutura

Do ponto de vista tecnológico, todo e-commerce precisa de uma infraestrutura tecnológica adequada e eficiente, desde a rede de banco de dados às instalações de equipamentos e processos, de modo a facilitar o trabalho e a entrega mais eficiente para os clientes.

Considerando que o e-commerce apresenta, de modo geral, crescimento constante no decorrer dos anos, é necessário que as empresas atuantes na internet se aperfeiçoem constantemente para encarar volumes de vendas progressivos. Esse esforço tem como objetivo facilitar a experiência do consumidor, pois, para ele, o fator mais importante de uma loja na internet é a facilidade que o negócio oferece para compra e entrega.

Segundo Oliviero e Deghi (2014, p. 1604), "o desenvolvimento das lojas virtuais passa obrigatoriamente pela evolução dos computadores e das tecnologias relacionadas à comunicação de dados. Sem essas, e consequentemente a internet e a web, o comércio eletrônico não seria possível". Toda essa infraestrutura tem de levar em conta a **escalabilidade**, que é a capacidade de aumentar ou diminuir o tamanho do empreendimento conforme a demanda.

> Quando se fala em infraestrutura tecnológica para o e-commerce, deve-se lembrar que ela não é somente composta de hardware, mas também de software. O funcionamento de uma loja virtual, aliás, dá-se mais em função do software do que do hardware, embora ambos sejam necessários ao seu funcionamento. (Oliviero; Deghi, 2014, p. 1616)

Salientamos que, por si só, a tecnologia não é a garantia de um e-commerce, mas faz parte do conjunto de infraestrutura necessária para o desenvolvimento da loja na internet. "Uma loja virtual só dará retorno se foi a tecnologia correta e se seu uso for correto, aproveitando-se todo o potencial tecnológico para o sucesso do negócio" (Oliviero; Deghi, 2014, p. 1621).

Como as empresas que aderem ao comércio eletrônico estão em desenvolvimento constante, muitas apostam em infraestruturas flexíveis para diminuir custos fixos e reagir a qualquer demanda que não supra as despesas totais. Portanto, possuir uma loja na internet requer planejamento e compreensão sobre o mercado, bem como investimento constante em tecnologia.

Ainda conforme Oliviero e Deghi (2014), a infraestrutura tecnológica de um e-commerce pode ser dividida em três componentes que interagem entre si e permitem o atendimento das demandas do negócio: as infraestrutura de rede, de telecomunicações e de banco de dados, conforme demonstra a figura a seguir.

Figura 1.8 – Infraestrutura tecnológica para o e-commerce

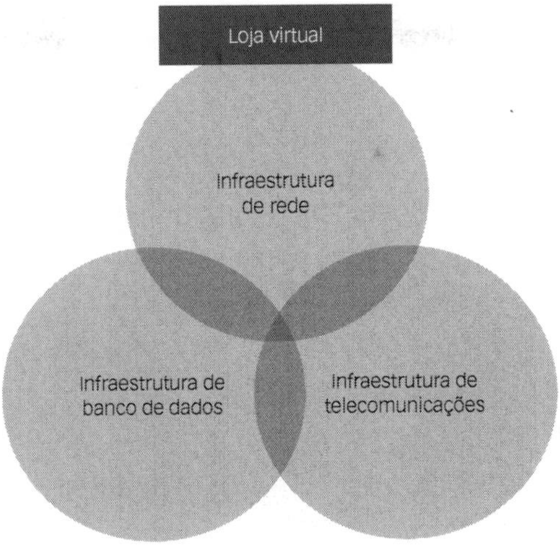

Fonte: Elaborado com base em Oliviero; Deghi, 2014.

Vejamos as especificidades de cada uma dessas infraestruturas a seguir.

1.7.1
Infraestrutura tecnológica

A infraestrutura tecnológica das empresas mudou radicalmente com o advento do comércio na internet. "Um primeiro ponto a que as empresas tiveram de se adequar é o de que os negócios deveriam ficar disponíveis aos clientes o tempo todo" (Oliviero; Deghi, 2014, p. 1656). Essa mudança se refletiu no aumento de investimentos em infraestruturas capazes de oferecer segurança e estabilidade a plataformas de e-commerce, que necessitam de equipamentos capazes de suportar o tráfego e *softwares* de confiança.

Essa primeira transformação acarreta outras, como o aumento dos riscos associados à segurança das conexões com os clientes, no caso de B2C, e com outras empresas, no caso de conexões B2B.

> A vulnerabilidade dessas conexões, associada ao risco de indisponibilidade do site em ocasiões em que muitos negócios poderiam estar sendo gerados, faz com que o investimento para segurança e alta disponibilidade aumente na empresa. A fim de que se reduzam os riscos relativos à segurança. (Oliviero; Deghi, 2014, p. 1656)

Nesse âmbito, tanto empresas físicas quanto virtuais devem conceber um planejamento adequado para ampliar progressivamente suas atividades, principalmente no e-commerce. Nesse caso, é necessária uma infraestrutura com capacidade de ampliação de venda de produtos, dados cadastrais e atendimento a grandes tráfegos de clientes. Trata-se de "controlar, antecipar, corrigir e gerenciar falhas nos recursos computacionais de maneira a manter o chamado acordo de nível de serviço, ou mais conhecido como SLA (Service Level Agreement), conforme aquilo que se espera" (Oliviero; Deghi, 2014, p. 1656).

Outra característica dessa infraestrutura é o planejamento da capacidade de carga, que segue quatro passos, conforme Oliviero e Deghi (2014):

a. **Cálculo**: cálculo da capacidade máxima do sistema de e-commerce, medindo, por exemplo, o número de usuários que podem estar conectados simultaneamente à loja virtual ou a quantidade de transações de compra que podem ser feitas.
b. **Monitoramento**: verificação do tráfego do e-commerce para a realização de consultas e auditorias futuras, angariando o número de requisições ao servidor e coletando esses dados para análise estatística.
c. **Observação de tendências**: coleta dos dados necessários ao estabelecimento de cenários futuros e planejamento do desenvolvimento do e-commerce.
d. **Decisão**: decisão do momento propício para *upgrades* ou expansões dos recursos computacionais.

Ao criar um e-commerce, o empreendedor precisa decidir se vai manter uma infraestrutura tecnológica própria ou terceirizada. Nesse contexto, o dono do negócio tem de avaliar se seu comércio é grande o suficiente para comportar tais recursos ou se é mais adequada a contratação de uma empresa especializada nessa área. "Investir em tecnologia e montar um ambiente computacional próprio pode se tornar caro, uma vez que os custos associados a upgrades, manutenção, pessoal especializado, local físico e outros são de responsabilidade da empresa" (Oliviero; Deghi, 2014, p. 1725).

Nesse âmbito, a empresa pode se frustrar por investir altos valores e não se dedicar aos negócios como um todo. A solução nesse caso pode residir na terceirização do serviço e no foco da empresa em seu negócio e na lucratividade. "Essa terceirização pode ser feita utilizando-se do conceito de data center especializado, que irá cuidar e se dedicar à manutenção do ambiente computacional para a empresa de e-commerce" (Oliviero; Deghi, 2014, p. 1735).

1.7.2
Infraestrutura de telecomunicações

A infraestrutura de telecomunicações para *e-commerce* é um componente necessário para que o negócio consiga se manter ativo o tempo todo, haja vista que o empreendimento deve trabalhar com uma rede de comunicação confiável para apoiar e dar suporte às vendas no ambiente virtual. Nesse aspecto, a empresa precisa de equipamentos de rede como roteadores e *modens*, contratar operadoras de internet, avaliar seu porte, sua agilidade para resolver problemas etc.

Outro fator ligado a essa infraestrutura é o de segurança, "no que se refere à utilização de ferramentas de criptografia, garantia do sigilo das informações, atualização de *softwares* de rede evitando a exploração de eventuais vulnerabilidades, e uma política geral de segurança" (Oliviero; Deghi, 2014, p. 1751).

A empresa também precisa avaliar a abrangência de seu e-commerce, pois esse detalhe interfere na contratação de uma rede de telecomunicação, tendo em vista que é preciso garantir que não haja perda de qualidade e de velocidade de conexão durante uma compra, por exemplo. Nesse contexto, o suporte técnico também precisa ser avaliado, pois não adianta contratar a melhor rede de telecomunicação se a empresa demandada não presta um atendimento ágil e resolutivo.

As plataformas[2] de e-commerce podem ser de três tipos de acordo com seus respectivos custos, como demonstramos a seguir:

1. **Plataforma própria**: engloba os custos decorrentes do desenvolvimento do projeto, bem como de sua complexidade, seus requisitos etc. Eles tendem a ser mais elevados quanto específicos e diferenciados se mostrarem.
2. **Plataforma licenciada**: engloba os custos decorrentes do emprego de plataformas terceirizadas e seus *softwares* especializados. Os pacotes de seus serviços podem incluir os gastos decorrentes com manutenções, *upgrades*, segurança, lógica de dados, *benchmarking* e operações. Essa tomada de decisão permite que a empresa contratante fique livre para focar no negócio, e não nas estruturas operacionais.
3. **Plataforma de código aberto**: engloba os custos decorrentes do uso de sistemas de código aberto, que são menores em relação aos decorrentes de uma plataforma própria. No entanto, deve atender demandas de conhecimento para instalação, configuração e aplicação de suas funcionalidades, o que pode exigir a contratação de profissionais técnicos, elevando-se os custos.

2 Trataremos com mais detalhes dos custos das plataformas de e-commerce no Capítulo 2.

1.7.3
Infraestrutura de banco de dados

A infraestrutura de banco de dados para e-commerce corresponde à necessidade de armazenamento de cadastro de clientes, produtos etc. Para isso, é preciso escolher um *software* adequado, como um sistema gerenciador de banco de dados (SGBD).

> Sobre a empresa fornecedora do SGBD, deve-se conhecê-la por meio de outras empresas que ela atende e verificar se o suporte ao produto é adequado. Muita cautela e uma série de cuidados devem ser tomadas quando da adoção de uma ferramenta de SGBD gratuita, o chamado freeware. Nesse caso, deve-se ter a consciência de que as equipes técnicas serão provavelmente mais caras, já que devem possuir conhecimento especializado, e o suporte técnico para SGBD desse tipo quase sempre não está disponível. (Oliviero; Deghi, 2014, p. 1788)

Em razão do desenvolvimento do e-commerce e da sofisticação contínua dos meios de atendimento, os empreendimentos dessa área demandam ferramentas avançadas, como as de *business intelligence* (BI), *data warehouse* e mineração de dados, de modo que a análise de dados faça parte desse universo e seu respectivo entendimento auxilie na ampliação da loja, já que é possível mensurar tudo na internet.

1.8
Domínio e hospedagem como pontos-chave no e-commerce

Ao se falar de *infraestrutura*, é necessário pensar no domínio que a empresa terá, tal como "www.suaempresa.com.br". Vale destacar que ele pode ser registrado como pessoa física ou pessoa jurídica e, por questões de credibilidade, é importante registrá-lo com a extensão ".com.br". Diversas empresas oferecem esse tipo de serviços na atualidade. Contudo, antes de qualquer iniciativa nesse contexto, é importante realizar pesquisas para determinar quais domínios estão disponíveis.

Ter um domínio não se resume a escolher uma extensão disponível, mas também representar a essência do negócio, de preferência com o nome da loja virtual. Outro passo fundamental nessa dinâmica é a realização do registro da marca no órgão responsável pelo registro de marcas de patentes no Brasil, o Inpi (Instituto Nacional da Propriedade Industrial).

Nesse contexto, para evitar que concorrentes registrem domínios semelhantes, a empresa também pode comprar nomes semelhantes para registrar futuramente vários domínios.

Tabela 1.1 – Empresas mais conhecidas para comprar domínio em 2023

Empresa	Média de preço/ano
Registro.br	R$ 40,00
GoDaddy	R$ 27,99
HostGator	R$ 31,90
Hostinger	R$ 29,99
WebLink	R$ 49,99
Google Domains	R$ 50,00
Super Domínios	R$ 52,99
Umbler	R$ 64,23
Locaweb	R$ 42,90
Kinghost	R$ 57,00

Fonte: Sobroza, 2022.

Assim como a escolha do domínio, a opção da hospedagem é essencial, pois é a partir dessa infraestrutura que o *site* vai ter vida própria e poder oferecer um serviço de qualidade. "Para uma loja virtual profissional, a hospedagem deve ser profissional e não [se deve] economizar muito" (Schroder, 2018, p. 388). Nesse contexto, de acordo com Schroder (2018), há as opções de contratar ou sistemas de *open source*, que fazem parte das chamadas *tecnologias abertas* (caso em que um desenvolvedor na sua equipe, ou hospedagens em *cloud*, nas chamadas "nuvens". Nas palavras de Oliviero e Deghi (2014, p. 177):

> Para selecionar um provedor de hospedagem, a empresa de comércio eletrônico deve saber quais os serviços e as ferramentas que essa empresa hospedeira oferece, bem como a plataforma utilizada, que devem estar enquadrados dentro de determinadas características técnicas desejáveis.

Além disso, é possível hospedar o *site* da empresa em um *data center* terceirizado, opção geralmente mais barata e com suporte mais rápido, já que a prestação de serviços é mais direta. Essa alternativa depende do desenvolvimento do sítio, pois as empresas que oferecem esses serviços geralmente cobram de acordo com o tráfego.

No momento da escolha da hospedagem, pode-se optar por um provedor particular ou compartilhado com outros comércios eletrônicos, o que diminui os custos. "Na primeira opção, embora o servidor esteja em um ambiente virtual, ele tem seus recursos reservados à empresa de comércio eletrônico que o contratou" (Oliviero; Deghi, 2014, p. 202). Quando é compartilhado, o comércio eletrônico deve se controlar para não exceder limites de consumo e não afetar as outras empresas. No entanto, esse limite é definido em contrato; caso tenha de ser ampliado, é necessário mudar o plano e investir mais recursos.

É importante destacar que alguns provedores de hospedagem criam *sites* com *templates* previamente elaborados e a preços acessíveis. Esses modelos pré-configurados são interessantes para empreendedores iniciantes que não possuem verba para investir em seu espaço virtual.

É necessário enfatizar o cuidado e o conhecimento prévio necessários ao empreendedor que adquire plataformas abertas do tipo *open source*, muito usadas no mercado. Nesse caso, o negócio demanda um desenvolvedor para a criação da loja de acordo com o perfil desejado; contudo, esse recurso pode ser desvantajoso, caso não se encontrem itens/módulos que se adéquem àquela realidade do comércio.

Exercício resolvido

O e-commerce pressupõe algumas preocupações que devem ser levadas em conta quando de sua criação, tais como o domínio a ser criado e a hospedagem do *site*. Cada um desses elementos tem suas características próprias, pois o domínio reflete o nome e o endereço da loja na internet (o que demanda a criação de uma designação fácil de memorizar), e a hospedagem é o local em que são armazenados arquivos, *e-mails*, imagens e textos a serem colocados no *site*. Nesse contexto, marque a alternativa que melhor se encaixa nessa estrutura:

a) Existem diversos tipos de hospedagem para cada tipo de *site*. Quando da criação de um e-commerce, a hospedagem mais barata é a mais adequada, para que o investimento inicial seja mais baixo.
b) Para que o e-commerce tenha um início seguro e viável, a hospedagem compartilhada pode ser uma opção para quem procura uma solução com melhor custo-benefício.
c) A escolha do domínio é uma das etapas mais importantes da criação do e-commerce, pois é com ele que a empresa será identificada e localizada na internet. Nesse contexto, é recomendável escolher nomes em inglês para alcançar uma abrangência internacional.
d) Na fase inicial do negócio virtual, é recomendável contratar um servidor dedicado, bem como uma hospedagem privada e exclusiva para a empresa, pois é preciso haver segurança e estabilidade no início de qualquer empreendimento.

Gabarito: B

***Feedback* do exercício**: na atualidade, várias empresas oferecem serviços mais amplos e compartilháveis, o que ajuda organizações que estão começando.

Convém ressaltar que a área de e-commerce também conta com o serviço conhecido como *SaaS* (*Software as a Service*, ou "*software* como um serviço"): "O software é considerado um serviço, permitindo que ele seja escalável, isto é, o serviço oferecido pode crescer conforme as exigências do negócio online, sem grandes modificações, e, de novo, da mesma forma que utilizamos energia" (Oliviero; Deghi, 2014, p. 208). Todos esses recursos de hospedagem demandam uma ampla pesquisa para um melhor entendimento do mercado que permita a contratação de uma empresa de hospedagem que melhor se adéque à realidade da empresa.

Como os preços dos planos de hospedagem variam, é necessário avaliar fatores como espaço em disco disponibilizado, taxas de transferência, contas e espaço de *e-mail*, bem como a quantidade de solicitações que podem ser feitas ao suporte técnico, fundamental para que os problemas sejam solucionados rapidamente.

Por fim, o empreendedor da área de e-commerce também deve levar em consideração o custo com o certificado SSL, que garante a autenticidade das plataformas e proporciona maiores níveis de privacidade no trâmite de informações entre a empresa e seu cliente. Visualmente, esse mecanismo aparece no formato de um cadeado ao lado do endereço indicado no *browser*, indicando que o *site* é seguro. Para Schroder (2018, p. 416), esse recurso "é essencial hoje em dia [...]; inserir dados e até mesmo fazer login em páginas sem SSL é um risco que os próprios navegadores já alertam [na atualidade]. Então é necessário ter o certificado SSL".

Síntese

O comércio eletrônico vem se desenvolvendo no Brasil no mesmo ritmo dos empreendimentos em lojas físicas. Em razão desse fenômeno, os negócios virtuais demandam profundo planejamento e plena compreensão dos elementos relacionados aos custos, aos gastos e às despesas. Convém ressaltar que o gerenciamento de um e-commerce é semelhante ao de uma loja física, o que inclui o cuidado com qualquer fator que interfira negativamente nas vendas, tais como perdas e desperdícios.

As perdas e desperdícios são fatores que merecem atenção no contexto do e-commerce. Em seus planejamentos, muitas empresas erram em não avaliar esses tipos de ruptura e em não determinar as causas desses problemas. Para que situações como essas não interfiram no bom funcionamento da empresa e na relação desta com seus clientes, o trabalho de prevenção de perdas é fundamental.

A infraestrutura tecnológica é outro fator essencial no planejamento dos custos da empresa virtual, pois seus componentes são sustentação ao negócio com rede adequada, telecomunicações rápidas e responsivas e banco de dados amplo e bem planejado.

Por fim, para que a loja virtual se materialize de fato, é necessário registrar o domínio com base na área de negócio pretendida, bem como escolher a melhor maneira de hospedar o *site*.

capítulo 2

Custos com plataformas de e-commerce

Conteúdos do capítulo

» Custos com plataformas.
» Plataformas de *marketplace*.
» Meios de pagamento em e-commerce.
» Configuração de formas de pagamento e *chargebacks*.
» Outros custos de tecnologia de e-commerce.

Após o estudo deste capítulo, você será capaz de:

1. entender sobre plataformas para e-commerce e seus custos;
2. identificar as vantagens e desvantagens da inserção em *marketplaces;*
3. elencar as diversas formas de pagamento com que se pode trabalhar em um e-commerce;
4. discutir sobre acessibilidade digital no mundo e como uma empresa na internet pode fazer parte desse cenário.

Um dos passos mais importantes para o início de um e-commerce é a **escolha da plataforma**, pois é com base nela que o negócio ganhará visibilidade e poderá ser gerenciado. Podemos afirmar que plataforma nada mais é que a solução dos negócios virtuais; são sua vitrine. De acordo com Schroder (2018, p. 184), esse recurso "inclui a hospedagem, o próprio sistema da loja virtual, a administração do sistema e o devido suporte ao sistema". Nas palavras de Diniz (2013, p. 1, citado por Maas, 2013, p. 23):

Uma plataforma de E-commerce é uma tecnologia oferecida através de software e serviço por uma empresa capaz de viabilizar vendas on-line, tanto "business-to-business" (B2B), quanto "business-to-consumer" (B2C). Estas plataformas possibilitam as transações pela Web e a continuidade do relacionamento com seus clientes. Entre as funções mais comuns estão a criação e manutenção do visual da loja, gerenciamento do carrinho de compras, cálculo de taxas, personalização, opções de pagamento, logística, manutenção e criação de novos produtos.

Nesse contexto, apresentaremos neste capítulo os custos e investimentos necessários para a manutenção dessa estrutura, pois, como explica Maas (2013, p. 22), a cada ano, as lojas virtuais vêm ganhando cada mais espaço e inovando na internet por meio da ferramenta das plataformas: "Trata-se do sistema que possibilita criar a loja virtual e gerenciá-la, incluindo produtos, preços, estoques e demais funções que compõem o dia a dia de um comércio eletrônico".

Caso a empresa queira funcionar por meio de uma plataforma já existente, basta que o empreendedor ingresse em um *marketplace*, que tem um tráfego considerável e uma estrutura por meio da qual o negócio poderá ganhar uma projeção, principalmente no início do empreendimento virtual.

Feita a escolha da plataforma da loja virtual, é o momento de se decidir a forma de pagamento a ser adotada na empresa. Há *sites* que já contam com recursos destinados a essa demanda. Nesse contexto, há três categorias de trabalho:

1. **Intermediadores de pagamento**: considerados o modo mais simples de se trabalhar; porém, há cobrança de taxa fixa por transação.
2. ***Gateways***: tipos mais robustos, um dos pilares mais importantes de um loja virtual.
3. **Integração com a adquirente**: já voltada para equipes de estrutura maior e que contam com desenvolvedores.

Vejamos, a seguir, as especificidades de cada um desses elementos, que, em conjunto com a operação, a gestão, a logística, o bom planejamento e o plano de negócios, fazem com que o negócio se desenvolva de maneira saudável.

2.1 Plataformas: principais custos iniciais

No planejamento de um e-commerce, a disposição da "vitrine" é essencial, pois é ela que incentivará o consumidor realizar uma compra ou desistir dela. Na internet, a estruturação adequada e um *layout* atraente são os grandes diferenciais de uma loja virtual com grande volume de vendas. Nesse sentido, conforme explica Costa (2017, p. 7),

> Existem três tipos de soluções em e-commerce: as plataformas open source, ou seja, de código aberto e gratuito; as de código proprietário e híbridas, onde o código open source é customizado para o cliente e as proprietárias; e a plataforma "pronta", também conhecida por caixinha, que permite mudanças limitadas, como das cores e logo das lojas. Essa plataforma pode atender aos micros e pequenos empresários, porém sem as personalizações que podem engessar o crescimento futuro da empresa.

No quesito "estruturação", uma plataforma responsiva, que se adapta a qualquer tela – seja de computador, *tablet* ou *smartphone* – já sai na frente nos negócios virtuais. O que configura aquilo que está por trás de um e-commerce é a complexidade do sistema.

No entanto, Oliviero e Deghi (2014, p. 162) lembram que a "tecnologia por si só não irá garantir o sucesso do *e-commerce*. Muitas vezes o que foi investido em tecnologia para o *e-commerce* só dará retorno se foi a solução correta e se seu uso for correto".

No que tange à manutenção e ao funcionamento de lojas virtuais, é vital escolher um bom sistema que lhes dê suporte, seja por meio de plataforma própria (desenvolvida internamente), licenciada (SaaS – *Software as a Service*, ou "*software* como um serviço") ou *open source*.

2.1.1 SaaS

Começar um sistema "do zero" pressupõe o desenvolvimento da configuração e da personalização da loja virtual por parte da própria empresa; desse modo, o empreendimento será construído de acordo com as preferências e a realidade do negócio. No entanto, tal escolha geralmente tem altos custos em razão de todas as necessidades de apoio para seu desenvolvimento técnico. Nesse contexto, são exemplos de custos de investimentos:

» formação de equipe para a manutenção do sistema;
» manutenção (energia elétrica, equipamentos, conservação) de espaço físico reservado à alocação de *hardwares* (*data center*) da plataforma.

Há também a opção de contratar alternativas com custo mais baixo, tais como as chamadas *SaaS*, pois também dispensa instalação e manutenção de *softwares*, por ser um recurso personalizado com base em *templates* e temas já existentes.

Uma plataforma de e-commerce SaaS apresenta vantagens relacionadas ao seu modelo de funcionamento, pois permite maior flexibilidade e capacidade de atendimento às demandas de serviços. Nessa alternativa, feito o pagamento mensal, é possível acessar, via *web*, o sistema por meio do qual se elabora o e-commerce, o que dispensa *downloads* de *softwares*.

Consideradas um mercado competitivo e que cresce a cada ano, as plataformas de e-commerce se desenvolvem cada vez mais e oferecem serviços progressivamente mais especializados com diferentes recursos. Em razão da pandemia de 2020, várias soluções se tornaram úteis. Com base nesse fenômeno, vamos elencar a seguir algumas das melhores plataformas SaaS.

Quadro 2.1 – Melhores plataformas de 2020

Plataforma	Vantagens
Nuvemshop (https://www.nuvemshop.com.br/partners/jivochatbrasil)	Conta com painel de aplicativos próprio e ferramentas para otimizar a logística de entrega, recuperar carrinhos abandonados e sistemas ERP.
CartX (https://cartx.io/?ref=jivochat&refcartx=jivochat)	*Checkout* transparente e possibilidade de oferecer serviços ou produtos adicionais no momento da compra.
Site 123 (https://pt.site123.com/)	É possível criar um e-commerce em três passos. Não precisa conhecimento de programação e *design*.
Tray (https://www.tray.com.br/)	Oferece ferramentas de *e-mail marketing*, frete, certificados de segurança e loja de aplicativos.
Loja Integrada (https://lojaintegrada.com.br)	Tem como diferencial loja de aplicativos e temas.

Fonte: Elaborado com base em Francisco, 2023.

Esse tipo de plataforma geralmente demanda pagamento de mensalidade, que já inclui alguns benefícios e a hospedagem. Contudo, existem outros meios que Schrode (2018) aponta:

» mensalidade fixa;
» mensalidade mais cobrança por tráfego (*pageviews*, visitas);
» mensalidade mais cobrança de vendas;
» comissão sobre vendas;
» comissão ou mensalidade depende do valor mensal.

Esses quesitos de mensalidade apresentam prós e contras, segundo aponta Schroder (2018):

» **Prós**: mensalidade fixa; o empreendedor já sabe o quanto pagará por mês, incluindo a comissão sobre vendas, que só é paga se a loja vender.
» **Contras**: mesmo que a loja não venda nada, ela terá de pagar a mensalidade da plataforma. Se tiver o valor de vendas for alto, o percentual pago à plataforma pode ser maior em comparação com a mensalidade fixa.

Vejamos, na sequência, as especificidades das plataformas do tipo *open source*.

2.1.2 *Open source*

O *open source* é um *software* colaborativo cujo código-fonte aberto pode ser livremente acessado, modificado ou compartilhado, uma vez adquirida e obtida licença específica para sua operação e seu uso (*download* e uso podem ser realizados de maneira gratuita). Enfatizamos que as características desse recurso isentam de custos sua implantação, customização e manutenção (p. ex.: contratação de equipe técnica para operacionalização da plataforma, resolução de problemas, atualizações de segurança, customização do *layout*; aluguel de servidores; recursos adicionais de segurança da plataforma).

O que é?

Open source é um termo em inglês que significa "código aberto". Refere-se ao código-fonte de um *software*, que pode ser adaptado para diferentes finalidades. O termo foi criado pela

Open Source Initiative (OSI), que o utiliza sob um ponto de vista essencialmente técnico.

NASCIMENTO, A. O que é open source? **Canaltech**, 7 ago. 2014. Disponível em: <https://canaltech.com.br/produtos/O-que-e-open-source/>. Acesso em: 17 jul. 2023.

Maas (2013) reforça que a plataforma *open source* geralmente não é indicada para empreendedores iniciantes, tendo em vista que demanda um conhecimento prévio sobre obtenção de licenças e instalação e configuração de ambientes, que geralmente o lojista não tem. Portanto, são necessários o conhecimento em customizações e configurações específica e a contratação de mão de obra especializada. Nesse caso, é importante que o empreendimento já conte com uma escala que lhe dê suporte para a migração para uma plataforma mais robusta, que atenda ao desenvolvimento do negócio.

Para saber mais

O *Guia de e-Commerce* da Associação Paulista das Agências Digitais (Apadi) traz um amplo conteúdo sobre plataformas para quem pretende começar uma loja na internet. Acesse:

APADI – Associação Paulista das Agências Digitais. **Guia de e-commerce**. São Paulo: Sebrae, 2013. Disponível em: <https://web.archive.org/web/20140604200427/http://www.apadi.com.br/uploads/2013/03/Guia_eCommerce_APADi_2013_web.pdf>. Acesso em: 17 jul. 2023.

Por ser livre de custo de licença, um *software open source* permite que os investimentos no e-commerce sejam direcionados a serviços e formação, o que garante um retorno maior das aplicações em TI.

Os custos do *open source* referem-se, por exemplo, a servidores para hospedagem, pagamento de módulos para meios de pagamento, logística e integrações. Nesse sentido, Schrode (2018, p. 264) lembra que

> Todo sistema de e-commerce exige uma hospedagem profissional, qualificada e com backup diário. Todo sistema de e-commerce exige manutenção e atualização constante, formas de pagamento, formas de envio mudam constantemente e sem atualização seu e-commerce irá parar de operar.

Entre as plataformas *open source* é possível citar **Magento Commerce**[1], **OpenCart, PrestasShop** e **Woocommerce**. "Sistemas gratuitos ou *open source* [...] são alternativas viáveis apenas no caso de se ter um colaborar ou você mesmo detém de muito conhecimento técnico ou é um aficionado por tecnologia e tem tempo para aprender" (Schroder, 2018, p. 277).

> Normalmente as lojas virtuais baseadas em sistemas *open source,* são lojas menores. Não existem muitas lojas de médio e grande porte baseadas em *open source,* muito ao devido suporte e necessidades de recursos adicionais onde não existem módulos gratuitos para as plataformas. (Schroder, 2018, p. 290)

Schroder (2018, p. 290) aponta vantagens e desvantagens desse tipo de solução:

> Vantagens: o código é aberto e você pode alterar o código fonte; existem layouts prontos a preço baixo na internet; você não tem custo mensal da plataforma;
>
> Desvantagens: instalação é por sua conta; você é o responsável por atualizações e hospedagem; não tem suporte; não tem muito suporte para meios de pagamento no Brasil; não tem muito suporte para meios de envio no Brasil; requer um conhecimento no mínimo intermediário de informática.

---

1 Disponível em: <https://business.adobe.com/br/products/magento/magento-commerce.html>. Acesso em: 17 jul. 2023.

Magento E-commerce

A Magento, citada anteriormente, componente da Adobe, conta com soluções para todos os tamanhos e tipos de negócio. Para instalar essa plataforma, é preciso contratar um servidor *web* para hospedar o *site*.

Para saber mais

Maas (2013) orienta que a instalação da plataforma Magento está disponível para *download* no seguinte *link*:

ADOBE ACROBAT. **Get the software**. 2022. Disponível em: <http://www.magentocommerce.com/download>. Acesso em: 17 jul. 2023.

Antes disso, é necessário realizar um cadastro e escolher a versão compatível com o sistema operacional que a empresa utiliza. Após esse passo, deve-se extrair o arquivo, que vem compactado, para o diretório padrão do WampServer, que fica no seguinte endereço:

"C:\wamp\www".

Logo em seguida, é necessário criar um banco de dados para a loja Magento.

OpenCart, Prestashop e Woocommerce

A OpenCart é uma plataforma que dispõe de uma menor comunidade, mas tem se tornado popular por ter uma versão leve e intuitiva.

De acordo com Claro (2014, p. 13),

> Prestashop é uma plataforma e-commerce open-source e está sob a licença OSL. É escrito em PHP e usa uma base de dados MySQL. PrestaShop também oferece uma impressionante variedade de

funcionalidades de SEO, opções de gestão de cliente e opções de oferta. Como uma solução *open source*, a aplicação também conta com mais de 300 extensões que podem ser adicionadas à loja.

O Woocommerce, por sua vez, é um *plugin* utilizado para a transformação de *sites* criados na plataforma Wordpress em uma loja virtual. A Figura 2.1 demonstra que essa foi a plataforma mais buscada no Google nos últimos 12 meses no Brasil, sendo seguida por Magento, Opencart e Prestashop.

Figura 2.1 – Buscas por plataformas no Google

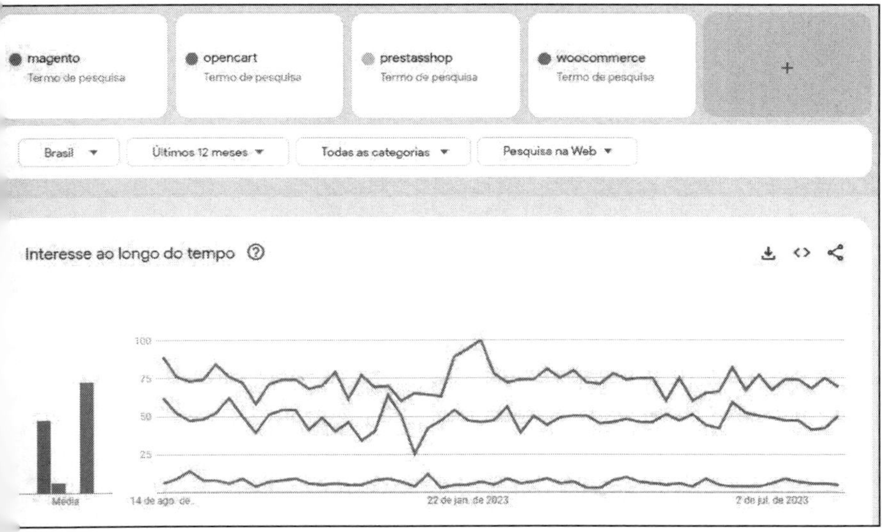

Fonte: Google, 2023.

A despeito da importância da plataforma para o êxito do e-commerce, muitos empresários não investem o valor necessário à aquisição de plataformas adequadas. "A realidade é que, na maioria dos casos, para que o empreendedor tenha um negócio de sucesso, este valor deve corresponder a algo em torno de 15% a 20% do total investido" (Costa, 2017, p. 7).

Tal fator não pode ser ignorado, tendo em vista que é por meio de uma plataforma de *e-commerce* que se gerencia e visualiza a loja na internet. Nesse sentido, antes do contrato desse serviço, é preciso compreender os seguintes detalhes:

» como são realizados os cadastros dos produtos e como eles são apresentados ao cliente;
» como são organizados os pedidos, as formas de pagamento e as entregas e quais são as possibilidades de integração desses fatores com outros sistemas para facilitar o trabalho;
» como são protegidas as informações dos clientes.

Para saber mais

Em 14 de agosto de 2018, a Lei Geral de Proteção de Dados (LGPD), n. 13.709, que dispõe sobre o tratamento de dados pessoais nos meios digitais, foi aprovada. Nesse contexto, *sites* e profissionais de produções digitais das mais diversas naturezas estão trabalhando para se adequar ao referido diploma legal. Para entender mais sobre o assunto, acesse:

BRASIL. Lei n. 13.709, de 14 de agosto de 2018. **Diário Oficial da União**, Poder Executivo, Brasília, DF, 15 ago. 2018. Disponível em: <http://www.planalto.gov.br/ccivil_03/_ato2015-2018/2018/lei/L13709.htm>. Acesso em: 17 jul. 2023.

Entre as ferramentas de baixo custo que exemplificamos anteriormente, como as SaaS, Tray, Loja Integrada etc., podemos apontar algumas limitações, de acordo com Maas (2013, p. 25): "a indicação deste modelo de plataforma de e-commerce é para os lojistas que iniciam no comércio on-line, ou para pequenos projetos de e-commerce, com tráfego inferior a 100 mil *pageviews* (visualizações) por mês".

Importante!

É comum que confundir "número de visitantes" com "*pageviews*". São consideradas *pageviews* todas as visitações realizadas por página. Levando-se em consideração que um mesmo visitante pode abrir muitas páginas de um mesmo e-commerce, podemos concluir que os dois conceitos são totalmente diferentes.

Em razão da dinamicidade do mercado, um ponto importante a ser analisado diz respeito à concorrência: plataformas que utilizam, recursos adicionais etc. Esses dados permitem que a empresa se baseie em exemplos de sucesso e usufrua do que é mais adequado para a realidade de seu negócio.

2.2
Fatores para escolha de plataformas de e-commerce

O empreendedor de uma loja virtual tem de ter plena consciência dos fatores a serem avaliados para a escolha de uma plataforma que se adéque perfeitamente às suas necessidades. Vejamos algumas delas a seguir.

Quadro 2.2 – Itens a serem analisados na escolha plataforma

Suporte	É fundamental que o empreendedor tenha acesso à plataforma contratada por diversos canais de atendimento e possa solucionar problemas das maneira mais ágil possível.
Meios de pagamento	É essencial que a plataforma disponha de vários meios de pagamento.
Marketplace	Como pequenas empresas não investem de maneira geral em *marketing*, a presença em *marketplaces* pode funcionar para o aumento de vendas.
Módulos de venda	A plataforma deve dispor de diversos módulos de vendas em sua tecnologia, viabilizando aumento da taxa de conversão ou recorrência.
Mobile	A responsividade, ou seja, a adequação da plataforma a diversas telas de celular e computadores, é muito importante.

(*continua*)

(Quadro 2.2 – conclusão)

Integração com ERP	A plataforma deve conta com um ERP (sistema de informação que integra todos os dados e processos do negócio) eficiente.
Custo	O custo de contratação da plataforma nunca deve ultrapassar 1% do faturamento.

Fonte: Elaborado com base em Sebrae, 2015.

Esses itens permitem que o empresário entenda os gastos iniciais e de longo prazo do processo de implantação do e-commerce.

Convém destacar que os custos de um e-commerce vão além da plataforma, pois há toda uma infraestrutura que deve ser compreendida. Um negócio de comércio eletrônico precisa de uma base que promova o armazenamento, a segurança dos dados e seu processamento.

Quando um cliente inicia o processo de compra no *site* realizando seu cadastro e inserindo seu *login*, tudo pode parecer muito simples aos olhos do consumidor. Entretanto, para que esse acesso seja efetuado, a empresa de e-commerce responsável pela loja virtual deve garantir a segurança dos dados inseridos para que as transações realizadas não possibilitem fraudes ou vazamento de dados dos clientes. Além disso, para oferecer maior personalização às buscas dos clientes, o *site* deve armazenar os "cliques" feitos pelos clientes, bem como o histórico de compras para possibilitar que tais informações sejam utilizadas por diversos setores da empresa de modo a garantir o nível de serviço.

Para que todas essas transações sejam realizadas, é importante que o negócio tenha um serviço de infraestrutura adequado. Nesse sentido, a infraestrutura de tecnologia da informação comporta os componentes essenciais:

» ***Softwares***: aplicativos e sistemas usados para facilitar o funcionamento da empresa e permitir a coleta e o registro de dados que auxiliam na tomada de decisão organizacional, viabilizando a integração das soluções. Os custos com *softwares* dependem do tipo de pagamento exigido pelas empresas fabricantes, pois algumas oferecem pagamento de mensalidades, enquanto outras cobram um valor único. Por exemplo: o Photoshop é um recurso pago em sistema de planos mensais ou anuais. Nesse caso, a variação de preço depende da quantidade e dos tipos de ferramentas que são adotados pela loja virtual. É válido lembrar que empreendimentos de e-commerce já contam com *softwares* gratuitos, geralmente indicados para pequenas empresas que ainda não possuam renda para investimento mais robusto nessa área.

» **Bancos de dados**: sistemas de armazenamento e disponibilização de informações para consulta. É nessa estrutura que se guarda todo o conhecimento gerado na organização. Os custos são os mesmos praticados em relação aos *softwares*. A definição do tipo de recurso a ser utilizado demanda que a empresa determine suas necessidades e estabeleça as funcionalidades das opções disponíveis no mercado. Como exemplo, podemos citar o Amazon RDS, cujo valor cobrado é condicionado ao volume de armazenamento usado.

» ***Hardware***: estrutura física composta pelos equipamentos que sustentam a estrutura de TI da empresa. Esses recursos dependem de funcionalidade, qualidade etc., fatores que fazem variar seus preços. O custo total necessário é calculado com base na estrutura necessária para o empreendimento. Exemplos: servidores, *no-breaks* e *notebooks*.

» **Redes**: estrutura de compartilhamento de informações, fundamental para o funcionamento adequado de um e-commerce. Com base nesses sistemas, os fornecedores e clientes interagem e compartilham informações, tanto via internet quanto por meio de intranet. Assim como os demais componentes anteriormente elencados, contam com versões gratuitas; entretanto, por demandar sigilo de informações, as empresas devem pensar em opções que sejam seguras e que atendam às suas necessidades, exigir maiores ou menores valores investidos.

» **Serviços de tecnologia**: serviços que auxiliam as TIs das empresas a serem competitivas no mercado. Esses recursos agilizam as rotinas das organizações e são responsáveis pela transformação digital. Exemplo: serviços de *e-mail*, *streaming* e colaboração. Entre os recursos disponíveis, podemos citar o IaaS, serviço de infraestrutura na nuvem cobrado mensalmente com valores a partir de R$ 350,00 reais por mês.

> O IaaS tem como um de seus objetivos principais facilitar o acesso a recursos fundamentais para construir um ambiente de uma aplicação, tais como servidores, processamento, armazenamento, rede e etc. Mais especificamente, um fornecedor de IaaS pode alugar equipamentos de rede, servidores, espaço físico para os equipamentos, memória, ciclos de CPU (processamento) e espaço para armazenamento de informações. (Silva, 2013, p. 31)

Portanto, as empresas devem optar por uma estrutura de TI adequada ao serviço que desejam prestar, levando em consideração principalmente os custos correlatos, que devem estar dentro de suas possibilidades financeiras.

Exercício resolvido

Muitos são os itens que devem ser analisados antes de ser abrir um e-commerce. Pelo fato de o número de lojas virtuais crescer a cada ano, muitas empresas sonham em aumentar seus faturamentos por meio de investimento na *web*. No entanto, o gerenciamento um e-commerce pressupõe vários desafios, que, por sua vez, exigem a elaboração de um bom plano de negócio. Diante das alternativas a seguir, marque a que condiz com as melhores dicas para a abertura de uma loja virtual:

a) É preciso analisar a concorrência e copiar tudo que ela tem de vantajoso para o novo empreendimento. Em outras palavras, é necessário entender a demanda do produto do seu melhor concorrente e copiá-lo.
b) Um bom plano de negócio é importante, mas não fundamental, pois, se o empreendedor já atua no mercado e tem uma boa experiência, ele já pode abrir um e-commerce e administrar a empresa da melhor maneira.
c) Um passo importante para a criação de um e-commerce é a escolha de uma plataforma que mais se adéque ao novo negócio. Há várias soluções no mercado para atender a empreendedores iniciantes e experientes. Nesse sentido, um plano de negócios é de grande auxílio.
d) O empreendedor tem de entender quem é seu público-alvo, ainda que não precise se preocupar com todas as características dos consumidores de seu segmento, de modo a poder atingir outros públicos.

Gabarito: C
***Feedback* do exercício**: A escolha certa da plataforma representa a estrutura do negócio, pois é por meio dela que as operações da loja virtual ocorrem. Portanto, é fundamental escolher uma solução ideal para as atividades do empreendimento.

Por fim, o empreendedor deve se preocupar com a segurança do e-commerce, na qual a análise de riscos é essencial às transações virtuais. Essa verificação visa proteger os negócios na internet contra fraudes, tais como fornecimento e uso de informações falsas nas transações e uso de cartões roubados/clonados.

Exemplificando

Em caso de compra de determinado item pago com cartão roubado, a operadora do cartão realiza o estorno do pagamento, o que implica a perda de faturamento (não há pagamento) e, em alguns casos, até do item (no caso de o produto já ter sido despachado). Daí a importância da análise de risco durante a etapa de fechamento de compra.

A análise de risco compreende a comparação entre os padrões de comportamento de compra do usuário atual e os parâmetros de comportamento de outros usuários cujas compras foram finalizadas com sucesso e de maneira idônea.

Quando são detectados padrões com elevado desvio, pode-se rejeitar o pedido antes da etapa de análise de pagamento. Por exemplo: o lojista pode configurar condições para que o pedido seja ou não rejeitado automaticamente com base no percentual de chance de fraude, informado na análise do pedido. Há também a possibilidade de o lojista estabelecer a seguinte definição: caso a compra tenha 50% ou mais de chance de fraude, o processo deve ser cancelado automaticamente; os pedidos com 50% ou menos são analisados pelo empreendedor, que define se o pedido será atendido ou cancelado.

2.2 Plataformas de *marketplace*

Na atualidade, muito se fala no mercado sobre *marketplace*: plataformas, geralmente conhecidas no mercado, nas quais o vendedor pode cadastrar seus produtos e ganhar visibilidade pelo sucesso que a plataforma escolhida faz no mercado.

"A grande diferença é que os pagamentos são comissionados e existem controles específicos para controlar as vendas dos múltiplos vendedores/lojistas" (Schroder, 2018, p. 233).

No Brasil, podemos afirmar que *marketplaces* (ou *e-marketplaces*) são grandes *shoppings centers* virtuais, onde lojistas do país inteiro usufruem do tráfego já existente da marca para obter lucro. Portanto, esses lojistas não precisam ter um e-commerce. Hoje, grandes representantes da área já oferecem a possibilidade de cadastro de produtos apenas com os CNPJs das empresas entrantes. Em troca, esses vendedores precisam pagar uma comissão por venda gerada, cujos valores dependem da empresa e do produto.

O termo *marketplace* foi criado pela Amazon para denominar sua plataforma de vendas. Segundo Martins e Zilber (2018), o recurso surgiu em meados de 1996, nos Estados Unidos, como um negócio do e-Bay, que começou como um *site* de leilões *on-line*, transformando-se mais tarde em uma plataforma de compra e venda de produtos virtual que se transformou no que hoje conhecemos como *e-marketplace*: "baseado na venda de produtos de vários fornecedores em um único ambiente, funcionando como um intermediador na venda online, mediando as relações de troca entre o vendedor e o comprador" (Martins; Zilber, 2018b, p. 13). Como explicam Martins e Zilber (2018b, p. 14),

> A palavra "e-marketplace" é a junção do sufixo "e" que indica "eletrônico, ligado ao meio digital" com a palavra marketplace que existe há anos e que podem ser traduzidas como "os lugares onde as trocas acontecem", assim como shopping centers, que nada mais são do que ambientes que colocam consumidores e lojistas em contato.

Os *marketplaces* são responsáveis por exibirem as informações dos produtos dos *sellers* (vendedores) atuando como vitrines e auxiliando o consumidor na aquisição dos produtos.

Contudo, são os *sellers* que definem o conteúdo de informações tais como imagens, preço e quantidade em estoque.

Para saber mais

O e-commerce de *marketplace* norte-americano eBay iniciou sua operação no ano de 1995.

A Amazon, varejo *on-line* estadunidense com presença no Brasil, foi fundada em 1995; o início de suas atividades de vendas livros pela internet e sua mudança para *marketplace* ocorreram em 2000.

O *site* chinês Alibaba é o *marketplace* com maior faturamento no mundo.

Já na América Latina, o Mercado Livre, que começou em 1999, é considerado o maior *marketplace* do continente. Para mais informações, acesse:

ROSA, J. R. C. **Marketplace no Brasil**: desafios, vantagens e tendências deste modelo de negócio para empresas varejistas. 68 f. Dissertação (Mestrado Profissional em Administração de Empresas) – Faculdade FIA de Administração e Negócios, São Paulo, 2019. Disponível em: <https://fia.com.br/wp-content/uploads/2019/05/Jo%C3%A3o-Roberto-Concei%C3%A7%C3%A3o-Rosa_Vers%C3%A3o-Final_MPROF4.pdf>. Acesso em: 17 jul. 2023.

Para o Sebrae (Serviço Brasileiro de Apoio às Micro e Pequenas Empresas), conforme Martins e Zilber (2018a), esse tipo de comércio eletrônico gera oportunidades principalmente para o pequeno empreendedor, que consegue comercializar seus produtos e alcançar mais clientes. "Por outro lado, para os *e-marketplaces*, estas parcerias têm como benefícios o aumento no volume no tráfego e não precisam manter estoque dos produtos, nem dominarem o know-how dos serviços oferecidos" (Martins; Zilber, 2018a, p. 15).

Essas oportunidades ajudam os pequenos empresários, pois muitos empreendedores que desejam entrar na internet não têm condições de montar um e-commerce de imediato. Para isso, os *marketplaces* existentes no mercado atuam desta maneira: dando espaço para aqueles que ainda não têm estrutura na internet.

> Embora os e-marketplaces não sejam novidade, em sua grande maioria são voltados ao tradicional mercado Business to Customer (B2C), ou seja, de empresa para cliente, para consumo próprio. Esta plataforma se faz relevante pois irá atuar como uma galeria de fornecedores intermediando as relações entre fornecedor e vendedor direto, para que novos empreendedores conheçam novos fornecedores e passem a revender seus produtos, apresentando novos segmentos que ainda são pouco explorados, como roupas, bens duráveis e até serviços. Dessa forma, ajuda a fortalecer e expandir novos negócios por meio da representação comercial. (Perotto, 2018, p. 13)

Os empreendedores que possuem *e-commerce* também podem usufruir desse espaço para vender mais, aproveitando do número de acessos e usuários cadastrados no *site*, o que faz com que a marca se torne também conhecida. Outra vantagem da utilização do *marketplace* consiste no emprego de sistemas antifraude integrados à plataforma. Contudo, a logística é de responsabilidade do vendedor, pois é ele quem detém o produto e tem de se preocupar com seu envio. As cotações de fretes no *marketplace* são roteadas para o *seller*; nesse caso, utiliza-se uma tabela conforme o modelo da plataforma. "No modelo de negócio dos marketplaces, o estoque e a logística são de responsabilidade do fornecedor, enquanto o marketplace atua como o intermediador da transação" (Perotto, 2018, p. 16).

O *site* **ecommercenapratica.com.br**, que atua nesse segmento com estudos e pesquisas, aponta os *marketplaces* mais populares do Brasil na atualidade: Mercado Livre, Buscapé, B2w (Americanas, Shoptime e Submarino) e Magazine Luiza.

Na Figura 2.2, a seguir, apresentamos dados do Google Trends, serviço que analisa as pesquisas feitas no Google e aponta a Mercado Livre como o termo mais buscado no Brasil nos últimos 12 meses.

Figura 2.2 – Termos mais buscados de *marketplace* no Brasil

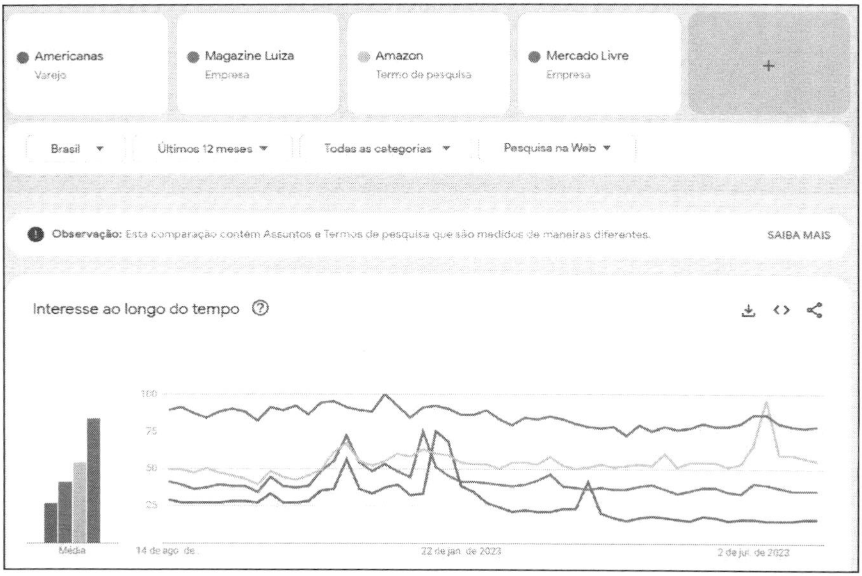

Google e o logotipo do Google são marcas registradas da Google LLC, usado com permissão.

Fonte: Google, 2023.

Vejamos, a seguir, as especificidades de algumas dessas plataformas.

Quadro 2.3 – Plataformas de *marketplace* e suas características

Marketplace	Características
Mercado Livre	Fundada em 2009 por Marcos Galperín. Permite que empresas e pessoas físicas vendam produtos, imóveis e carros. Conta com operações em vários países.
Elo7	Lançada em 2008 para vendas de produtos autorais, criativos e de artesanato.

Fonte: Elaborado com base em Perotto, 2018.

Rosa (2019) aponta três modelos de *marketplace* atuantes no mercado na atualidade.

1. ***Marketplace puro***: nesse sistema, os vendedores é que realizam as vendas dos produtos e serviços. O *site* não realiza venda direta, como nos casos do Mercado Livre e do eBay.
2. **Modelo híbrido**: além de venderem produtos e serviços, as plataformas também abrem espaço para outros lojistas, como a Amazon.
3. **Modelo híbrido com lojas físicas**: empresas varejistas que oferecem venda direta de produtos tanto no *site* quanto em ambiente físico, como acontece com a Lojas Americanas e a Magalu.

> É um sistema muito efetivo, que agrega valor à operação, pois, com novos sellers (vendedores), o varejista passa a oferecer maior variedade de produto e serviços; muitas vezes os marketplaces possuem mais de um seller vendendo o mesmo produto. Esta maior oferta, que pode ser inclusive de um mesmo modelo de produto, faz com o que o preço de venda diminua, o que atrai mais clientes para o marketplace e, consequentemente, um maior número de sellers interessados em vender na plataforma. (Rosa, 2019, p. 23-24)

As vantagens desse ramo são: o varejista não precisa de um estoque, já que a entrega é feita pelo vendedor; há uma maior variedade de produtos ofertados para o cliente, que poderá encontrar de tudo que necessita; converte-se em uma fonte de receita adicional com o ganho das comissões. Além disso, "o varejista pode oferecer maior visibilidade ao *seller* em seu site, vendendo planos de mídia e propaganda para ele, o que fará aumentar a visibilidade dos produtos deste *seller* na plataforma" (Rosa, 2019, p. 24).

> Outro benefício que o modelo de *marketplace* oferece é maior rentabilidade para o varejista, pois, como não realizou a compra das

> mercadorias para revenda, os produtos não estão em seu estoque, a rede varejista não possui capital empregado em inventário. O estoque é do *seller* e será entregue diretamente dele para o cliente. (Rosa, 2019, p. 24)

No entanto, também há riscos no *marketplace,* como no caso de os varejistas contarem com vendedores ruins, que não cumprem prazos, enviam itens trocados, o que faz com que a imagem da plataforma seja prejudicada. Além disso, o trabalho com esse recurso pode confundir o cliente, "que pode não saber que está comprando o produto de uma terceira parte e não do varejista; neste caso, se ele tiver alguma dúvida ou reclamação sobre uma compra, irá endereçá-la ao *marketplace*" (Rosa, 2019, p. 25).

Importante!

Rosa (2019) ressalta que o grande desafio dos *marketplaces* consiste em reduzir o prazo de entrega e aumentar o padrão dos serviços. Para isso, esse tipo de plataforma estipula um tempo padrão de entrega. No Magalu, por exemplo, são de até dois dias úteis; já nas Americanas, apenas um dia para entrega. Para facilitar e melhorar esse tipo de serviço, existem as opções de retirada na loja e entrega na vizinhança, o que permite que os lojistas que vendem nesses ambientes também otimizem suas operações.

Já consolidado como modelo de negócio, o *marketplace* auxilia na sustentação do crescimento dos *e-commerces* no mundo, tendo em vista que a quantidade de itens vendidos nesses ambientes superam o de muitas lojas físicas consideradas tradicionais, em razão da variedade de vendedores e produtos no âmbito virtual, que só aumenta a cada ano.

> Os e-commerces Amazon e Alibaba assumem protagonismo no cenário mundial de marketplace com uma estratégia de grande variedade de produtos e serviços ofertados, e de preços cada vez mais competitivos, estimulando a concorrência entre os próprios sellers em seus sites e níveis de serviço cada vez melhores para seus clientes, como, por exemplo, prazos de entrega cada vez menores. (Rosa, 2019, p. 27)

Hoje, seja *marketplace*, seja *e-commerce*, essas empresas precisam ser multicanais e *omnichannel*, ou seja, presentes em várias plataformas para facilitar o acesso do consumidor. De maneira geral, a abordagem multicanal surgiu a partir de lojas físicas que passaram a oferecer novos canais de compras aos seus clientes, oferecendo mais possibilidades de compra.

> O recurso de mais de um canal de venda para oferta de produtos e serviços não é uma estratégia nova, pois já era utilizada através de venda por catálogo, televisão, televendas, porém, nos últimos 20 anos, passou a ser muito empregada por empresas varejistas após a disseminação em massa da internet. Entretanto, o principal motivo para as empresas varejistas passarem a utilizar a internet e a multicanalidade para a oferta de produtos e serviços é a mudança do hábito de compra e do comportamento dos consumidores. Cada vez mais os clientes querem comprar através de múltiplos canais de venda. (Rosa, 2019, p. 33)

A venda multicanal é estimulada pelo comportamento do consumidor, cada vez mais presente em várias plataformas e mais exigente, tendo em vista a facilidade de comparar preços e serviços e de decidir onde comprar por meio das informações disponíveis na internet. Nesse contexto, as empresas precisam se adequar a essa realidade e oferecer seus itens em vários canais para se fazerem presentes de maneira mais efetiva. "Operações de varejo multicanal contribuem para o processo de expansão das vendas. Lojas convencionais possuem limite físico para atender seus clientes, enquanto o e-commerce consegue ultrapassar fronteiras" (Rosa, 2019, p. 33).

Outro ganho desse tipo de comercialização se refere aos custos operacionais com a compra pelo *site* e a retirada em loja, por exemplo. Nesse sentido, é possível que o cliente realize outra compra quando for retirar na loja física o produto adquirido no ambiente virtual.

> No Brasil, a rede varejista Magazine Luiza, que possui uma operação integrada de *e-commerce* e lojas físicas, iniciou, no final de 2017, a venda de produtos de *marketplace* em algumas de suas lojas físicas. Em 2018, expandiu para o restante das suas mais de 940 lojas a venda desses produtos. Além da venda dos itens de *marketplace*, a empresa iniciou um piloto no terceiro trimestre de 2018, com expansão, a partir do quarto trimestre, oferecendo ao *seller* um serviço de entrega até uma das mais de 900 lojas da empresa; o cliente pode, dessa forma, optar por retirar o produto na loja ou recebê-lo em sua residência. (Rosa, 2019, p. 34)

De maneira geral, muitos lojistas têm dúvidas quanto à viabilidade de investimentos em vendas no *marketplace*, pois tais valores não são explícitos, tendo em vista que, na maioria das vezes, os custos são indiretos. A maior parte dos *marketplaces* pratica a mesma política de definição de preços pelo serviço: o *seller* não paga pelo cadastro de seus produtos – as cobranças ocorrem com base nos valores vendidos (comissão). Entretanto, outros custos são associados à utilização dessas plataformas, como aqueles referentes a sistemas de gestão integrada, logística e operações.

Exercício resolvido

O serviço de *marketplace* já é uma realidade no mundo todo, atuando como uma alavanca de crescimento de várias empresas, seja daquelas ainda não presentes na internet, seja daquelas que já contam com e-commerce mas precisam escalar, crescer e gerar mais renda e competitividade. Como buscar vantagem competitiva em um cenário tão concorrido?

a) Os vendedores que desejam atuar em *marketplaces* precisam de uma vantagem competitiva referente ao seu preço, tendo-se em conta que esse é um fator fundamental em relação à concorrência nessas plataformas.
b) Trabalhar com todo tipo de produto e serviço em *marketplace* é o ideal, pois essa escolha permite o atendimento a um maior de número de consumidores com vendas diversificadas, que dispensam o trabalho com nichos.
c) O vendedor precisa ser ágil para se destacar no mercado, bem como deve saber alternar preços constantemente para que seus produtos sejam vendidos o mais rápido possível.
d) O *marketplace* é um fenômeno mundial. Os vendedores são obrigados a atuar nesse tipo de plataforma para não ficarem de fora dessa tendência e consiguirem competir no mercado.

Gabarito: A
***Feedback* do exercício**: A vantagem competitiva hoje é o que faz com que vendedores consigam ter uma boa posição e vendam mais em *marketplaces,* hoje tão concorridos, já que um mesmo produto é ofertado por várias empresas. E o que o consumidor vai em busca é do preço, já que todos os itens são iguais. Para consumidor não importa, inicialmente, a empresa que está vendendo, mas sim o preço.

As empresas que investem em canais de vendas nos *marketplaces* precisam planejar os custos que envolvem esse modelo de negócio, tais como:

- documentação;
- precificação;
- comissionamento;
- eventuais multas (descontos nas comissões) relativas à administração de vendas *on-line*.

No caso da precificação, por exemplo, a adequada projeção de custos e margem de lucro pretendida é fundamental, tendo em vista que estratégias de precificação adequadas auxiliam na competitividade e sustentabilidade de negócios. Levando-se em consideração de que se trata de um fator de atração e conversão de vendas, aliar preços competitivos e volume de vendas no *marketplace* pode compensar o emprego de margens menores.

Com relação à definição da forma de comissão a ser descontada nas transações, ela pode ocorrer por retenção ou pagamento. As comissões de vendas podem variar de acordo com a plataforma e incidem sobre cada venda realizada. Uma média de mercado é de 15% a 20% do valor do produto, podendo oscilar de acordo com suas características.

O que é?

Na retenção, o *marketplace* desconta o valor da comissão e repassa ao *seller* o valor restante. Já no pagamento, envia-se o pagamento do pedido integralmente ao seller.

No *marketplace*, há também a possibilidade de incidência de outras taxas, tais como custos com atendimento e suporte ao cliente. Vale ressaltar que todos os investimentos nessas plataformas podem ser revertidos em benefícios ao empresário por meio do aumento do número de vendas.

2.3 Meios de pagamento em e-commerce

Todo *e-commerce* precisa prestar atenção nas formas de pagamento a serem usadas. Primeiramente, o empreendedor deve entender o processo de escolha das plataformas e das as formas de pagamento que elas oferecem, pois esses fatores podem representar um grande peso nos custos da empresa quando a opção não for adequada à realidade do e-commerce. Tradicionalmente, existem o pagamento por cartão de crédito e débito, boleto bancário, transferência bancária e PIX. É necessário escolher soluções de pagamento eficazes de acordo com a realidade da loja virtual, de modo que possa oferecer uma compra *on-line* rápida, segura e simples para os consumidores.

Webster (2016, p. 10) afirma que "receber os valores referentes às vendas é, obviamente, fundamental para manter sua loja virtual operando de forma saudável. Por isso, essa é uma escolha que exige muita atenção e pesquisa". Nos últimos anos, os cartões de débito e crédito se tornaram a maior fonte de pagamento dos consumidores no ato da compra. O autor aponta três maneiras de receber pagamentos *on-line*:

» **Intermediadores de pagamentos (subadquirentes)**: proporcionam maior segurança tanto para quem está comprando quanto para quem está vendendo *on-line*; é uma forma de pagamento bastante simplificada, tratando-se de aspectos tecnológicos e empresariais, haja vista que o intermediador propõe um equilíbrio entre as necessidades da empresas e usuários. Geralmente esses agentes, além de estipularem datas para recebimento, "cobram taxa fixa por transação, mais uma variável sobre o valor da venda" (Webster, 2016, p. 10).

» ***Gateways* de pagamento**: recebem o pagamento diretamente do cliente. Ofertam recursos mais bem elaborados e protegidos e têm como marca registrada conexões mais estáveis. Caracterizam-se por cobrar uma taxa fixa por transação, o que torna a solução mais barata.

O que é?

O *gateway* de pagamento é uma tecnologia de pagamento digital que atua como meio estrutural para a comunicação entre consumidor, banco e empresa operadora de cartões.

Em alguns casos, o lojista pode optar pelo serviço antifraude do *gateway* ou contratar tal serviço à parte. Contudo, na maioria dos *gateways*, já há esse tipo de serviço.

» **Integração direta com a adquirente**: indicada para empreendedores de maior porte que contam com desenvolvedores. Em alguns casos, o lojista pode optar pelo serviço antifraude da modalidade ou contratar tal serviço a parte, bem como negociar as taxas praticadas.

» **Adquirentes**: prestadores de serviço responsáveis por fazer a comunicação com a bandeira do cartão de crédito ou débito (empresas responsáveis por regular o mercado de cartões, que padronizam a maneira como as adquirentes devem processar seus cartões), no processamento de dados entre o cliente e o lojista.

Há vários pontos a serem analisados quando se refere a pagamento em loja na internet, como mostramos a seguir.

Quadro 2.4 – Pontos positivos das formas de pagamento para e-commerce

Formas de pagamento	Exemplos	Pontos positivos
Intermediadores de pagamento	Pagseguro Yapay Paypal	Oferecem diversos tipos de pagamento: bandeiras, boleto e débito em conta; alguns agentes podem conter sistemas antifraudes. Facilita o pagamento no momento da compra.
Gateways de pagamento	Iugu Elo	Alguns *gateways* permitem o pagamento com até dois cartões de crédito; o consumidor não precisa sair do site para realizar o cadastro; os bancos oferecem a opção de adiantar todo o valor a ser recebido.
Integração direta com os adquirentes		As taxas por transação costumam ser menores. É preciso investir em segurança e em equipe de desenvolvimento para manter o bom funcionamento do serviço.
Subadquirentes		Proporciona segurança da informação e antifraudes sólida, tornando o processo de pagamento mais simples para o lojista.

Fonte: Elaborado com base em Cruz, 2014.

Conforme Schroder (2018, p. 1246), "para quem está começando uma loja virtual é recomendado o uso de intermediadores. É mais fácil e mais cômodo, principalmente devido a questão de fraudes". Quanto à cobrança de taxas, ainda segundo o autor citado, o fator varia muito e depende de cada segmento. "Normalmente, as adquirentes cobram uma taxa de 2,99% até 3,99% sobre a transação aprovada no cartão de crédito [...]. Mas lembre-se, sem antifraude e sem garantia de recebimento incluso" (Schroder, 2018, p. 1260).

Ainda conforme Schroder (2018), os intermediários trabalham com taxas que variam de 3,99% até 6,5%, incluindo antifraude e garantia de recebimento. Essas taxas depender de fatores como o tempo que a empresa escolhe para receber o valor das compras e o volume de vendas. Portanto, quanto mais curto o tempo, maior a taxa, o mesmo valendo para o volume de vendas.

Turchi (2012) afirma que os cartões de crédito ainda são o meio que os consumidores *on-line* mais utilizam para adquirir produtos. De acordo com Magalhães (2022), na prática, a cada 10 compras *on-line*, 7 são feitas por cartão de crédito.

O boleto bancário, por sua vez, é a segunda forma de pagamento mais utilizada nas compras pela internet. De acordo com Schroder (2018, p. 1186), "intermediários e adquirentes também oferecem o serviço de boleto. Mas, estes valores não entram direto em sua conta. Normalmente os custos giram em torno de R$ 3,50 por boleto emitido, mesmo se o boleto não for pago".

Os boletos emitidos via banco geralmente têm prazo de recebimento ou liquidação na conta em dois ou três dias úteis após o pagamento. Nesse caso, o dono do e-commerce deve se concentrar apenas na liberação produto quando o pagamento for contabilizado pelo banco ou operadora escolhida. O ideal é que a empresa já separe o produto, pois, quando o boleto for compensado em até dois dias úteis, o item comprado já pode ser vendido e o cliente que comprou no *site* ficará sem seu item.

Segundo Salvador (2013, p. 2020), "cerca de 50% das pessoas que geram boletos nas lojas virtuais acabam por não pagar o boleto, ou seja, desistem da compra. Você deve, de alguma forma, ficar de olho nessas desistências e tentar recuperar as vendas". Nesse caso, há soluções como lembretes por *e-mail*, envio do boleto com novo vencimento, contato com o consumidor para entender o motivo da desistência e oferta de desconto adicional.

Os boletos bancários abrem a possibilidade de fraudes pela mudança de dígitos de identificação. Visando melhorar esse sistema de pagamento, a Febraban (Federação Brasileira dos Bancos) implementou no comércio *on-line* os boletos registrados, atrelados a um sistema bancário que proporcionan maior segurança tanto para os vendedores quanto para os compradores.

> Muitas vezes ficamos tão preocupados em trazer novas visitas para a loja virtual, que acabamos nos esquecendo dos que abandonaram o processo. Vale a pena investir uma parte do dia com esses consumidores, pois se eles entraram na loja, colocaram os produtos no carrinho, preencheram o cadastro e geraram o boleto, é muito provável que queiram comprar de você. (Salvador, 2013, p. 2026)

Quando o cliente vai pagar pelo produto que está no carrinho de compras, o boleto registrado é um meio interessante, pois ele passou a ser obrigatório no e-commerce brasileiro a partir de 2018, tendo impacto em custos. Com relação a esse recurso de pagamento, é importante observar certos aspectos como taxas e tempo de recebimento.

A proposta do boleto registrado é tornar o processo de pagamento mais seguro para as partes envolvidas: bancos, lojas virtuais e consumidor. Nesse tipo de boleto, há a inclusão de informações tanto de quem o emite quanto de quem o paga. Entre esses dados estão: CPF ou CNPJ do emissor; CPF ou CNPJ do pagador; nome e endereço do pagador; valor a ser pago.

Perguntas & respostas

Qual é a diferença entre o boleto tradicional e o boleto registrado?

A diferença está no maior número de dados presentes em tal documentação, que visam aumentar a segurança dos pagamentos e contribuir para a redução de fraudes nesse modelo de cobrança.

Outra situação que até pouco tempo era bastante usual, bem como delicada, era o pagamento por depósito bancário, no qual o cliente depositava e comprovava para a empresa que o devido pagamento foi realizado. Tal cenário vem sendo modificado graças à criação do PIX e das operações em cartão de débito. "Não recomendo o uso de depósito bancário, pois não existe prazo de vencimento e assim você fica com a mercadoria retida ou parada até o cliente depositar" (Schroder, 2018, p. 590). Além disso, esse recurso abre espaço para fraudes, pois o cliente pode forjar um comprovante falso e ficar com a mercadoria, enquanto a loja fica no prejuízo.

> Novamente, somente libere produtos após o pagamento estar 100% confirmado pelo banco, jamais confie em comprovantes enviados por e-mail, WhatsApp, fax. Já vi muitas tentativas de fraude com comprovantes falsificados, agendamentos e até mesmo depósitos feitos em máquinas sem nada dentro. (Schroder, 2018, p. 590)

Exemplificando

Mais comum em *sites* de lojas, os intermediadores ajudam a fazer a conexão entre o consumidor e a empresa de maneira prática e ágil. Os mais conhecidos no Brasil são o Pagseguro, da empresa UOL; o Paypal, que possibilita tanto compras internacionais quanto nacionais; o Mercado Pago, do Mercado Livre, que hoje tem um *checkout* transparente.

Em 16 de novembro de 2020, o PIX, novo sistema de pagamentos instantâneos, foi lançado. Até então, só havia as possibilidades de realizar transferências bancárias por DOC (Documento de Ordem de Crédito) e TED (Transferência Eletrônica Disponível), que funcionam para bancos diferentes só em dias úteis.

> Lojistas deverão disponibilizar o Pix como um método de pagamento, que poderá ser escolhido pelo consumidor final no momento de fechamento da compra. Ao selecionar o Pix como método de pagamento no e-commerce, um QR Code será gerado e apresentado ao consumidor na tela de checkout. Se o consumidor estiver realizando a compra utilizando o computador, basta escanear o QR Code usando o aplicativo do seu banco ou carteira digital. Caso a compra esteja sendo feita pelo celular, o consumidor deverá copiar o código gerado e colar no aplicativo do seu banco ou carteira digital. Pronto! Uma vez que o pagamento é feito, ele leva segundos para ser creditado na conta do lojista. (Vilvert, 2020)

Há previsões, segundo Vilvert (2020), de que o PIX venha a se tornar o principal meio de transferências entre contas nos próximos anos. Há também a possibilidade de que as taxas entre meios de pagamento diminuam. Para o e-commerce, essa ferramenta está se mostrando uma nova possibilidade de pagamento, já que o valor a ser pago é depositado no momento da compra e a comprovação do pagamento é imediata. A opção pelo PIX pressupõe redução nos custos por operação, uma vez que essa forma de pagamento é uma transferência, o que significa que o recebedor não paga taxa de recebimento, como ocorre na maior parte dos pagamentos por cartão de crédito e débito, por exemplo. Muitas vendas realizadas por boleto bancário acabavam não sendo pagas, o que acarreta em prejuízos para o empreendedor.

Para os usuários, o PIX pode ser entendido como uma ferramenta de acessibilidade; para os empresários, significa redução de custos e maior certeza de negócios.

Perguntas & respostas

Assim como em outras operações bancárias, há órgãos reguladores que garantem a segurança do serviço de pagamento, bem como atuam no desenvolvimento ético de cadastros de pessoas físicas e jurídicas e no acompanhamento de informações cadastrais com o auxílio de ferramentas de tecnologia da informação. No Brasil, há três instituições dessa natureza. Você sabe informar quais são e como atuam?

Existe o Sistema de Pagamentos Brasileiro (SPB), que compreende o conjunto de regras, procedimentos e operações financeiras de valores mobiliários. Há também a Câmara Interbancária de Pagamentos (CIP), que fornece infraestrutura aos movimentos do mercado financeiro para possibilitar confiabilidade nas operações. Por fim, há o Sistema de Liquidação das Transferências de Ordens de Crédito (Siloc), que compensa e efetua a liquidação de vários produtos para as instituições detentoras de conta reserva ou liquidação autorizadas pelo Banco Central do Brasil.

A implantação do PIX exige adequação das plataformas de e-commerce, o que exige do empreendedor uma rápida adequação a essa nova realidade, pois o consumidor é quem deve escolher a melhor maneira de realizar a compra e pagar pelo item que deseja.

2.4 Configuração de meios de pagamento e *chargebacks*

Antes de escolher e configurar suas formas de pagamento, a empresa que passa a vender na internet precisa consultar a plataforma escolhida e entender os pagamentos disponíveis para conceber a forma que condiz com sua realidade. Geralmente, para plataformas SaaS, a configuração de formas de pagamento é realizada no próprio ambiente de maneira simples.

Schroder (2018, p. 1362) afirma que "a configuração muda de plataforma para plataforma [...]. Normalmente as configurações de meios de pagamento estão centralizadas em menu formas de pagamento ou meios de pagamento".

Já Salvador (2013) lembra que a maioria das plataformas de e-commerce já está integrada com *gateways* de pagamento. "Dessa forma, será relativamente fácil configurar sua loja para aceitar pagamentos com boletos e cartões de crédito. A parte mais difícil do processo é a negociação com as instituições financeiras" (Salvador, 2013, p. 11818).

Ao escolher o cartão de crédito como meio de pagamento, o empreendedor tem a tarefa de atender com as operadoras de cartões e se relacionar com elas. Algumas desvantagens são, por exemplo, os *chargebacks*, que, segundo Schroder (2018, p. 1252), ocorrem "quando uma compra que foi aprovada pela administradora do cartão de crédito não reconhecida pelo proprietário do cartão. Sendo estornado o pagamento do lojista".

Na maioria das vezes, mesmo que a operadora de cartão de crédito tenha aprovado a transação, é o lojista que vai arcar com o prejuízo (Salvador, 2013). Caso o intermediário sinalize a venda como aprovada, o risco de *chargeback* é inteiramente dele.

> Se houver chargeback, o problema é do intermediário e não mais seu. A diferença é que existe um prazo de disputa, onde o comprador pode abrir uma reclamação e alegar que o produto não é o que ele comprou, que veio com defeito, ou não veio, e assim pode cancelar o pagamento. Mas o prazo de disputa normalmente é de 30 dias. (Schroder, 2018, p. 1339)

Há uma confusão entre *chargeback* e o direito de arrependimento previsto no art. 49 do Código de Defesa do Consumidor. Segundo Guglinski (2011), o consumidor pode desistir da compra obtendo a devolução do valor efetivamente pago ao fornecedor. Há geralmente um prazo para exercer esse tipo de direito, de acordo com : "São sete dias conferidos ao consumidor, contados da assinatura do contrato ou do ato de recebimento do produto ou serviço, e ao qual o fornecedor estará obrigatoriamente sujeito, independentemente da ocorrência de alguma causa" (Guglinski, 2011, p. 238).

> No chargeback, o cancelamento da venda, com o consequente estorno de valores, seja ao consumidor ou à administradora de cartões (a depender da causa que motiva o ato) ocorre mediante relevante razão de direito. Por parte do consumidor, pode ocorrer quando terceiro se apoderar do número e da senha de seu cartão (fraude, furto ou roubo do cartão etc.), e então passar a realizar compras em nome daquele. Como não foi o consumidor quem realizou a transação, poderá legitimamente contestá-la, devendo obter o ressarcimento do que lhe for eventualmente cobrado, inclusive valendo-se da regra do parágrafo único do art. 42 do CDC, que lhe confere o direito à repetição do indébito, "por valor igual ao dobro do que pagou em excesso, acrescido de correção monetária e juros legais, salvo hipótese de engano justificável". (Guglinski, 2011, p. 238)

Podemos concluir que esse tipo de estorno é um instrumento que as operadoras de cartões utilizam para reverter fraudes no momento da compra. Cabe ao lojista entender o modo como o meio de pagamento utilizado trabalha nesse tipo de situação para evitar prejuízos para o negócio.

Um grande problema que deve ser levado em conta no e-commerce é o *chargeback*: o cancelamento de uma venda geralmente feita com cartão de crédito cuja compra não é reconhecida pelo titular do cartão. Quando isso acontece, o lojista perde a venda e o produto enviado, pois a operadora do cartão não credita o valor da compra. A respeito dessa dinâmica, assinale a alternativa correta sobre o assunto:

a) Pode-se considerar o *chargeback* o grande vilão do e-commerce, pois é um fenômeno responsável por grandes prejuízos a lojas virtuais, que muitas vezes têm de fechar em razão desse problema. Quando esse inconveniente ocorre, o consumidor lesado não é obrigado a pagar o valor do golpe, pedindo a cancelamento da compra.
b) Assim como o direito do arrependimento, o *chargeback* causa prejuízos aos lojistas, pois os consumidores têm o direito de cancelar a compra no momento que desejar e por qualquer motivo.
c) Para e-commerces experientes, não ocorrem situações de fraude, porque as plataformas desses empreendimentos contam com tecnologias que impedem qualquer tipo de ameaça. Isso só ocorre com negócios que estão iniciando.
d) Para evitar o *chargeback*, basta contratar empresas sérias que garantem a segurança contra esse tipo de situação. Há várias organizações no mercado que dispõem desse tipo de recurso, cujo valor é consideravelmente elevado.

Gabarito: A

***Feedback* do exercício**: Geralmente, as operadoras de cartão de crédito não alertam as empresas que possuem loja na internet sobre o risco do *chargeback*, haja vista que se preocupam com sua imagem e com perdas em publicidade, o que pode ocasionar a redução de fechamentos de contratos. É quando se deparam com o prejuízo que muitas empresas inexperientes passam a tomar providências para evitar esse tipo de situação.

Perdas por fraude em cartões de crédito podem ocorrer em qualquer e-commerce; nesse caso, um sistema antifraude é fundamental para evitar perdas.

2.5 Custos essenciais

Segundo a 43ª edição da Pesquisa Webshoppers, publicada pela agência Ebit|Nielsen, "2020 fecha com 29% a mais de consumidores do que no ano anterior, sendo 13 milhões de novos compradores. Desses, 83% declararam que voltariam a fazer compras online" (Como otimizar..., 2021). Tais dados demonstram a importância cada vez maior do e-commerce e, consequentemente, a demanda cada vez mais urgente da organização dos custos dessa modalidade de negócio.

É importante enfatizarmos que os custos empregados em um e-commerce são diretamente influenciados pelo porte almejado para o empreendimento e pelo tamanho do respectivo projeto. Vejamos, a seguir, as diferentes dimensões de negócios e as estruturações de custos necessárias para que tais projetos tenham êxito.

Quadro 2.5 – Custo de montagem e e-commerce por porte de empresa

Modalidade de empresa	Faturamento anual máximo[1] (R$)	Custo inicial (R$)
Microempreendedor individual (MEI)	81 mil	1 mil-5 mil (composição de *mix* de produtos, desenvolvimento da loja *on-line*, pagamento de salário de colaborador etc.)
Microempresa (ME)	81 mil-360 mil	5 mil-50 mil (desenvolvimento do e-commerce, aluguel de aplicativos que potencializam a operação, contratação de profissionais especializados etc.)
Empresa de pequeno porte (EPP)	360 mil-4,8 milhões	50 mil-500 mil (planos avançados de que exigem plataformas robustas, como a VTEX)[2]
Empresa de grande porte	4,8 milhões-	Investimentos milionários (suporte simultâneo a lojas virtuais, multilojas, *marketplaces* e *sites* de comércio eletrônico)

Fonte: Elaborado com base em Veja..., 2023.

[1] Nota: Dados de 2020.
[2] "Custa a partir de R$ 18 mil anuais e especificamente R$ 43 mil por ano para empresas que chegam a faturar R$ 1 milhão neste período" (Veja..., 2023).

Com o dimensionamento dos empreendimentos virtuais e dos respectivos investimentos iniciais, temos a base para focarmos nos custos de criação de um e-commerce propriamente dito. Contudo, é importante reapresentarmos os conceito de custos e despesas para tratarmos dos custos específicos do e-commerce.

Quadro 2.6 – Custos fixos, custos variáveis e despesas

	Características	Exemplos
Custos fixos	Não são influenciados em seus níveis, independentemente das flutuações de vendas ou produção (valores referentes à produção e às vendas).	Limpeza, telefone, luz, água, plano de saúde, depreciação, taxas bancárias, contabilidade.
Custos variáveis	São diretamente determinados pelas variações de vendas e produção.	Impostos, comissões, horas-extras, fretes, insumos, embalagens.

(continua)

(*Quadro 2.6 – conclusão*)

	Características	Exemplos
Despesas	Gastos destinados ao encaminhamento das atividades realizadas na empresa.	Salários de colaboradores da área de administração da organização, aluguéis de imóveis.

Fonte: Elaborado com base em Reis, 2023.

A seguir, vamos nos aprofundar em conceitos já apresentados.

2.5.1 Custos fixos[2]

Como explicamos anteriormente, os custos fixos dizem respeito a valores que permanecem inalterados quando se leva em conta o fator "produção". Vejamos alguns exemplos (Couto, 2023):

- » aluguel do local de trabalho (item no qual sempre vão estar incluídos valores referentes a luz, gás, limpeza e IPTU);
- » valores referentes a serviços bancários;
- » salários, incluindo qualquer tipo de imposto correlato;
- » honorários advocatícios;
- » valores despendidos com a plataforma utilizada para o e-commerce;
- » valores com contabilidade;
- » impostos.

Em uma aplicação hipotética desses valores, temos como resultado o seguinte exemplo:

Custo fixo	Valor (R$)
Home office	0,00 (sem despesas de escritório)
Internet	100,00
Telefonia	25,00
Pró-labore dos sócios	9.000,00
Escritório de contabilidade	550,00
Escritório advocatício	130,00

(*continua*)

2 Seção 2.5.1 e subseções elaboradas com base em Freitas (2022).

(conclusão)

Taxas bancárias	50,00
Plataforma e-commerce	300,00
Imposto referente à categoria de Microempreendedor Individual (MEI)	49,90
Total	**10.204,90**

Portanto, somando todos os valores apresentados na tabela anteriormente apresentada, esse empreendimento tem custos fixos mensais de R$ 10.204,90. Vejamos, a seguir, outras categorias de custos fixos do e-commerce.

Abertura do CNPJ

Levando-se em consideração que prescindir de um CNPJ para vendas só seja uma solução de curto prazo para empreendedores, a formalização da empresa virtual tem, sim, de ser colocada na ponta do lápis quando dos cálculos para a abertura de um e-commerce. Esse procedimento é fundamental para que a organização possa emitir notas e integrar estruturas de vendas como os *marketplaces*.

A seguir, apresentamos alguns valores relacionados à abertura de CNPJ para os seguintes portes empresariais[3]:

» **MEI**: pagamento de DAS (Documento de Arrecadação dos Simples Nacional) – 5% do salário mínimo, mais taxas condicionadas pela atividade comercial e pelo município em que é exercida.

» **ME**: R$ 1.029,63 (ME Individual, optante do Simples Nacional com um sócio/titular); R$ 1.174,63 (ME Ltda, optante do Simples Nacional com dois ou mais sócios).

» **EPP e empresa de grande porte**: valores variam conforme a cidade ou o estado em que atividade da organização é exercida.

3 Dados de 2022.

Certificado digital

O certificado digital é "um documento digital que serve para assinar documentos online com validade jurídica, autenticar transações e cumprir obrigações do negócio pela internet" (Certificado..., 2023).

De acordo com Schneider (2011) citado por Stefano e Zattar (2016, p. 154), o certificado é composto dos seguintes elementos:

1. Certificado de informações de identificação do proprietário, como nome, organização e endereço;
2. Chave de criptografia pública do proprietário do certificado;
3. Datas entre as quais o certificado é válido;
4. Número de série do certificado;
5. Nome do emissor do certificado;
6. Assinatura digital do emissor do certificado.

Portanto, consiste em um recurso que atua como uma identidade visual, utilizada tanto por organizações quanto por indivíduos para assegurar transações de informações no mundo virtual, certificando sua autenticidade. Há certificados, como o digital A1, que custam na atualidade aproximadamente R$ 200,00 por ano.

Contabilidade

Como explicamos anteriormente, a contabilidade auxilia a organização em vários aspectos da burocracia inerente à condução de um negócio, como a verificação do recolhimento de impostos e a condução correta da abertura da empresa. Levantamentos atuais apontam valores em torno de R$ 200,00 a R$ 300,00 por mês para pagamentos de serviços dessa natureza.

Identidade visual

A identidade visual da empresa é seu cartão de visita para o consumidor. Por meio de seus logos, de sua paleta de cores e da fonte dos termos apresentados em suas peças, atrai os clientes e apresenta o posicionamento da organização.

De acordo com Sebrae (2012) citado por Stefano e Zattar (2016, p. 243), há algumas respostas a esse respeito às quais o *website* dessa empresa deve atender: "Quem é a empresa? A página inicial do *website* deve destacar o logotipo e o nome da empresa e ter um subtítulo de identificação impactante. Se você tem uma boa foto (da fachada, interna, com clientes), coloque-a lá também".

De maneira geral, esse trabalho é realizado por *designers* terceirizados, que geralmente cobram por seus serviços valores que giram em torno de R$ 500,00 e R$ 2.000,00 (preços condicionados pela vivência do profissional, pela dificuldade do empreendimento e pelo número de objetos a serem elaborados).

Registro da marca

É fundamental que a empresa preserve sua marca e todos os elementos visuais que a compõem. Nesse caso, o empreendedor deve entrar em contato com o Instituto Nacional da Propriedade Industrial (Inpi)[4], cujos serviços de registro de marca variam entre R$ 142,00 e R$ 355,00.

Plataforma do e-commerce

Tendo em vista que a plataforma é um dos recursos mais importantes para a consolidação do e-commerce, pois é o recurso por meio do qual toda a operação funciona, os custos relacionados a essa ferramenta têm de ser muito bem ponderados.

---

4 Para mais informações, acesse: <https://www.gov.br/inpi/pt-br>.

De início, o empreendedor tem de considerar os tipos de plataforma (abordadas em mais detalhes em várias passagens desta obra), como os demonstrados no Quadro 2.7, a seguir.

Quadro 2.7 – Tipos de plataformas para o e-commerce

Tipos de plataforma	Por que devo escolher esta?	Por que não devo?
Pronta (*on demand*)	Implementação rápida. Investimento baixo. Recursos básicos já desenvolvidos. Atualizações automáticas. Dispensa equipe interna de programadores.	Personalização limitada. Servidor compartilhado. Preço aumenta de acordo com volume de produtos ou páginas visitadas. Informação fora da empresa. Grande dependência do fornecedor da plataforma.
Proprietária (customizada)	Atende a todas as necessidades (principalmente no caso de integrações complexas de sistemas). Personalização total. Atualização de acordo com demanda do cliente. Servidor semidedicado ou dedicado. O código fonte do sistema passa a ser do cliente (para algumas empresas, isso atende a requisitos de segurança interna).	Implementação demorada. Investimento inicial alto. Manutenção com custo elevado (muitas vezes requer investimento em equipe interna). Atualizações demoradas.
Open source (código aberto)	Sem custo de aquisição. Boa personalização (dependerá da habilidade do programador). Vários recursos (*plug-ins*) já desenvolvidos. Controle sobre a plataforma e seu código. Robusta. Tem muitas integrações já desenvolvidas.	Implementação demorada. Exigência de programadores especializados. Desenvolvimento demorado de recursos personalizados. Falta de suporte especializado e com atendimento de qualidade.

Fonte: Stefano; Zattar, 2016, p. 124.

Nesse contexto, os custos com a plataforma de e-commerce podem ser relacionados às seguintes possibilidades (Stefano; Zattar, 2016):

» Fornecimento de sistema customizado.
» Compra de aplicativo existente no mercado (com ou sem modificações).
» Locação de *software* padrão.

- Estabelecimento de parceria com organização detentora de aplicativos para a área de e-commerce.
- Parceria com *marketplace* de terceiros (*website* de leilão ou licitação local) ou troca de recursos importantes para os integrantes).

Além desses critérios, há outros fatores que devem ser levados em conta em relação aos possíveis custos para quem compra ou aluga plataformas:

Quadro 2.8 – Critérios para seleção de aplicativos para o e-commerce

Critérios	Descrição
Flexibilidade	Pacotes comerciais precisam ser modificados ou adaptados às necessidades específicas de uma aplicação. Portanto, é importante avaliar a extensão em que um pacote pode ser adaptado e a vontade do fornecedor para executar ou apoiar tal adaptação.
Requisitos de informação	O pacote selecionado deve satisfazer aos requisitos de informação da aplicação de e-commerce. Coleta de informações, armazenamento, recursos de recuperação e estrutura de banco de dados devem ser cuidadosamente examinados.
Facilidade de utilização	É especialmente importante para B2C, G2C e alguns *sites* de B2B. Nesses casos, se um aplicativo é difícil para o visitante ou cliente usar, terá um impacto negativo imediato.
Recursos de *hardware* e *software*	O tipo de computador e sistema operacional exigido pelo pacote deve ser compatível com a plataforma existente. Os requisitos de CPU e armazenamento também são considerações importantes.
Instalação	O esforço de instalação necessário para implementar o pacote também deve ser levado conta. Alguns pacotes são complexos e sua instalação requer extensas consultas, que podem levar um tempo considerável.
Serviço de manutenção	Os requisitos de aplicação de e-commerce mudam constantemente; logo, a manutenção contínua é necessária. É importante considerar a frequência com que o pacote precisa ser atualizado e se o fornecedor oferece assistência para sua manutenção.
Qualidade e reputação do fornecedor	É menos arriscado adquirir um pacote de e-commerce de um fornecedor que tenha uma boa reputação e histórico do que de um desconhecido. A qualidade do fornecedor pode ser indicada por sua experiência relacionada com a aplicação, suas vendas e os registros financeiros, bem como sua capacidade de resposta às solicitações dos clientes.
Estimativa de custos	Os custos dos projetos de e-commerce são normalmente difíceis de serem avaliados e, muitas vezes, subestimados. Além dos custos associados com o desenvolvimento, também é importante levar em consideração os custos de instalação, integração, customização e manutenção.

(continua)

(Quadro 2.8 – conclusão)

Critérios	Descrição
Pessoal	Requisitos de pessoal devem ser projetados com antecedência para garantir que a organização terá os recursos humanos adequados para o desenvolvimento, a implementação, a operação e a manutenção do sistema.
Evolução tecnológica	Planejar com antecedência para a evolução tecnológica facilita a atualização de aplicações de e-commerce e permite que a organização adote inovações mais rapidamente do que a concorrência. Por isso, é muito importante permitir uma certa flexibilidade no design dos aplicativos para que as opções escolhidas não atribuam grandes limitações nas escolhas futuras. Dado o rápido ritmo de evolução da TI, às vezes é preferível desenvolver aplicativos de e-commerce de forma incremental para tirar proveito dos mais recentes desenvolvimentos da tecnologia.
Dimensionamento	O tamanho necessário e o desempenho de um aplicativo também são difíceis de prever, pois o crescimento do número de usuários para as aplicações de e-commerce é difícil de prever. Sobrecarregar o aplicativo diminui o desempenho. Para aplicações normais, a deterioração no desempenho pode afetar a produtividade e a satisfação dos utilizadores; para aplicações de e-commerce, pode resultar em perda importante nos negócios.
Performance	O desempenho do sistema é um fator crítico para o sucesso empresarial, especialmente se o sistema utilizado for para o e-commerce. Além de conveniência, o bom desempenho também traz clientes e vantagens competitivas. O desempenho é medido por dois indicadores principais: a taxa de latência e de transferência. A latência mede o tempo necessário para concluir uma operação, como o *download* de uma página da *web*, e é um indicador de experiência dos usuários com o sistema. A taxa de transferência mede o número de operações concluídas em um determinado período de tempo e indica a capacidade ou o número de usuários que um sistema pode suportar. A taxa de transferência e de latência são inter-relacionadas. Assim, o aumento de uma delas implicará no aumento da outra.
Confiabilidade	É essencial para que um sistema seja bem-sucedido. O tempo de inatividade e as falhas do sistema podem levar o usuário ao constrangimento. Quando um aplicativo de e-commerce falha, os negócios são interrompidos e a empresa perde clientes. A confiabilidade do sistema pode ser reforçada por meio de redundância, isto é, *backup*.
Segurança	É um dos fatores mais importantes para a adoção e a difusão do e-commerce. Dados e informações fluem no e-commerce, bem como os dados armazenados podem incluir informações confidenciais. Assim, um pacote selecionado deve atender a requisitos rigorosos de segurança. Além de soluções tecnológicas, como *firewalls* e criptografia, também devem ser reforçadas as medidas de segurança física e processual.

Fonte: Stefano; Zatta, 2016, p. 131.

Com esses dados em mente, o empreendedor de e-commerce deve se perguntar qual modelo de plataforma (criada do zero ou comprada e customizada). De acordo com Guedêlha (2023), a segunda opção parece mais adequada para muitos casos: "além de um menor investimento, você mesmo pode criar o seu site de vendas, cadastrar seus produtos e começar a vender no mesmo dia. Ou seja, é mais autonomia e agilidade para a construção e gestão do seu e-commerce".

Pró-labore

Compromisso incontornável na administração de um e-commerce, o pró-labore consiste em uma parcela do que a empresa fatura (equivalente a um salário mínimo que deve ser depositado na conta pessoal do empreendedor, que pode, inclusive, reaplicar esse valor em sua organização. É fundamental que essa dinâmica seja apoiada pelos conhecimentos de um contador.

2.5.2[5] Custos variáveis

Vejamos a seguir as características dos valores que variam de e-commerce para e-commerce.

Estoque e logística

As empresas podem se beneficiar amplamente com o e-commerce. Entre as vantagens desse modelo de negócios, podemos citar a "facilitação da oferta do tipo pull na gestão da cadeia, isto é, aquela que acontece com base na coleta do pedido do cliente e tem entrega subsequente por meio do just-in-time (JIT) de fabricação. Isso é particularmente benéfico para as empresas do setor de alta tecnologia, em que a obsolescência dos produtos se dá em poucos meses" (Stefano; Zattar, 2016, p. 75).

Não podemos nos esquecer de que "a viabilidade e a sustentabilidade financeira dependem de uma rede integrada dos meios de abastecimento, fatores de produção, estoque e distribuição dos produtos acabados" (Stefano; Zattar, 2016,

5 Seções 2.5.2.1 a 2.5.2.8 elaboradas com base em Freitas (2022).

p. 310). Nesse contexto, a logística e os estoques podem comportar dois modelos: investir em produtos ou utilizar o *dropshipping* (quando o estoque físico com o qual o vendedor trabalha é administrado por outra organização, estabelecendo um trabalho de parceria).

Outro fator que deverá ser levado em conta nos investimentos em logística e estoques é o sistema de informação. A seguir, apresentamos algumas vantagens desse recurso para esse aspecto do e-commerce (Laudon; Laudon; Elragal, 2013, p. 313, citados por Stefano; Zattar, 2016, p. 173):

» Ajudam a decidir quando e o que produzir, armazenar e movimentar estoques.
» Comunicam rapidamente os pedidos.
» Acompanham o status dos pedidos.
» Verificam a disponibilidade e o monitoramento do nível de estoque.
» Reduzem o estoque, transporte e os custos de armazenagem.
» Rastreiam remessas.
» Plano de produção com base na demanda real do cliente.
» Comunicam rapidamente as alterações no design do produto.

Caso o empreendedor opte pela primeira possibilidade, o investimento adequado requerido corresponde a 30% do capital da empresa. Além disso, a organização precisa de um produto que traga grandes quantidades de vendas e acessos ao *site* do e-commerce, o que pressupõe uma robusta abordagem quantitativa.

Gateways de pagamento

Um dos segredos de um bom comércio é a variedade de meios de pagamento. No e-commerce, essa dinâmica não é diferente, e é aí que as empresas responsáveis pelos mais diversos *gateways* de pagamento entram. Levando esse detalhe em consideração, o empreendedor do comércio virtual terá de contratar os serviços dessas organizações, que podem cobrar tanto valores mensais quanto porcentagens de vendas. Apresentamos, a seguir, uma análise das taxas das principais empresas do mercado na atualidade.

Quadro 2.9 – Principais empresas fornecedoras de gateways de pagamento da atualidade

Características	PagSeguro	Cielo	Asaas	Vindi	Pagar.me
Principais taxas	De 3,99% + R$ 0,40 a 4,99 + R$ 0,40.	Tarifa à vista no crédito: 4,99%. Tarifa à vista no débito: 2,39%.	Tarifa no crédito parcelado: R$ 0,49 + 1,99%. Tarifa no débito: R$ 0,35 + 1,89%.	R$ 99,00 mensais + tarifas por transação.	Tarifa no débito: 3,19% + R$ 0,99. Tarifa no crédito parcelado 16,37% + R$ 0,99.

Fonte: Cunha, 2023.

Registro de domínio

Assim como qualquer estabelecimento físico, uma loja virtual necessita de um endereço para ser encontrada. Os domínios mais comuns no Brasil são ".com", ".br" e ".org", e seus registros são usualmente pagos por ano.

Taxas de *marketplaces*

O *marketplace* constitui-se em uma ótima opção de canal de vendas. O fluxo de vendas e o nome da empresa diante de seus clientes é de muita ajuda para comercializações em grande escala no e-commerce, principalmente no início dos negócios. De acordo com Dias (2022):

> As taxas de marketplace são sintetizadas em uma única cobrança, isto é, em comissões. Elas englobam custos de venda, administração, recursos de mídia online, análise de fraude, taxas cobradas pelo pagamento via cartão, dentre outros. [...] Geralmente, os marketplaces

cobram entre 16% e 20% pelas vantagens que oferecem para os lojistas. Assim, caso você feche a venda de um item por R$ 1 mil, o seu lucro líquido será entre R$ 840 e R$ 800, por exemplo.

2.6 Outros custos de tecnologia no e-commerce

Há, ainda, alguns outros detalhes mais específicos relacionados à imagem, ao gerenciamento e ao acesso dos clientes do e-commerce que precisam ser levados em conta no processo do custeio do empreendimento. Vejamos a seguir.

2.6.1 *Enterprise resource planning*

Como explicamos anteriormente, o *enterprise resource planning* (ERP)

> tenta integrar todos os departamentos e funções de uma empresa em um único sistema de computador que possa atender às necessidades específicas de todos os diferentes departamentos (Coronado, 2015). O ERP organiza, codifica e padroniza os processos de negócios e dados de uma organização para certificar-se de que os dados de transação sejam transformados em informações úteis que possam ser utilizadas para subsidiar decisões nos negócios.
>
> [...]
>
> Os sistemas ERP são fundamentados em um conjunto de recursos empresariais integrados em módulos de *software* e funcionam como um banco de dados central, o qual coleta dados de diferentes setores de uma empresa e de um grande número de processos-chave do negócio (como produção; finanças e contabilidade; vendas e *marketing*; e recursos humanos), disponibilizando-os para aplicativos que oferecem suporte a quase todas as atividades internas da organização.

Quando novas informações são inseridas, ficam imediatamente disponíveis para outros processos de negócios. (Stefano; Zattar, 2016, p. 53; 180)

Com essas especificidades em vista, podemos afirmar que os custos relacionados ao ERP podem variar de empresa para empresa: "é possível encontrar no mercado sistemas com valor mensal a partir de R$ 30, podendo variar até aproximadamente R$ 500" (Quanto custa..., 2022). Entre os custos do sistema, podemos citar os seguintes (Quanto custa..., 2022):

» **Personalização**: as empresas sempre procuram por sistemas que atendem plenamente às suas necessidades. Contudo, tais plataformas raramente vêm "prontas"; em outras palavras, elas dificilmente abrangem todas as demandas da empresa. Nesse contexto, a personalização é uma solução interessante. Obviamente, tendo em vista as possíveis integrações com outros sistemas administrativos e operacionais, trata-se de uma alternativa que nem sempre é barata.
» **Número de acessos ou licenças de uso**: quanto mais colaboradores necessitarem de acesso ao ERP, mais elevado pode ser o valor de sua assinatura. Nesse caso, é importante que o gestor calcule corretamente o número de funcionários que utilizarão e sistema, que devem ser basicamente os profissionais de finanças, comercial e de logística.
» **Implantação na empresa**: fase fundamental do sistema, esse processo pressupõe a instalação da plataforma (quando não se trata de sistema ligado à internet), migração de dados e instruções para os funcionários que irão utilizá-la. Há situações que a organização que fornece o sistema pode cobrar custos de implantação à parte.

- **Treinamento da equipe**: o grupo que irá utilizar o sistema deve ser devidamente instruído. Nesse caso, o gestor responsável pelo processo tem de levar em conta o contingente de colaboradores que passarão pelo treinamento (haja vista que isso influencia seu valor), bem como computar as horas que os profissionais deixarão de realizar suas atribuições para esse evento. Obviamente, esse tempo não pode ser visto como prejuízo, tendo em vista a importância do uso correto do ERP.
- **Acompanhamento do suporte**: ainda que esse serviço muitas vezes não esteja incluído no pagamento mensal do sistema, o suporte é fundamental para dirimir quaisquer dúvidas que venham a surgir quando de sua utilização. Uma equipe de suporte rápida e responsiva é muito importante para o bom andamento da plataforma.
- **Atualizações do sistema**: bons sistemas passam por atualizações constantes, que, por sua vez, serão cobradas por parte da empresa fornecedora da plataforma. Esses melhoramentos periódicos são fundamentais para o bom funcionamento e a segurança do sistema.

2.6.2 Integração do *enterprise resource planning* e do *customer relationship management*

Segundo Stefano e Zattar (2016, p. 189),

> A integração de dados garante a exatidão destes e impede a repetitibilidade (Yanjing, 2009). Além disso, relatórios de ERP podem ser usados para prever a produção e tomar decisões. Diversos fornecedores de ERP oferecem um pacote de integração do ERP-CRM, já que muitas empresas manifestaram interesse em integrar um novo sistema CRM com o seu sistema legado ERP

(Schneider, 2011). Além disso, o estabelecimento de sistemas ERP e CRM deve ser uma preocupação primordial da empresa que deseja estar no e-business.

Com essa modificação no âmbito empresarial em mente, o empreendedor da área de e-commerce tem de levar em conta alguns custos necessários para essa importante integração entre produção e clientela.

O mais importante deles diz respeito ao *middleware*, sistema utilizado para "conversão, formatação e transmissão dos dados entre as duas plataformas". De modo geral, essa plataforma é obtida por meio de profissionais terceirizados, normalmente da empresa fornecedora dos sistemas ERP e CRM, que inserem o *software* em "servidor remoto ou no mesmo servidor do ERP" (Lubk, 2019).

A função dessa ferramenta é customizar a integração entre os dois sistemas (ERP e CRM), tendo em vista que sistemas corporativos sempre têm suas particularidades.

Nesse contexto, de acordo com Lubk (2019), é necessário que o *middleware* seja não só capaz de integrar os dois sistemas, mas também que a ferramenta estabeleça comunicação com as portas de comunicação (PDC) das plataformas. Esse recurso possibilita o trânsito das informações entre o ERP e o CRM, seja de saída ou de entrada de dados. Como essa dinâmica pressupõe um grande cuidado com a segurança do processo, os profissionais responsáveis pela integração precisam analisar em profundidade os requisitos das PDCs necessários para a proteção de qualquer informação.

Entre as soluções existentes, todas com diferentes custos, podemos citar as seguintes:

> Webhook: melhor formato atualmente, pois permite integrações em tempo real e exige um Middleware mais simples. É mais comum em sistemas mais recentes;

API Rest Pública: segunda melhor opção, consultando o sistema periodicamente para verificar atualizações. Muitas fornecedoras de CRM já fornecem documentações prontas de suas APIs, reduzindo a carga de trabalho;

Webservice público: são tão boas quanto as APIs, mas exigem documentação mais específica, porque não seguem padrões de mercado. Embora isso exija mais trabalho, ainda é uma solução de rápido desenvolvimento;

Excel ou .txt público: neste formato o Middleware acessa uma pasta hospedada num servidor online via FTP. Essa pasta vai conter os arquivos .txt ou .xlsx que contém as informações da integração. É a PDC menos indicada, porque exige um Middleware mais robusto e costuma apresentar muitas instabilidades. (Lubk, 2019)

Além desses detalhes, é importante que o empreendedor de e-commerce considere as seguintes atividades necessárias à integração, que acabam por influenciar os custos do processo e o investimento empregado (Lubk, 2019):

1. Definição do escopo.
2. Reunião para definição do início da integração:
   » reunião para validação do escopo;
   » reunião com fornecedores para validação de dados trafegados.
3. Definição das PDCs:
   » definição do desenvolvedor;
   » desenvolvimento da PDC do ERP;
   » preparação do ambiente.
4. Desenvolvimento do *middleware*.
5. Testes.

2.6.3
Ferramentas de apoio ao e-commerce

Concebidos o projeto e o escopo do e-commerce, o empreendedor deve buscar as ferramentas para apoiar sua plataforma. Nesse caso, o investimento deve ser direcionado a *softwares* relacionados às seguintes demandas, de acordo com Tucunduva (2023):

Figura 2.3 – Itens relacionados a custos com *softwares* de apoio ao e-commerce

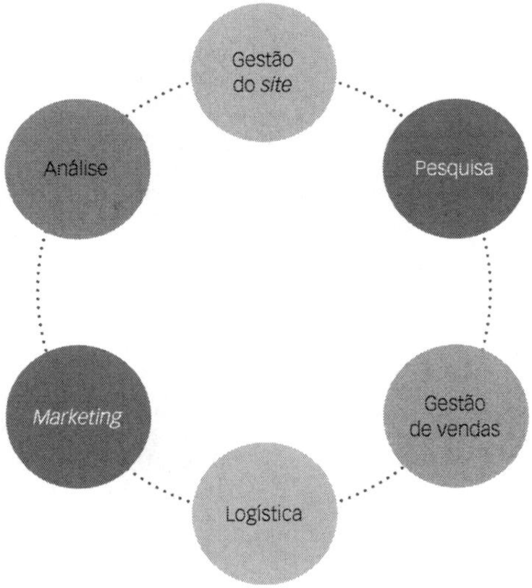

Fonte: Elaborado com base em Tucunduva, 2023.

Vejamos alguns *softwares* fundamentais para a manutenção do e-commerce. Vale ressaltar que os custos relacionados a esses recursos variam de acordo com o porte do empreendimento e com seu escopo.

Softwares de criação de loja virtual

Há recursos dessa natureza que permitem que o próprio empreendedor crie sua plataforma, prescindindo das prestações de serviços de um programador, o que pressupõe grande economia. Um *software* desse gênero deve conter, entre outras, as seguintes possibilidades (Tucunduva, 2023): customização de tema e de *checkout*, adaptação do sistema para uso em celulares e *tablets* e possibilidade de integrar o recurso com o WordPress. Um exemplo de recurso desse tipo é o BigCommerce, com valores que giram em torno de R$ 149,00 a R$ 1.540,00 (Try..., 2023). Há também ferramentas que possibilitam o fortalecimento da presença do empreendimento na rede de computadores, concepção da marca, introdução do negócio nas redes sociais e em grandes diretórios e gestão de vendas, como o Shopfy, que custa em torno de R$ 149,00 a R$ 1.540,00 (Ryan; Willett, 2023).

Software de vendas

Nesse contexto, o sistema deve oferecer uma boa navegabilidade por parte do usuário, bem como permitir personalizações dos atributos do sistema. Além disso, o recurso deve proporcionar plena eficiência nas seguintes atividades (Tucunduva, 2023):

» pagamentos;
» *marketing*;
» gestão de loja.

Sistemas como o WooCommerce são muito utilizados para essa atividade. Os valores de seus produtos são apresentados a seguir.

Tabela 2.1 – Custos e taxas do WooCommerc[1]

Custo WooCommerce	Custo estimado: *site* básico	Custo estimado: *site* mediano	Custo estimado: *site* avançado
Hospedagem	R$ 35,90/mês	R$ 46,20/mês	R$ 67,00/mês
Nome do domínio	R$ 77,00/ano	R$ 77,00/ano	R$ 77,00/ano
Tema	Tema gratuito WooCommerce	Tema gratuito WooCommerce	R$ 180,00-165,00 tema profissional
Extensões	Taxas de transição condicionadas pelo volume de vendas	Taxas de transição condicionadas pelo volume de vendas	Taxas de transição condicionadas pelo volume de vendas, mais R$ 516,00-2,064,00 por recursos escaláveis
Plugins	Gratuito	R$ 129,00-516,00/ano	R$ 516,00-774,00/ano
Segurança	R$ 51,00/ano	R$ 774,00/ano	R$ 774,00-2.322,00/ano
Taxas de desenvolvimento	Gratuito	Gratuito	R$ 5.160,00-30.960,00
Total anual aproximado	R$ 567,00	R$ 1.548,00 +	R$ 7.740,00 +

Fonte: Elaborado com base em Monaghan, 2023.

Nota: [1] Valores convertidos do dólar.

Softwares de gestão de estoque

Uma das preocupações fundamentais relacionadas ao estoque de um e-commerce é não deixar faltar e tampouco sobrar produtos. Além disso, na atualidade, é importante a integração com *marketplaces*, contexto em que a gestão de estoques também é essencial (Tucunduva, 2023). Nesse caso, *softwares* como Veeqo são muito úteis. Os valores de seus serviços giram são entre R$ 804,00 e R$ 1.341,00 (Veeqo, 2023).

Softwares de *marketplace*

De acordo com Tucunduva (2023), recursos desse gênero são importantíssimos para e-commerces, principalmente em seu início, pois os *marketplacces* permitem que negócios virtuais se utilizem dos grandes afluxos de consumidores que acessam *sites* de vendas relevantes para alavancar suas vendas em troca de comissões por vendas, caso da B2W, que cobra uma "comissão de 16% sobre o valor do item + uma taxa fixa de R$ 5 por venda" (Conheça..., 2023).

Softwares para otimização de resultados e lojas virtuais

Ferramentas designadas para essa atividade viabilizam o estudo da *performance* do *site* do empreendedor e de seus concorrentes, bem como possibilitam a determinação de palavras-chaves utilizadas frequentemente por consumidores para melhorar a empresa em um nicho de atuação mais preciso. Tais iniciativas permitem que o posicionamento da organização seja melhorado em grandes diretórios virtuais, tais como o Google (Tucunduva, 2023). Os valores de assinatura desse sistema podem ir de R$ 119,95 a R$ 449,00 por mês (Planos..., 2023).

Software de *inbound marketing*

Sistemas destinados à otimização e automação de *marketing* e angariação de consumidores por meio da elaboração de conteúdo relevante. Entre suas atribuições, podemos citar as seguintes (Tucunduva, 2023):

- captura de *leads*;
- nutrição de *leads*;
- envio e automação de *e-mail marketing* e SMS;
- criação de *landing pages*;
- oferece painel de palavras-chave;
- gestão e relatórios de redes sociais;
- software de CRM integrado;
- *lead tracking*;
- *lead scoring* e mais.

Essas funcionalidades fazem parte de *softwares* como o Lahar, cujos custos ficam entre R$ 229,00/mês ou R$ 191,00/ano para empresas com até 5 mil contatos. Como 100 mil contatos, o valor vai para R$ 950,00/mês ou R$ 792,00/ano (Lima, 2022).

2.6.4
Equipamentos de automação de armazéns

Com o crescimento exponencial do e-commerce e com o trânsito cada vez maior de produtos, a logística do comércio virtual é o que separa o sucesso e o fracasso do empreendimento. Em razão do elevado número de pedido que só cresce diariamente, o empreendedor deve se concentrar em encontrar as melhores formas de lidar com seus estoques e armazéns, sabendo que terá de aplicar significativos investimentos nessa área, principalmente no início do negócio.

Para dar conta das inúmeras e variadas demandas cotidianas, a organização que atua na área do e-commerce deve se preocupar em investir (e reduzir custos, quando possível) na automação de seus processos, bem como no mapeamento de processos e custos logísticos, no controle eficiente dos estoques, na implementação de sistemas de gestão, na negociação com fornecedores, na diversificação dos modos de envio, na otimização da operação e no acompanhamento dos resultados (Aprenda..., 2021).

Mapeamento dos processos e custos logísticos

Todos os gastos com os processos logísticos devem ser devidamente escrutinados, sejam eles às estruturas de armazéns, ao trabalho de estocar produtos ou de transportar itens.

De acordo com a Associação Brasileira de Comércio Eletrônico (Abcomm), "os gastos com frete representam 65,90% dos custos logísticos das lojas online, seguidos por despesas com armazenagem (23%) e manuseio (14,8%)" (Aprenda..., 2021).

Em paralelo a essas análises, é importante determinar áreas logísticas que podem passar por redução de custos, bem como monitorar o perfil comportamental e de consumo dos clientes, de modo a tornar o processo de compra ainda melhor por parte do consumidor (Aprenda..., 2021).

Controle eficiente de estoque

Para que problemas graves como falta de itens e gargalos de mercadorias ocorram, o estoque deve ser devidamente administrado. Para que essa atividade se desenvolva eficientemente, dados referentes a todos os itens do e-commerce devem passar por constantes atualizações e acompanhamento de fluxos, de modo que as compras e reposições possam ser feitas da maneira correta, isso sem falar na manutenção do capital de giro do empreendimento.

Para auxiliar nessa atividade, a Curva ABC, que avalia e classifica produtos de acordo com especificidades como importância para o faturamento e frequência de compra, é um ótimo instrumento de controle de estoque.

Implantação de sistemas de armazenagem[6]

Independentemente de ser automático ou manual, o armazém deve ter uma conformação tal que possibilite o acesso rápido e ágil aos produtos. As estantes para *picking* são um recurso interessante nesse contexto, pois podem ser facilmente montadas e ampliadas e comportam pequenos itens. Contudo, é difícil encontrar exemplares que passem dos dois metros. Nesse caso, as estantes podem ser construídas no tamanho ideal para a estrutura que irá comportá-las, e máquinas preparadoras de pedido com elevação podem ser utilizadas para acesso às prateleiras mais altas. Para um aproveitamento mais eficiente do espaço, incluindo sua altura, pode-se "construir plataformas sobre as quais são montadas as estantes ou instalar estantes de grande altura e colocar corredores elevados entre as mesmas para que os operadores possam circular por elas" (Armazém ..., 2022).

6 As subseções a seguir foram elaboradas com base em Armazém... (2022); Assim se automatiza... (2021); e A automação... (2023).

A acurácia e a confiabilidade dos dados de um armazém precisam ser os mais elevados possíveis, principalmente no e-commerce. Nesse contexto, sistemas de gerenciamento de armazém (ou *Warehouse Management System* – WMS, que viabiliza o controle de processos e custos do estoque) e de gerenciamento de transporte (Transpor Management System – TMS, responsável pela "gestão de transporte e logística, para o acompanhamento e otimização das entregas da sua loja e dos gastos envolvidos" – Aprenda..., 2021) são fundamentais para que os processos de identificação e organização dos produtos de acordo com suas especificidades sejam eficientes, "visando expedir o maior número de pedidos sem atrasos. Para tal, envia instruções claras aos operadores sobre como completar cada pedido (indicando-lhes os artigos necessários, o corredor em que estão os produtos e sua localização)" (Armazém..., 2022).

Esse recurso é ainda mais importante na atualidade, em que o e-commerce viu nascer o *omnichannel*, que se caracteriza por uma multiplicidade de canais estabelecidos entre consumidores e fornecedores.

> Com um WMS para e-commerce podem ser otimizadas as diferentes etapas logísticas pelas quais passa um pedido, agilizando desde o processo de recebimento e de preparação de pedidos até a embalagem. Graças ao software, as empresas reduzem a taxa de erros nas entregas e simplificam os fluxos de trabalho dos operadores.
>
> Da mesma forma, quando um negócio online trabalha com várias agências de transporte, há um maior risco de ocorrerem erros. A solução é um software que automatize este gerenciamento de forma coordenada com as agências, conseguindo assim mais agilidade na expedição de pedidos e uma maior satisfação do cliente. (Assim se automatiza..., 2021)

Além disso, com a multiplicação de inúmeros itens em lojas na internet e *marketplaces*, nada mais natural que utilizar um sistema que sincronize inventários nas plataformas disponíveis, evitando assim *backorders*, pedidos que são feitos sem estoque que o atenda (Assim se automatiza ..., 2021).

Negociação com fornecedores

Esse trabalho demanda a manutenção de um bom relacionamento com empresas parceiras, acompanhada da análise constante de preços, prazos e variedade de meios de pagamento, bem como "a capacidade de produção, a qualidade dos produtos e a eficiência das reposições" (Aprenda ..., 2021). Para garantir todos os benefícios dos parceiros de fornecimento, é importante sempre contar com mais de uma empresa dessa área.

Diversificação de modos de envio

Para diminuir custos de frete e evitar inconvenientes com apenas uma empresa parceira, fundamentais nos empreendimentos de e-commerce, nada mais natural que negociar com várias transportadoras. Nesse contexto, o empreendedor deve se atentar tanto para a imagem que a organização transportadora tem em seu nicho e no mercado como um todo quanto para o perfil de consumo de seus clientes, tendo em vista que o valor do frete muitas vezes é o detalhe que decide se o consumidor irá comprar ou não.

Outra solução muito interessante, fornecida por vários *marketplaces*, é o *fulfillment*, ou seja, a recepção dos "produtos da loja em um centro de distribuição, ficando responsáveis por todo o processo de armazenamento e entrega dos pedidos" (Aprenda ..., 2021).

Implantação de sistemas de transporte

Para que o processo de *fullfilment* seja mais eficaz, é importante reduzir a circulação de colaboradores no armazém ao nível essencial. Para isso, muitas instalações se utilizam de sistemas de movimentação autônoma, tais como os transportadores de caixas, que conduzem automaticamente os pedidos separados. Em estruturas com níveis variados, esses equipamentos são instalados para promover maior integração entre os setores. A seguir, apresentamos algumas outras opções de transportes importantes para essa área (Assim se automatiza..., 2021):

» Transelevadores para caixas ou miniload: sistema de armazenagem automático de caixas que integra um ou vários transelevadores que extraem e localizam a mercadoria rapidamente. Essa solução é ideal para armazéns dedicados ao e-commerce, pois a preparação de pedidos cumpre o critério "produto ao homem". Os operadores permanecem em uma estação de picking à espera de receber a mercadoria necessária de forma automática.
» Transportadores para caixas: devido ao seu tamanho, é mais difícil mover caixas com empilhadeiras ou transpaleteiras. Por isso as empresas de comércio eletrônico instalam transportadores para caixas entre as diferentes áreas do armazém, pois assim agilizam operações como o armazenamento, a consolidação ou a expedição de pedidos.
» Robótica: nesta categoria se situam tanto os robôs móveis autônomos (AMR) quanto os robôs colaborativos, os braços para picking, os drones ou os robôs para a classificação de pedidos cuja tarefa consiste em facilitar o trabalho do operador.

Além desses recursos, os armazéns também podem contar com soluções semiautomatizadas, tais como o "*pick to light* (*picking* por luz) e *voice-picking* (*picking* por voz)" (Assim se automatiza..., 2021) para auxiliar o preparador de pedidos em suas funções.

2.6.5
Marketing digital

De acordo com Ramathan, Ramathan e Hsiao (2012) e Yang, Shi e Wang (2015) citados por Stefano e Zattar (2016), o mundo virtual possibilita um contato e uma interação com uma infinidade de clientes. Em comparação com as chamadas "mídias tradicionais", a internet viabiliza um custo operacional consideravelmente mais baixo, graças a recursos como "mecanismos de buscas, mineração de dados e e-mails" (Stefano; Zattar, 2016, p. 87).

Considerado tal cenário, podemos afirmar que os custos com *marketing* digital, variáveis de empresa de para empresa e de iniciativa para iniciativa, são os seguintes (Souza, 2023):

» Agência de *marketing* ou profissional especializado. Essa decisão depende do tamanho do negócio e do escopo do empreendimento: por um lado, um profissional mantido na empresa demanda um investimento pesado em especializações constantes que um mercado cada vez mais mutável exige, bem como as custas trabalhistas de um funcionário dessa natureza.

» Esforços relacionados a posicionamento de *site*, controle de redes sociais, relacionamento constante com o cliente por meio de *e-mail marketing*; angariação e retenção de clientes. O investimento nesse esforço é consideravelmente alto, principalmente no início do empreendimento.

Além desses custos, podemos elencar outros (Quanto custa..., 2023):

» ***Marketing* estratégico**: na faixa de R$ 2.400,00, essa iniciativa abrange "Pesquisa, planejamento, definição da estratégia e criação de um Plano de Marketing" (Quanto custa..., 2023). Esse processo consiste na avaliação do negócio como um todo por parte de um profissional especializado, na análise da concorrência e no estabelecimento do perfil do público-alvo, bem como na elaboração de uma proposta de valor em relação aos clientes e na concepção do posicionamento do e-commerce.

» ***Marketing* tático**: com um valor aproximado de R$ 2.500,00, esse processo consiste em "Definição dos canais, criação das campanhas, estruturação de um calendário de Marketing, distribuição do orçamento de Marketing, alinhamento de preço à percepção de valor e posicionamento e monitoramento dos resultados" (Quanto custa..., 2023). Para esse tipo de trabalho, principalmente na área de *marketing* digital, a melhor escolha é a contratação de uma agência especializada. Um profissional autônomo também pode ser uma alternativa (mais barata), mas há o risco de o *freelancer* não dominar todos os estágios de implantação de um *marketing* dessa natureza. A produção de conteúdo e a avaliação de sua repercussão estão incluídos nessa iniciativa.

» ***Marketing* operacional**: trabalho que normalmente tem um custo entre R$ 300,00 entre R$ 500,00, esse processo demanda "Cuidar das postagens no blog e nas redes sociais, manter a programação de disparos de e-mails marketing, atendimento personalizado aos clientes, atualização da loja virtual e rotina de divulgação" (Quanto custa..., 2023). Nesse contexto, o que mais importa é o domínio dos profissionais e das ferramentas tecnológicas envolvidas nas atividades anteriormente citadas. Um fator interessante, que reduz significativamente o custo desse gênero de *marketing*, diz respeito à possibilidade de automação do *marketing* digital. Contudo, é importante colocar na ponta do lápis os custos que esse processo acabará demandando, incluindo os custos com hospedagem de *site*.

Em suma, de acordo com Souza (2023),

> conforme a etapa e objetivo que empresa esteja o percentual investido deve variar entre 5% a 20% do faturamento bruto anual conforme explicamos abaixo:
>
> Empresas que já investem em marketing e já têm maturidade, os investimentos devem ser entre 5% e 12% do faturamento bruto anual. A variação tem relação com o objetivo que você definir e tempo para alcançar o resultado esperado.
>
> Agora, se você está começando sua empresa agora ou possui pouca maturidade digital, a sugestão de investimento é em torno de 8% a 20% do faturamento bruto anual, dependendo também do seu objetivo, quanto mais agressivo for, maior deverá ser o investimento.

2.6.6 *Search Engine Optimization*

Search Engine Optimization (SEO) é o nome dado ao conjunto de estratégias que tem por objetivo a otimização do desempenho de páginas na *web*, *blogs* e *sites*. A utilização dessas estratégias é de muita importância no e-commerce, por se tratar da internet, onde há concorrentes em todo o mundo, conseguir posicionar a empresa e seus produtos como um dos primeiros resultados em pesquisas em *site* de busca é um diferencial.

Outra situação que é de relevância para os negócios *on-line* é a integração dos sistemas. Muitas vezes as empresas investem em sistemas de gestão integrada, como é o caso do ERP. Por se tratar de custo alto de implantação, algumas empresas optam pela contratação de alguns módulos, e não a versão completa. O CRM é uma forma de integrar as demais informações gerenciais para agregar valor ao relacionamento cliente-empresa. Sendo assim, é uma das funcionalidades mais usadas no e-commerce.

Com o crescimento do e-commerce, as empresas precisam se adequar a tendências mundiais para conseguir se destacar em um mercado tão competitivo. Uma delas é a acessibilidade digital, possibilitando que o *site* tenha recursos para interação de qualquer deficiente que precise realizar uma compra na internet. De acordo com Gabriel e Kiso (2020, p. 287), "segundo o IBGE, mais de 45 milhões de brasileiros sofrem de algum tipo de deficiência física, sendo que 35 milhões têm algum problema na visão e 10,7 milhões sofrem de deficiência auditiva".

Gabriel e Kiso (2020, p. 288) definem *acessibilidade digital* como um "processo de tornar produtos digitais [...] acessíveis a todos. Trata-se de fornecer a todos os usuários acesso às mesmas informações, independentemente das deficiências que possam ter".

Do mesmo jeito que acontece a discussão em situações como mobilidade, a *web* também precisa estar acessível para todos, "é fornecer acesso igual e oportunidade igual para pessoas com habilidades diversas" (Gabriel; Kiso, 2020, p. 288). Existe um padrão global conhecido como Diretrizes de Acessibilidade para Conteúdo da Web (WCAG), que fornece várias recomendações para tornar-se acessível.

Gabriel e Kiso (2020, p. 288) elencam vários requisitos para que um produto digital, seja ele *site*, aplicativo móvel, *softwares* ou outras ferramentas digitais, tornem-se acessíveis:

» ter *plug-ins* com leitores de tela que analisam um *site* para usuários com deficiência visual;
» legenda vídeos para indivíduos com deficiência auditiva;
» incluir "texto alternativo" nas imagens para indivíduos com deficiência visual;
» aumentar o contraste e a legibilidade das fontes;
» fazer marcação semântica de maneira aprimorada, para facilitar para pessoas cegas e outras pessoas que usam

leitores de tela, melhorar a função de pesquisa e tornar todo o *site* mais amigável;

» fazer os *sites* navegáveis por teclado para usuários que talvez não consigam operar um *mouse*.

Valle (2016, p. 15) lembra que "acessibilidade é a maneira de promover a inclusão de pessoas com deficiência, a fim de reduzir barreiras [...]. E, na internet não seria diferente, existem ferramentas que tornam a navegação acessível para as mais diversas necessidades".

> Para que um site seja acessível, ele deve ser estruturado partindo das técnicas de navegabilidade e usabilidade de tal maneira que o programa leitor de tela, seja capaz de hierarquizar os itens apresentados de forma que não se torne uma bagunça e o usuário não fique perdido. (Valle, 2016, p. 16)

No Brasil há um movimento chamado "Web para Todos", que propõe ser o ponto de encontro entre as organizações, desenvolvedores e pessoas com deficiência para melhorar e mobilizar a sociedade com relação a acessibilidade digital, além de tentar garantir uma transformação na *web* como um ambiente mais inclusivo.

Gabriel e Kiso (2020, p. 293) lembram que a acessibilidade digital "traz benefícios para todo mundo, principalmente para as pessoas com deficiência e mobilidade reduzida, além de idosos, leigos no uso do computador e analfabetos funcionais [...]. Quando um site está acessível, os benefícios são muitos". No entanto, para um e-commerce se tornar acessível, as plataformas também precisam considerar na hora de planejamento da ferramenta.

O próprio Governo Federal trata o tema como uma maneira de eliminar as barreiras na internet. "O conceito pressupõe que os sites e portais sejam projetados de modo que todas as pessoas possam perceber, entender, navegar e interagir de maneira efetiva com as páginas" (Brasil, 2023). E um *site*, nesse caso, um ambiente de compras como o e-commerce, garante que as pessoas com deficiência possam também comprar e ter experiências *on-line* como qualquer outra pessoa.

Para saber mais

Para testar se o *site* é acessível, existem diversas ferramentas disponíveis. Uma delas é o aplicativo Funkify, que pode ser instalado como extensão do Google Chrome:

CHROME WEB STORE. **Funkify**: Disability Simulator. Disponível em: <https://chrome.google.com/webstore/detail/funkify-%E2%80%93-disability-simu/ojcijjdchelkddboickefhnbdpeajdjg?hl=pt-BR>. Acesso em: 17 jul. 2023.

As empresas precisam pesquisar e entender quais plataformas estão se adequando a essa realidade a fim de se tornarem também acessíveis, pois é um público que deve ser incluído como poder de compra. Esse seria um grande passo para evoluirmos no âmbito da acessibilidade em todos os aspectos, principalmente na internet, que é considerada um ambiente tão democrático, mas que precisa avançar nesse quesito de inclusão.

Síntese

A criação de um e-commerce demanda um desenvolvedor para trabalhar com plataformas *open source* ou a contratação de empresas que contam com ferramentas prontas, que dispensam programação.

Os custos relacionados à contratação de uma plataforma *open source* geralmente se referem ao servidor para hospedagem do *site* e à aquisição de módulos para deixar a plataforma mais robusta.

Há plataformas prontas, com servidores inclusivos. A empresa contratante paga somente a mensalidade e, em algumas situações, uma taxa por transação a cada venda.

Marketplaces são *shoppings* virtuais de cuja visibilidade o lojista usufrui para vender seus produtos. Nesse caso, são cobradas comissões por venda em troca do tráfego de que a plataforma possui.

O fator *meios de pagamento* é quando do planejamento para a criação de um e-commerce, pois há no mercado intermediadores de pagamentos, *gateways* de pagamento e integração com a adquirente.

Na atualidade, a discussão sobre plataformas acessíveis na internet já faz parte de um movimento mundial que as empresas precisam entender e promover adequações nesse sentido.

capítulo 3

Produção de conteúdo, redes sociais e mídia

Conteúdos do capítulo

- Produção de conteúdo: visibilidade para o e-commerce.
- *Inbound marketing* como divulgação do conteúdo.
- Presença digital e alcance na internet.
- *Landing pages* para o e-commerce.
- Redes sociais e mídia paga.
- Cadastro de produtos e produção de conteúdo.
- Cadastramento das imagens.

Após o estudo deste capítulo, você será capaz de:

1. analisar a jornada de compra do consumidor e avaliar em que fase ele se encontra;
2. estabelecer a diferença e indicar a aplicabilidade de *outbound* e *inbound marketing*;
3. discernir como cada fase do inbound marketing é aplicada e que tipo de resultado é gerado;
4. compreender como trabalhar com mídia paga e conteúdo orgânico;
5. indicar o funcionamento do cadastro de produtos e suas funcionalidade e importância para o e-commerce.

Para que um e-commerce seja lançado na rede, é necessário um enfoque especial na divulgação do empreendimento, pois é o conteúdo de seu *site* que o fará conhecido; em outras palavras, não adianta estar na internet e não ter visibilidade. O profissional responsável por esse trabalho precisará entender a jornada do consumidor e do público-alvo da loja virtual para pensar na elaboração desse conteúdo.

O trabalho voltado ao usuário demanda o uso da metodologia de ***inbound marketing***, cujo foco é a produção de conteúdo segmentado, diferentemente do ***outbound marketing***, que se trata de uma abordagem tradicional da área, em que o cerne da divulgação se concentra na empresa e em seus benefícios.

Além desse trabalho com o *marketing*, um fator importante para o e-commerce é o **cadastramento de produtos**, procedimento em que são aplicadas técnicas para que o produto seja localizado em uma busca interna ou em buscadores na internet. Nesse contexto, pensar no título do *site*, na descrição de suas especificidades e nas imagens dos produtos é essencial para que a loja virtual ganhe destaque na *web*.

3.1 Produção de conteúdo: visibilidade para o e-commerce

Como explicamos anteriormente, um e-commerce deve produzir conteúdo para ser visto e ter presença digital na internet, pois é por meio dele que os consumidores encontrarão o *site* do negócio em buscadores, por exemplo. Esse trabalho depende da utilização de técnicas orgânicas e pagas direcionadas à visualização de conteúdos de plataformas da internet, que, por sua vez, geram vendas e lucros.

Essa produção visa à promoção de engajamento, vendas e fidelização de consumidores. Os itens a serem observados nessa iniciativa são os seguintes:

- » **Descrição de produtos**: a descrição deve conter todas as especificações e categorias dos produtos. Nesse ponto, é indicado o uso de palavras-chaves.
- » **Soluções**: a produção também deve tratar de dúvidas, benefícios e demais aspectos que transmitam empatia e provoquem interesse.

O que é?

A gestão do conteúdo compreende o gerenciamento de todas as partes do e-*commerce* que são vistas pelo usuário, tais como: textos, imagens, filmes, descritivos de produtos, regulamentos, banners, fotos (Apadi, 2013).

A técnica utilizada nesse tipo de trabalho é o *marketing* de conteúdo, que consiste no "processo de criação de conteúdo de valor e relevante para atrair, adquirir e envolver o seu público de interesse. Uma estratégia de marketing de conteúdo bem elaborada coloca sua empresa na posição de autoridade" (Gabriel; Kiso, 2020, p. 341).

É necessário que a elaboração de conteúdo de *marketing* digital influencie, informe e eduque o consumidor em sua jornada, pois, em cada etapa desse processo, o comprador torna-se cada vez mais apto a usufruir determinados tipos de conteúdo. E o que vem a ser *jornada*? "A jornada do cliente é o caminho que ele segue desde o primeiro contato com a sua marca até a pós-venda. Uma jornada do cliente tende a ter pausas e voltas. Quanto maior o seu ciclo de vendas, maior será a jornada do seu cliente" (Gabriel; Kiso, 2020, p. 166). No *marketing*, esse fator também é chamado de *funil*, que pode ser representado na forma de uma pirâmide invertida, conforme a Figura 3.1, a seguir.

Figura 3.1 – Funil de *marketing*/jornada do cliente

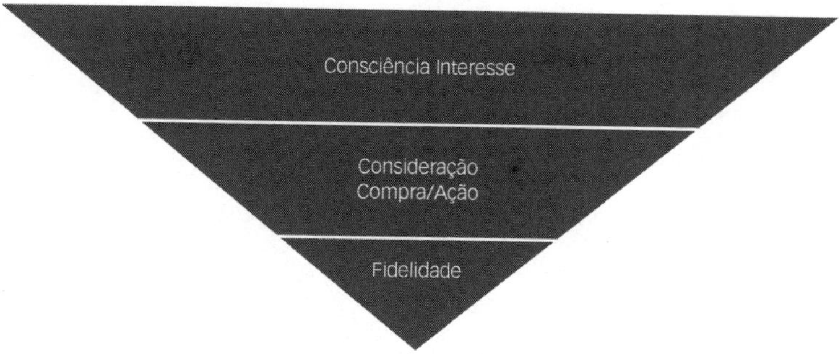

Fonte: Elaborado com base em Gabriel; Kiso, 2020.

É importante enfatizar que o funil de *marketing* se concentra nas **fases da venda**, enquanto a jornada do consumidor faz um **mapeamento dos pontos de contato de um *lead*** – uma pessoa que entrou em contato com a marca antes da efetivação da compra, pois é preciso convencê-la a se tornar cliente e, principalmente, a realizar a recompra.

Em outras palavras, a jornada do consumidor consiste na compreensão dos contatos feitos pelo *lead* para rastreá-lo e oferecer a experiência que ele deseja, seja em um buscador como o Google, seja em ligação telefônica, seja em um *post* de redes sociais.

Nesse contexto, é importante levar em conta que, com o aumento exponencial do número de dispositivos móveis conectados, os consumidores se tornaram imediatistas, ávidos por informações imediatas. Esse fenômeno consiste em um grande desafio para as empresas, pois, para atender às demandas desse novo perfil de consumidores, é necessária uma equipe especializada a postos.

Nessa dinâmica, a jornada do cliente se torna um caminho de várias entradas e saídas, pois é o consumidor que escolhe a trajetória que deseja percorrer. Isso significa que os negócios de e-commerce precisam ter uma presença forte e massiva na internet para atender todos.

> Os profissionais de marketing precisam estar preparados para iniciar a jornada do cliente em todas as etapas pré-venda. Isso significa que é necessário ter campanhas ativas para uma abordagem dinâmica que possam alcançar os clientes em todos os estágios e fazê-los avançar. (Gabriel; Kiso, 2020, p. 49)

A Figura 3.2, a seguir, representa esse novo funil, que, em vez ser centrado no produto, na venda em si, é focado no cliente. O objetivo desse funil "é ir além da venda e expandir o negócio por meio de promotores da marca, que ajudarão a gerar futuros clientes e compras. O cliente faz da estratégia para obter novas conversões" (Gabriel; Kiso, 2020, p. 169).

Figura 3.2 – Novo funil de *marketing* centrado no cliente

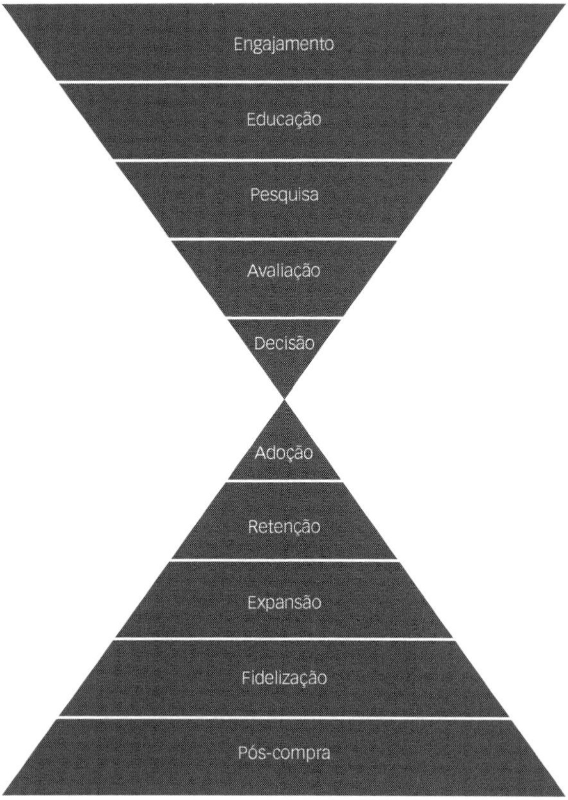

Esse funil é considerado mais dinâmico – com base nele, o e-commerce pode produzir conteúdo de todos os tipos. Muitas empresas equivocadamente pensam que basta a venda direta; na atualidade, a realidade, muito mais complexa, exige que as organizações se esforcem em entender que o consumidor precisa conhecer a marca e os produtos para que possam ter confiança em realizar sua primeira compra. Ainda conforme Gabriel e Kiso (2020), a loja na internet precisa demonstrar valor e compartilhar experiências constantes e interações reais e personalizadas em cada etapa do funil, para que o *lead* ou o cliente se sinta mais próximo da marca:

> Alguém na fase de conscientização pode estar a apenas um clique de etapa de compra, sem passar pelas etapas de interesse e consideração, por exemplo. Os profissionais de marketing precisam estar preparados para iniciar a jornada do cliente em todas as etapas pré-venda. Isso significa que é necessário ter campanhas ativas para uma abordagem dinâmica que possam alcançar os clientes em todos os estágios e fazê-los avançar. (Gabriel; Kiso, 2020, p. 167-168)

Várias são as maneiras de fazer com que conteúdo agregado de valor chegue aos consumidores: produção de *blog* próprio hospedado no e-commerce; *e-mail marketing*, que possibilita verificar quem abriu e clicou nos *links* disponibilizados; além de anúncios em plataformas como Facebook©, Instagram© e Google©.

No entanto, para que esse tipo de estratégia funcione, é necessário um planejamento de *marketing* adequado e preciso, elaborado a longo prazo, como mostra o exemplo a seguir.

Quadro 3.1 – Etapas do planejamento de *marketing*

Passo 1	Criar a persona; entender o conteúdo que ela consome, quais os desafios, necessidades dessa figura etc.
Passo 2	Entender a jornada do cliente; mapear os pontos de contato do *lead* com a marca, desde a primeira abordagem até a tomada de decisão.
Passo 3	Criar as linhas editorais e categorias de conteúdo, para elaborar um mapeamento dos assuntos a serem abordados.
Passo 4	Definir os assuntos a serem trabalhados em cada categoria.
Passo 5	Elaborar um calendário editorial para seguir todo o ciclo do negócio e da jornada do consumidor.
Passo 6	Produzir e otimizar o conteúdo; colocar em prática todo o planejamento.
Passo 7	Definir as métricas para acompanhar o resultado da produção de conteúdo e como o consumidor consumiu e tomou a decisão de compra.

Fonte: Elaborado com base em Gabriel; Kiso, 2020.

Todo esse processo só é possível se a criação do conteúdo criado for regular e consistente, pois é ela que garante a presença digital mais forte do e-commerce em várias etapas da jornada do consumidor, que, como já vimos, é dinâmica e complexa.

Para saber mais

O trabalho na internet demanda que o empreendedor do e-commerce compreenda quem são seus clientes. Esse entendimento pode ser obtido por meio da criação de personas, personagens fictícios de "clientes ideais" fundamentados em dados que mostram o comportamento de consumidores, o que facilita a comunicação direcionada. Para mais informações, verifique o seguinte texto:

PEÇANHA, V. Descubra o que é buyer persona e quais os 5 passos essenciais para criar a sua. **RockContent**, 4 jun. 2020. Disponível em: <https://rockcontent.com/br/blog/personas/>. Acesso em: 17 jul. 2023.

Portanto, produzir conteúdo no *e-commerce* significa conhecer o comportamento do cliente, saber do que ele gosta e do que não gosta, para poder determinar um público-alvo e direcionar o e-commerce diretamente para quem se quer vender.

3.1.1
Custos para a produção de conteúdos para e-commerce[1]

Para que um empreendimento de e-commerce tenha êxito, obtenha tráfego de potenciais consumidores e sua consequente conversão em clientes, a produção de conteúdo para a plataformas de comércio digital é fundamental. De acordo com Patel (2023), a "taxa de conversão média com marketing de conteúdo é 2,9%, comparado a apenas 0,5% nos sites que não o utilizam". Vejamos, a seguir, as atividades que geram custos para a empresa e auxiliam na criação de um *site* de compras de sucesso.

Escolha de um tipo de conteúdo

Um erro que muitos empreendedores cometem é tentar abranger em seu negócio diversos tipos de plataformas, com vários tipos de conteúdos. Na realidade, no início da empresa, o mais adequado é que apenas uma plataforma conte com investimento. Contudo, quando o empreendimento não goza de condições favoráveis para criar soluções mais elaboradas nesse campo, o *e-mail* ainda é um recurso interessante de comunicação com consumidores e clientes. De acordo com Patel (2023), "74% dos profissionais de marketing mais sucedidos do B2C estão usando o email como o canal principal de distribuição de conteúdo", pois esse método proporciona "o maior retorno de investimento".

---

1 Seção 3.1.1 e subseções elaboradas com base em Patel (2023).

Contudo, existem várias outras opções a serem consideradas individualmente, como explicamos no início desta seção: é possível alimentar *blogs* e *posts* periodicamente em um *site* de comércio virtual; produzir vídeos no YouTube; transformar áudios em *podcasts*, entre outros recursos. De acordo com Ridall (2023, tradução nossa):

» Os três recursos mais criados para times de *marketing* em 2022 incluem vídeos, *blogs* e imagens.

» Artigos curtos/*posts* (83%) e vídeos (61%) foram os dois conteúdos mais utilizados por marqueteiros B2C nos últimos 12 meses. O uso de artigos mais extensos aumentou em 42%, em comparação com 22% do ano anterior.

» Vídeos curtos, tais como os produzidos nos *reels* do TikTok e Instagram, foram os tipos de mídia social mais eficazes.

» 40,8% dos marqueteiros afirmaram que gráficos originais (infográfico, ilustrações) auxiliaram a alcançar seus objetivos de *marketing* em 2020. (Fonte: Venngage)

» 72% dos marqueteiros esperavam investimento em vídeo-*marketing* por parte de suas organizações em 2022. (Fonte: CMI)

» Conteúdos curtos (entre 300-900 termos) atraíram 23% menos tráfego e 75% menos *backlinks* em comparação a artigos de extensão média (entre 900-1200 termos). (Source: Semrush State of Content Marketing 2022)

» Conteúdos interativos geraram 52,6% mais engajamento em comparação a conteúdos estáticos, com compradores gastando uma média de 8,5 minutos verificando itens de conteúdos estáticos e 13 minutos em itens de conteúdos interativos (Fonte: Mediafly)

Convém destacar que conteúdos podem ser intercambiados: é possível, por exemplo, "transformar um post de blog em um podcast ou em um vídeo do YouTube mais tarde" (Patel, 2023).

Elaboração de guia de produtos ou serviços para clientes

Uma forma interessante de compartilhar conteúdos com consumidores e clientes é a criação de guias a serem disponibilizados na plataforma do e-commerce. Elaborar materiais ricos em informações e detalhes sobre produtos e serviços é um modo de criar um vínculo de confiança com o cliente. De acordo com Patel (2023), os "guias devem ser usados para mostrar ao seu público que você se importa sobre educá-los e ajudá-los a tomarem decisões melhores". Nesse caso, nada melhor que complementar o guia com várias imagens e ilustrações, incluindo infográficos, recurso muito útil para chamar a atenção para determinados dados. Se bem elaborada, essa ferramenta pode atrair novos clientes por meio de compartilhamento de conteúdo entre consumidores.

Materiais dessa natureza demandam o trabalho de um *designer* experiente, que pode elaborar os esquemas necessários com ilustrações produzidas do zero, produções com vetores prontos, composições de fotos, entre outros recursos. De acordo com a Tabela Sib, da Sociedade Brasileira de Ilustradores, os trabalhos de ilustradores para *websites* giram em torno de R$ 500,00 a R$ 1.300,00. Nesse contexto, é "importante esclarecer que embora a tabela sugira um preço mínimo e máximo, os preços dependem também da formação do artista, tempo de vida profissional, e da qualidade e detalhamento solicitados pelo cliente" (Tabela..., 2023).

Criação e vídeos demonstrativos de produtos ou serviços

Em uma era profundamente influenciada pelo visual, nada mais natural que investir na criação de vídeos que podem dar origem a "anúncios curtos, webinars aprofundados, cursos online" (Patel, 2023), entre outros.

Entre os fatores a serem levados em conta para a produção de vídeos, um dos mais importantes é a duração da produção em relação à plataforma ou rede social em que o vídeo será apresentado, de modo a viabilizar a viralização do conteúdo.

Os vídeos podem ser utilizados para engajar o público de diversas maneiras. Os *webinars*, por exemplo, são uma solução perfeita para interagir com clientes e engajá-los ainda mais. Há até mesmo ferramentas gratuitas, como o Google Chat e o YouTube, para criar tais eventos, que podem inclusive ser gravados para serem oferecidos aos consumidores na sequência.

O custo de uma produção audiovisual é condicionado por seu grau de dificuldade. Nesse contexto, há certos detalhes a serem levados em conta (Quanto custa ..., 2021):

» tempo estimado de trabalho;
» valor hora do trabalho da equipe;
» custo para desenvolvimento;
» impostos;
» lucro.

O mercado audiovisual conta comum sem-número de recursos, "com diferentes especificações (câmeras, lentes, equipamentos de iluminação, microfones, equipamentos de áudio), um grande número de serviços técnicos (finalização de imagem, correção de cores, mixagem de áudio) e também profissionais com diferentes níveis de formação ou experiência" (Quanto custa ..., 2021). Esse universo de possibilidades pode influenciar diretamente o custo da produção de vídeo.

Para que a produção conte com uma "linguagem específica, uma identidade visual de impacto ou uma narrativa exclusiva", é necessário investimento superior a R$ 10 mil por minuto de vídeo, considerando os seguintes fatores (Quanto custa ..., 2021):

» **Custo de equipe**: a produção pode contar tanto com equipes mais enxutas, compostas de "um videomaker, roteirista, diretor, câmera e editor", quanto com grupos de trabalho mais robustos, com "atores, maquiadores, diretores de fotografia, operadores de som e luz" (Quanto custa..., 2021). Independentemente do caso, o custo tem de levar em conta todos os profissionais individualmente.

» **Equipamentos utilizados**: deve-se considerar que locações especiais e equipamentos de nível profissional influenciarão drasticamente o custo da produção. Contudo, o barateamento dessas ferramentas pode levar a um resultado muito aquém do esperado.

Ainda que haja um risco em procurar por um orçamento mais baixo para o vídeo pretendido, empresas iniciantes não podem ignorar essa opção. A seguir, apresentamos algumas alternativas para o barateamento do processo:

» **Técnica utilizada**: a animação 2D, ou *motion design*, é uma ótima opção por ser mais em conta. Imagens em 2D, tais como fotos e ilustrações, também podem trazer a mensagem pretendida.
» **Roteirista**: a roteirização de um terceiro pode garantir que o vídeo não caia no lugar comum, o que impediria a empresa de se destacar e de promover seu produto/serviço.
» **Arte**: a parceria entre um *designer* com vivência em produção audiovisual e um roteirista pode ser de grande valia, pois o ilustrador "fará o papel de diretor de imagem, e tudo ficará mais agradável, bonito e convidativo levando seu cliente/público assistir até o final" (Quanto custa..., 2021).
» **Áudio e trilha**: trilhas prontas, de bancos de áudio, são uma opção mais em conta. Além disso, para não desperdiçar tempo e, consequentemente, dinheiro, o empreendedor deve, quando da contratação de uma produtora, solicitar as "vozes oficiais da produtora e escolha a que melhor se encaixa para o seu vídeo" (Quanto custa..., 2021),

pois o processo contrário, ou seja, tentar adequar uma voz ao projeto, pode demandar a contratação de um locutor externo, o que pode onerar o trabalho.

- » **Duração do vídeo**: obviamente, os vídeos mais curtos são mais baratos. Além dessa vantagem, a objetividade contribui para a manutenção da atenção do público/cliente.
- » **Acessibilidade**: trata-se de uma regra dos vídeos atuais. Atender todos os públicos, levando em conta suas mais variadas características, é fundamental.

Oferta de materiais informativos

O e-commerce não deve subestimar a importância de tabelas de tamanho, recurso importante para esclarecer especificidades não só de artigos de vestimenta e calçados, mas também de vários outros artigos, tais como "ferramentas, mobília e equipamentos grandes ou volumosos" (Patel, 2023).

Esse material deve antecipar quaisquer dúvidas dos clientes (desde as dimensões do produto vendido até a forma de transporte mais adequada do item).

Outro recurso muito interessante nesse sentido é o sistema de FAQ (*Frequently Asked Questions*, Perguntas Frequentemente Feitas). Uma atividade fundamental nesse contexto é de atualização constante do banco de dados do sistema, para que esse acervo responda a cada vez mais perguntas feitas pelos clientes.

De modo geral, a criação da seção de FAQ em um *site* consiste passa pelos seguintes processos, de acordo com Paiva (2023):

- » Responder aos principais questionamentos dos consumidores, seja colhendo perguntas feitas pelos consumidores, contando com uma base prévia, seja perguntando aos clientes por meio de redes sociais para consolidar um repertório de questões.

- Responder de maneira clara, utilizando, quando necessário, *links* de redirecionamento e tutoriais nos casos de procedimentos mais complexos (nesse caso, é preciso atentar para o uso excessivo de fotos ou ilustrações, que podem causar lentidão de acesso da plataforma).
- Criar temas para a seção de FAQ: "Frete", "Entrega", "Trocas" etc.
- Incluir barra de pesquisa.
- Atualizar as respostas. Nesse caso, é interessante pedir ao cliente a avaliação da pertinência da resposta dada.

Nesse contexto, os sistemas de CRM e ERP são fundamentais, pois a atualização constante da seção de FAQ é essencial, bem como a busca pelo *feedback* dos consumidores para a melhoria contínua das respostas disponibilizadas da plataforma. Além disso, os *sites* de precisam fornecer a opção de atendimento personalizado para os clientes. Portanto, além dos custos relacionados ao tempo para a produção dos questionários e de investimento em sistemas para atualização ininterrupta da seção, é necessário levar em conta o custo de direcionar uma pessoa especializada para atender os consumidores.

Compartilhamento de relatos de consumidores

Uma forma autêntica de promoção dos produtos do e-commerce consiste na publicação de relatos de consumidores que ficaram satisfeitos com os itens comprados. Esses depoimentos podem fazer com que a clientela da empresa cresça, pois as pessoas querem se identificar com consumidores de ótimos produtos e serviços. Trata-se de uma solução barata de produzir: o empreendedor pode procurar pessoas que consumiram seu produto/serviço para que contem suas experiências, bem como propor concursos para que clientes compartilhem suas histórias.

Elaboração de glossário de termos relacionados ao produto

Não importa o segmento comercial, termos específicos, jargões e acrônimos fazem parte de uma linguagem própria referente ao produto serviço oferecido. Obviamente, os clientes não são obrigados a dominar tal acervo, e esclarecê-lo aos consumidores é um sinal de consideração por parte do e-commerce, bem como um diferencial que pode ser usado como *link* para vários produtos de uma mesma empresa. Esse recurso é fundamental quando do início do funil de vendas, pois é o momento em que as pessoas estão se familiarizando com os produtos/serviços da organização.

Reunião e compartilhamento de conteúdos administrados por curadores

Centralizar informações em um só lugar pode ser conveniente para que clientes encontrem dados sobre produtos mais rapidamente. Há *sites* como o BuzzFeed que criam *posts* de resumo, peças de conteúdo que atraem consumidores. A produção desse tipo de conteúdo – que podem ser listas de empreendedores de renome de seu nicho ou de estatísticas relevantes sobre sua área de atuação – é de baixo custo, haja vista que a curadoria apenas reúne informações já colhidas e devidamente processadas. O valor desses serviços gira em torno de R$ 1.500,00 para os seguintes serviços: "Selecionar conteúdo para publicação em outros canais, como blog, Twitter e Tumblr. Varia em função de volume (quantidade de conteúdo publicado) e expertise do analista" (Quanto vale…, 2023).

Contratação de *influencers* para produzir conteúdo/falar sobre o produto

Há muitos empreendedores que, apesar de sua visão e sua habilidade em negociações, não são capazes de produzir conteúdo. Nesse caso, a contratação de um terceiro que saiba materializar os benefícios do produto em forma de materiais de *marketing* que promovam o empreendimento pode ser um investimento importante. É aí que entram os *guest bloggers*, profissionais capazes de criar *posts* que podem auxiliar no engajamento dos consumidores.

A prospecção desse tipo de especialista pode ser feita pelos seguintes meios:

» Uma forma é criar uma página de postagem de convidados no seu site. Ela começará a aparecer em mecanismos de busca quando escritores procurarem por novas oportunidades.
» A outra opção é procurar proativamente pessoas que você sabe que são bons escritores e que talvez estejam dispostos a fazer guest posting.
» Você pode fazer isso encontrando sites de concorrentes que oferecem guest posts e vendo quem têm escrito por lá.
» Se você estiver pedindo por guests posts gratuitos, é preciso dizer o que eles vão ganhar com isso.
» Quanto tráfego seu site gera? Você dará uma assinatura para eles e um link para o site deles? (Patel, 2023)

Outra solução consiste em contratar influenciadores, pessoas que gozam de notoriedade em vários segmentos (cultura artes, política, negócios) que podem alavancar o produto. Nesse caso, é necessário algum tipo de contrapartida, como o patrocínio.

Há também a opção de escritores especializados ou blogueiros. Aqui, as opções do empreendedor são contratar um *freelancer*, um fornecedor de conteúdo ou uma agência de *marketing* de conteúdo.

De acordo com Souza (2020), os valores para a contratação de profissionais dessa natureza giram em torno das seguintes cifras:

» 5 mil a 10 mil seguidores: US$ 100 — US$ 500;
» 10 mil a 25 mil seguidores: US$ 500 — US$ 800;
» 25 mil a 50 mil seguidores: US$ 800 — US$ 1.500;
» 50 mil a 100 mil seguidores: US$ 1.500 — US$ 2.000;

- 100 mil a 250 mil seguidores: US$ 2.000 — US$ 6.000;
- 250 mil a 1 milhão de seguidores: US$ 6.000 — US$ 10.000;
- 1 milhão ou mais de seguidores: a partir de US$ 10.000.

Esses valores são condicionados pela plataforma em que o evento será divulgado, bem como pelo número de seguidores do profissional e por seu engajamento (Souza, 2020).

Criação de promoções e anúncios

Criar o conteúdo da plataforma é só uma parte do trabalho para o engajamento de potenciais clientes. A promoção desses materiais é fundamental para a sobrevivência e o desenvolvimento do empreendimento.

Nesse cenário, há certos canais que auxiliam nessa atividade:

- Mídias sociais – Você pode configurar anúncios pagos em sites de mídias sociais como o Facebook.
- Mecanismos de busca – Google Adwords e o Bing oferecem anúncios PPC (pago por clique).
- Anúncios nativos – Pague sites para fazerem link para o seu conteúdo dentro do conteúdo deles (normalmente não parece um anúncio típico). (Patel, 2023)

Obviamente, um procedimento importante nesse caso é identificar o canal mais adequado para seus produtos, seus conteúdos e seus clientes. Vejamos, a seguir, os processos de elaboração de uma promoção, bem como os fatores de custos neles incutidos, de acordo com Fonseca (2017):

- **Estabelecer um objetivo**: a determinação de um objetivo permite que o empreendedor pode realizar a avaliação da campanha, verificando o que funciona ou não no decorrer do evento para melhorar sua *performance*.
- **Realizar planejamento**: saber como fazer algo é tão importante quanto determinar o que deve ser feito. Nesse contexto, a empresa tem de levar em conta o perfil dos

consumidores de seu produto/serviço, bem como avaliar se a situação financeira da organização permite que a promoção possa ser realizada.

- **Planejar a logística**: se for bem planejada e executada, a promoção terá como efeito maior afluxo de compras e, por consequência, maior trânsito de produtos na área logística da empresa, seja própria, seja de terceiros. Portanto, o empreendedor deve estabelecer de antemão um planejamento devidamente alinhado com o fornecedor dos itens, de modo a garantir que estejam disponíveis em estoque e que sejam entregues no prazo determinado.
- **Determinar prazo de duração**: as promoções não podem se estender indefinidamente e tampouco podem ser realizadas a esmo, sem uma data específica. O período da promoção deve ser oportuno, ou seja, deve estar associado a uma data ou época importante para os consumidores. Além disso, a limitação do evento instiga os clientes, que veem naquela oportunidade algo imperdível.
- **Divulgar o evento nas mídias apropriadas**: a avaliação do perfil de consumidores da empresa também possibilita uma determinação mais acurada dos canais por meio dos quais o empreendedor deve se comunicar. Portanto, para que o evento da promoção chegue ao conhecimento do maior número possível de pessoas, é importante que as redes sociais utilizadas para a divulgação sejam as mais adequadas para as especificidades dos clientes da organização. Há até mesmo *sites* e *blogs* podem auxiliar nesse trabalho, isso sem falar do *e-mail marketing*. Nesse caso específico, é necessário atentar para o número de envios e para a qualidade do texto, que deve ser atrativo e conciso.
- **Aproveitar datas importantes**: datas como Páscoa, Dia dos Pais e Natal estimulam naturalmente o consumo. Contudo, de acordo com Fonseca (2017), "é necessário

apresentar o diferencial do seu e-commerce e criar campanhas atrativas para destacá-lo dos demais. Oferecer produtos de qualidade, ter um atendimento personalizado e superar as expectativas de compra são algumas estratégias para diferenciar o seu negócio e também reforçar de forma positiva a sua marca no mercado".

Com esses procedimentos em mente, o empreendedor deve avaliar qual modelo de promoção deve ser utilizado tendo em conta seus consumidores assíduos. A seguir, apresentamos alguns modelos, cujas especificidades influenciam os custos do e-commerce:

Quadro 3.2 – Tipos de promoção

Modelos de promoção	Especificidades
Descontos fixos sobre certos itens	Muito utilizados em lojas virtuais de moda para movimentar peças de temporadas passadas.
Brindes	Disponibilizados para os clientes por compras de produto/serviço para incentivar ainda mais aquisições.
Frete gratuito	Oferecido para aumentar vendas e evitar abandonos de compras por parte de clientes que muitas vezes se sentem desestimulados pelo custo de frete.
Convite a um amigo	Desconto oferecido para clientes que recomendam produtos e serviços para outros consumidores. Gera divulgação do e-commerce para um grande número de pessoas.
Período de teste	Oferecido para que o consumidor se familiarize com o produto ou serviço do e-commerce. Por pressupor uma demonstração, esse tipo de promoção não só mostra as potencialidades do item, mas também gera uma demanda por parte dos consumidores desejosos de utilizar todas as suas funcionalidades.
Promoções sobre produtos verificados	Utilizadas quando clientes acessam vários itens de um e-commerce, mas não os adquirem. São enviadas notificações de preços promocionais para estimular compras.
Bônus para novos acessos	Ofertado para clientes que realizam compras para que esses consumidores se sintam estimulados a comprar novamente no mesmo *site*.
Desconto progressivo	Oferecido para clientes que adquirem vários itens, fazendo com que o consumidor eleve o *ticket médio* de suas aquisições.
Leve 3 pague 2	Promoção utilizada para estimular consumo e movimentar produtos com pouca saída.

Fonte: Elaborado com base em Fonseca, 2017.

Após as avaliações e os planejamentos feitos, é necessário avaliar os custos que serão despendidos e os lucros que deles virão. Efetuados esses cálculos, é o momento de calcular o custo de aquisição de clientes (CAC), que, de acordo com Mesquita (2018), é "uma métrica de Marketing e Vendas que mostra o quanto um negócio está investindo para conquistar cada cliente". A fórmula é a seguinte:

CAC = Soma dos investimentos/Número de clientes adquiridos

Na soma dos investimentos, os seguintes fatores devem ser levados em conta (Mesquita, 2018):

- Salários da equipe;
- Comissões de venda;
- Treinamento de colaboradores;
- Aquisição de ferramentas;
- Assinatura de softwares;
- Compra de anúncios;
- Participação em eventos;
- Assessoria de imprensa;
- Materiais impressos;
- Viagens;
- Contatos telefônicos.

Os consumidores que devem ser levados em conta são os que foram diretamente influenciados pela iniciativa da promoção. O período a ser levantado para o CAC pode ser de meses, trimestes, semestres, anos, o que for mais adequado para o e-commerce (Mesquita, 2018).

3.2
Inbound marketing como divulgação do conteúdo

Para que um e-commerce seja lançado na rede, a divulgação da loja virtual é tão importante quanto a estrutura do negócio em si. Nesse contexto, a principal diferença entre o *marketing* tradicional e o *inbound marketing* é que esta última é capaz de atrair voluntariamente os consumidores para a loja virtual.

O termo *inbound marketing*, segundo Gabriel e Kiso (2020), surgiu em 2006 e foi criado pelo cofundador da HubSpot, Brian Halligan. Ainda conforme os autores citados: "a definição fundamental do inbound marketing é: deixe o cliente chegar até você. [...]. E hoje estamos em uma nova era do inbound marketing ultrapersonalizado e focado em relacionamentos" (Gabriel; Kiso, 2020, p. 476).

Ainda que o *inbound marketing* seja o oposto do *outbound marketing* (o *marketing* tradicional), é necessário pensar em ambas as abordagens na criação de uma estratégia para divulgar o e-commerce e atrair novos *leads* e clientes para seu negócio. Contudo, é importante compreender como essas duas categorias de *marketing* funcionam.

Nesse sentido, considere o seguinte dado: conforme Gabriel e Kiso (2020, p. 476), "segundo a Forbes, uma pessoa comum é exposta a 4.000 a 10.000 mensagens publicitárias por dia – tudo, desde anúncios de TV e emails a jornais e anúncios digitais em toda a internet. Há muita concorrência pela atenção".

Eis a diferença principal entre as duas estratégias anteriormente citadas: a **atenção que se dá ao público**. No *outbound marketing*, "os profissionais de marketing criam ações e campanhas que chamam a atenção pela interrupção, distração ou intervenção" (Gabriel; Kiso, 2020, p. 478). Já no *inbound* *marketing*, é possível acompanhar as métricas e rastrear a origem dos visitantes para que as ações sejam planejadas e direcionadas de maneira mais exata.

Quadro 3.3 – Diferença entre *outbound* e *inbound*

Outbound	*Inbound*
Foco na propaganda ativa e na divulgação direta do produto	Foco em conteúdo e na educação do público por meio de informação
Empresa vai em busca de clientes	Cliente vem até a empresa, pois é atraído
Comunicação unidirecional	Comunicação bidirecional
Prospecção ativa via anúncios tradicionais	Clientes atraídos por conteúdo de valor em buscadores, mídias sociais e sites de referência
Maior custo médio de aquisição de clientes	Menor custo médio para aquisição de clientes
Pouco ou nenhum valor agregado	Movido por criatividade, talento e esforço
Marketing de interrupção	*Marketing* de permissão
Listas não segmentadas	SEO e listas segmentadas
Propagandas que não geram valor para o cliente	Conteúdos relevantes para a persona

Fonte: Elaborado com base em Gabriel; Kiso, 2020.

Assim como no funil dinâmico, o *inbound marketing* utiliza de uma metodologia diferenciada para monitorar o percurso que o *lead* irá fazer: atrair, converter, fechar e encantar. "Em todas as etapas, é importante ir pontuando o lead de acordo com o seu consumo de conteúdo e interações com a marca, para saber se ele está maduro para se tornar um cliente" (Gabriel; Kiso, 2020, p. 479).

Perguntas & respostas

***Lead scoring* é uma maneira de pontuar as pessoas que entraram em contato com determinado e-commerce para começar a produzir conteúdo direcionado a esse público. Como se trabalha com essa metodologia?**

A pontuação dos *leads* consiste em atribuir valores a cada contato gerado. De acordo com o modo como a empresa coleta essas informações, é possível delimitar como serão esses atributos. O monitoramento desses dados permite efetuar a pontuação.

A ideia conceitual do *inbound marketing* é que quanto melhor for a informação a respeito do produto, do atendimento ou da marca, mais elevada é a possibilidade de os indivíduos comprarem.

3.3 Presença digital e alcance na internet

A internet tornou-se um canal de visibilidade e espetacularização para empresas e consumidores. Como aponta Sibila (2003), citado por Recuero (2010), a sociedade atual vive a partir da lógica do "imperativo da visibilidade",

> decorrente da intersecção entre o público e o privado, para ser uma consequência direta do fenômeno globalizante, que exacerba o individualismo. É preciso ser "visto" para existir no ciberespaço. É preciso constituir-se parte dessa sociedade em rede, apropriando-se do ciberespaço e constituindo um "eu" ali (Efimova, 2005). Talvez, mas do que ser visto, essa visibilidade seja um imperativo para a sociabilidade mediada pelo computador. (Recuero, 2010, p. 27)

No contexto que estamos tratando, podemos chegar à conclusão que é preciso marcar presença, produzindo conteúdo relevante na internet. A presença digital exige que as organizações inseridas na rede mundial de computadores sejam pautadas pela **sustentabilidade**, ou seja, os empreendimentos que não se apresentam apropriadamente já estão um passo atrás na busca por novos compradores.

A presença na internet pressupõe uma ampla abertura aos consumidores em poucos cliques. Nesse caso, a apresentação na internet é fundamental: o modo como a empresa coloca sua marca na mídia faz toda a diferença, pois vende mais quem tem o produto mais atraente, a marca mais colocada no mercado e o compromisso mais firme com o cliente. Portanto, a internet faz diferença para quem sabe lidar com todos os pequenos detalhes, decisivos na hora da compra.

> A maneira como uma empresa se apresenta é um fator vital para o seu sucesso e, com o advento da internet e mais recentemente das mídias sociais, estabelecer uma imagem positiva e criar uma marca em ambiente digital é tão importante quanto no ambiente tradicional. (Gabriel; Kiso, 2020, p. 330)

Um modo de fazer com que o público note determinado empreendimento virtual consiste no uso de técnicas de otimização para *sites* de busca (*Search Engine Optmization*) SEO. De acordo com Höfelmann (2018), os mecanismos de busca como o Google e o Bing são necessários para pesquisar e conquistar novos clientes: "Diariamente milhões de pessoas pesquisam pelos mais diversos assuntos, e aparecer na primeira página de uma dessas ferramentas é sem dúvida uma forma de aumentar o tráfego em um site" (Höfelmann, 2018, p. 607).

Conforme Gabriel e Kiso (2020, p. 391), "dois fatores principais afetam o posicionamento de um site em uma busca na web: sua relevância (*page rank*) e as palavras-chave (*keywords*) relacionadas a ele". Na internet, as primeiras buscas se iniciam com palavras-chave relacionadas à dúvida que o consumidor tem ou informação que ele procura. Diante das respostas é que o e-commerce pode aparecer na busca caso tenha feito o trabalho de SEO.

Oliveira (2013, p. 14) lembra que "90% dos usuários da web pesquisam por produtos e serviços na internet antes de realizar uma compra. Pense que sua empresa pode estar perdendo boas oportunidades de negócios por não estar presente nesse momento de busca". Essa observação demonstra que essas técnicas requerem conhecimento, pois esses mecanismos de busca são constantemente alterados, o que exige um acompanhamento referente ao atendimento das diretrizes dos algoritmos.

O trabalho com o SEO pressupõe o conteúdo, especificamente das palavras-chave ou *keywords*. Pois assim "é necessário que antes da produção de um conteúdo seja feita uma pesquisa a fim de descobrir quais são as palavras-chave que os usuários utilizam no momento da busca" (Oliveira, 2013, p. 16).

Os custos com o SEO, também conhecidos como *marketing orgânico*, são relativamente baixos, pois se aposta em um retorno em número de cadastros e contatos realizados com base no conteúdo publicado, ao contrário do SEM (*Search Engine Marketing* – "*marketing* para mecanismos de busca", em português), caso em que a publicação em *marketing* é paga.

O custo dos serviços de SEO varia conforme o que está incluído, ou seja, de acordo com o que proporciona ao usuário. Projetos de SEO podem custar entre R$ 600,00 e R$ 2.000,00/mês com base no respectivo escopo. Um trabalho único pode variar entre R$ 2.000,00 e R$ 20.000,00, e as taxas horárias para consultores ficam entre R$ 80,00 e R$ 200,00 por hora (Apadi, 2013).

Para saber mais

Hoje existem várias ferramentas para identificar as palavras-chave mais buscadas pelos consumidores em todas as áreas do mercado. Há recursos pagos e gratuitos, como o Google ADs, chamado de *planejador de palavras-chave*. Como o Google é muito buscado, vale a pena conferir como as pessoas pesquisam. Para acessar a ferramenta, acesse:

GOOGLE ADDS. Disponível em: <https://ads.google.com/intl/pt-BR_br/home/tools/keyword-planner/>. Acesso em: 17 jul. 2023.

Vale lembrar que trabalhar com o SEO é uma tarefa a médio e longo prazos, pois ela não consiste apenas em ajustar um *site* de compras e fazer com que ele conste nas primeiras posições do Google. Além da escolha correta das palavras-chave relacionadas à loja virtual, há também outras técnicas que a plataforma leva em conta, como a responsividade da página; adequação a recursos móveis, como celulares; rapidez e entrega correta.

Gabriel e Kiso (2020, p. 387) reforçam que "cada palavra-chave usada no buscador tem uma intenção por trás. Talvez seja para conhecer, comprar ou comparar algo. Quanto melhor o seu conteúdo corresponder à intenção de pesquisa, melhor será a sua classificação". Essa abordagem é chamada de *pagerank* – pontuação que o Google dá ao *site* de acordo com sua qualidade e entrega do conteúdo.

3.4
Landing pages para o e-commerce

Uma das maneiras de se trabalhar com o SEO e de modo a auxiliar na divulgação e produção de conteúdo do e-commerce consiste na promoção de *landing pages*, páginas voltadas a um objetivo específico, como a captura de *leads* ou contatos e a conversão desses indivíduos em clientes.

Essas páginas podem ser produzidas em datas comemorativas ou lançamento de produtos, auxiliando o e-commerce a construir uma base de contatos para poder divulgar conteúdos correlatos em forma de *e-mail marketing* ou SMS, por exemplo. Os *links* das *langind pages* podem ser divulgados de maneira orgânica em redes sociais ou em anúncios pagos.

Importante!

Um detalhe que deve ser levado em consideração no contexto das *landing pages* é a funcionalidade da chamada para ação, o recurso denominado *call-to-action*, pois é por meio dele que o usuário se inscreve para receber mensagens e itens. Geralmente, o consumidor só deixa seus dados se receber benefícios como cupons de desconto, *e-books* ou informações sobre eventos, por exemplo.

Geralmente, a divulgação de uma *landing page* é util para um subsequente trabalho com *e-mail marketing*. As vantagens dessa ferramenta são inúmeras para o *marketing* de conteúdo, pois serve para divulgar *site* e produtos e gerar relacionamento com os consumidores. Além disso, esse recurso permite o rastreio da pessoa que abriu ou clicou em um *link* específico e a integração de plataformas para aumento da assertividade de certas ações, pois permite uma abordagem personalizada do consumidor na internet:

> O e-mail marketing acontece por meio de permissão, possibilita estabelecer um relacionamento contínuo e crescente em grau de detalhamento com os públicos-alvo. A cada mensagem enviada de e-mail marketing, podem-se e devem-se criar ações de *call-to-action* que levem o relacionamento a uma proximidade maior, que traz mais informações sobre a pessoa. Essas informações acumuladas ao longo do tempo vão fornecendo possibilidades de segmentação e personalização cada vez mais precisas e eficientes nas ações de e-mail marketing. (Gabriel; Kiso, 2020, p. 353)

Vale lembrar que o *e-mail* pode ser usado como primeira estratégia para abordar o consumidor, pois o envio de mensagens via aplicativos sem a autorização do cliente pode ser considerada abusiva. Atualmente, "o e-mail continua sendo o principal fator de retenção e aquisição de clientes para pequenas e médias empresas" (Gabriel; Kiso, 2020, p. 357).

O *e-mail marketing* também pode ser usado para atrair o consumidor que abandonou um produto no "carrinho de compras" e assim convencê-lo a efetuar a compra. Vale lembrar que "o envio de três e-mails de carrinho abandonado resulta em 69% mais pedidos do que um único e-mail. Esse tipo de e-mail do comércio eletrônico é um dos mais eficazes para aumentar a receita" (Gabriel; Kiso, 2020, p. 357).

Oliviero e Deghi (2014, p. 239) lembram que, quando utilizado de maneira adequada, o *e-mail marketing* traz inúmeros benefícios para o comércio eletrônico. No entanto, é preciso garantir que esse *e-mail* não se torne um *spam* ou lixo eletrônico. Algumas palavras usadas no assunto como "imperdível" ou "promoção relâmpago" podem, muitas vezes, ser interpretadas como *spam*, o que faz com que a seja campanha mal-sucedida.

O que é?

O termo *spam* (*"sending and posting advertisemente in mass"*, ou "enviar e postar publicidade em massa", em português) refere-se a uma mensagem de *e-mail* com recebimento irrelevante. Em vez de ir para caixa de entrada, ele é direcionado para o espaço das plataformas de *e-mail* chamado *spam*.

No *e-commerce*, é recomendável oferecer ao visitante algum *opt-in*, uma janela para que o usuário se cadastre para receber novidades, informativos ou descontos que podem ser enviados via *e-mail marketing*. Essas iniciativas dão início a um relacionamento para compras futuras. Assim, "a criação e a manutenção de uma base de dados com endereços de e-mails e informações de clientes e *prospects* permitem desenvolver estratégias de e-mail marketing que podem alavancar vendas e resultados no e-commerce" (Gabriel; Kiso, 2020, p. 361).

O grande diferencial desse tipo de estratégia consiste no monitoramento de cada abertura de *e-mail* e posterior segmentação desse público para enviar comunicações mais direcionadas. Outra métrica que permite descobrir a origem de acessos é o Google Analytics, que deve ser integrado ao *site* para monitorar acessos, usuários e visualizações de página, por exemplo.

Exercício resolvido

O trabalho na internet exige presença digital. A empresa que não conta com esse diferencial é semelhante a uma organização física que não tem endereço ou marca, ou seja, é como se não existisse; daí a importância dos conteúdos que direcionam lojas virtuais e fazem com o e-commerce seja encontrado na internet. Nesse contexto, assinale a alternativa que mais se encaixa com essa afirmação:

a) A presença de lojas virtuais na internet pode ocorrer por diversos meios, tais como a própria plataforma do e-commerce – que permite o desenvolvimento de técnicas para que o produto e os respectivos conteúdos sejam localizados facilmente –, as redes sociais, utilizadas constantemente pelos usuários, e os anúncios pagos.
b) As redes sociais são um ambiente fértil para a promoção do conteúdo de lojas virtuais. Ainda assim, os usuários preferem as técnicas tradicionais de interações com as lojas, tais como contato telefônico.
c) Muitas são as possibilidades de uma empresa marcar presença no mundo digital; o ideal é que a loja virtual usufrua de todos os recursos que lhe garantam presença constante na internet. Entre as ferramentas disponíveis, há sempre uma mais adequada para cada tipo de

organização. Nesse contexto, é importante que a plataforma possa ser utilizada por qualquer funcionário do e-commerce.

d) A presença digital de um e-commerce não precisa estar alinhada à dinâmica da loja física, pois são duas esferas de negócio distintas.

Gabarito: A

***Feedback* do exercício**: A presença do e-commerce na internet é imprescindível, pois é por meio desse recurso que as lojas virtuais são vistas e encontradas pelos consumidores. Pelo fato de a internet ser um ambiente em que predomina a concorrência alta, cada vez maior é a demanda por profissionais capazes de trabalhar precisamente com esse conteúdo, de modo que o empreendimento seja encontrado da melhor maneira na internet.

3.5
Redes sociais e mídia paga

Outra estratégia de divulgação de conteúdos de e-commerce refere-se à utilização das redes sociais, pois é por meio delas que as pessoas se conectam e interagem às empresas. Nesse contexto, vale destacar que "os sites de redes sociais permitem aos atores sociais estar mais conectados. Isso significa que há um aumento da *visibilidade social* desses nós. A visibilidade é constituída enquanto um valor porque proporciona que os nós sejam mais visíveis na rede" (Recuero, 2010, p. 108, grifo do original).

As opções de conexão com esses públicos na atualidade são muitas, estando presentes em diversos *sites* de redes sociais, conforme as características dessas coletividades. O empreendedor do e-commerce precisa entender como cada uma dessas redes se configura para gerar conteúdo próprio e direcionado e na plataforma certa. As conexões em uma "rede social são constituídas dos laços sociais, que, por sua vez, são formados através da interação social entre os atores" (Recuero, 2010, p. 30).

Quadro 3.4 – O que acontece nas redes sociais em um minuto

Rede Social	Em um minuto
Instagram	2.777.777 novos *stories* são publicados e 65.972 novos *posts* são publicados no *feed*.
Facebook	3.300.000 novos *posts* são publicados.
Youtube	4.500.000 de vídeos são assistidos.
Twitter	511.200 novos *tweets* são publicados.
Messenger	20.340 novos *posts* são publicados.
Whatsapp	29.000.000 novas mensagens são enviadas.

Fonte: Elaborado com baseado em Gabriel; Kiso, 2020.

Por serem espaços de visibilidade, os *sites* de redes sociais possibilitam que os atores estejam mais conectados e visíveis socialmente. Diante disso, o e-commerce pode se utilizar desse espaço para gerar mais conexão com seus clientes atuais e futuros (sem deixar de levar em conta o funil e a jornada do consumidor para que o conteúdo gerado se adéque a cada etapa e fase em que o usuário esteja).

Nesse sentido,

> Os profissionais de marketing usam as redes sociais para aumentar o reconhecimento da marca e incentivar novos negócios. As redes sociais em ambiente digital tornam uma empresa mais acessível a novos clientes e mais reconhecida pelos clientes existentes, elas ajudam a promover a voz e o conteúdo de uma marca. (Gabriel; Kiso, 2020, p. 233)

Nessa dinâmica, de nada adianta as lojas virtuais apenas produzirem conteúdos em *sites* de redes sociais se essas organizações ignorarem a interação com os usuários. Quando essas pessoas recebem mensagens de empresas nas redes sociais, esses empreendimentos devem estar à disposição para dirimir quaisquer dúvidas. Infelizmente, muitas organizações ainda não dão o devido valor para essa iniciativa e acabam por deixar seus usuários insatisfeitos por não receberem a devida atenção no instante em que perguntam. Nesse sentido, reiteramos a importância da presença de um profissional da empresa virtual que se concentre nos *sites* de redes sociais e aplicativos de mensagens como WhatsApp, gerador de conversa de grande projeção na atualidade.

Diante de tantas informações sendo publicadas em instantes, a conquista da atenção e retenção do público-alvo requer planejamento de consistência do conteúdo do e-commerce, pois não basta postar: é necessário acompanhar e gerar conexão a cada informação dada para levar o usuário para o empreendimento e, consequentemente, para a venda.

Os conteúdos de lojas virtuais podem ser acelerados tanto nas redes sociais quanto no Google por meio das **mídias pagas**, que possibilitam que determinadas informações cheguem mais rapidamente ao usuário segmentado, de acordo com o perfil do negócio. A maior parte dos *sites* de redes sociais já oferece esse tipo de serviço em forma de **anúncios**. Os *sites* mais procurados nesse âmbito são o Facebook e o Instagram (da mesma empresa), que direcionam certo conteúdo para qualquer lugar do país ou para um público segmentado com base no perfil do produto/serviço.

O e-commerce também conta com a técnica chamada *Search Engine Marketing* (SEM), processo que promove *sites* e aumenta seu tráfego e suas vendas. Quando se realiza uma pesquisa no Google, as três primeiras posições geralmente são anúncios pagos (eles são indicados pelo termo *anúncio*s para diferenciar de conteúdos orgânicos).

O primeiro passo para começar a rodar um anúncio desse tipo no Google é a escolha das palavras-chave e a avaliação do custo que cada um desses termos tem naquele momento da pesquisa, pois o valor será cobrado pelo clique no *link* a partir de uma busca.

Não há um padrão de valor para que o empreendedor invista em *marketing* nas redes sociais – esse fator depende do produto comercializado, bem como dos objetivos de faturamento. Anúncios no Facebook e no Instagram, por exemplo, podem iniciar com um investimento de R$ 10,00 por dia; desde que constantes, podem ser muito eficazes. O ideal é que o empreendedor inicie as atividades de publicação com baixos investimentos financeiros e aumente o valor à medida que for obtendo maior experiência nesse tipo de atividade, bem como maior número de vendas.

O que é?

O Google Ads (antigo Google AdWords) é a plataforma de anúncios do Google. Hoje ela é líder do mercado, pois é por meio dela que é possível gerar anúncios para busca em forma de texto e imagem, para *sites* parceiros do Google (rede de *display*) e para aplicativos e vídeos no YouTube.

Gabriel e Kiso (2020, p. 388) lembram que campanhas desse tipo são chamadas de *links* patrocinados. Essas iniciativas utilizam estratégias decorrentes da compra de palavras-chave para que o anúncio sobre o *site* apareça em uma posição privilegiada.

> No Brasil, os principais serviços de links patrocinados são o Google ADs e o Microsoft Advertising. O Google é na verdade duas redes: Rede de Pesquisa do Google e Rede de Display do Google. A primeira rede consiste exclusivamente em sites relacionados à pesquisa pertencentes ao Google, enquanto a segunda inclui pro-

priedades como YouTube e Gmail. O Microsoft Advertising permite que os clientes comprem anúncios na rede de sites do Yahoo e na rede do Bing. (Gabriel; Kiso, 2020, p. 388)

Oliviero e Deghi (2014, p. 53) enfatizam que "o motivo de os links patrocinados gerarem mais resultados é que, quando um cliente deseja algo, ele irá procurar em algum site de busca. Nessa altura já existe a intenção de compra, e o link patrocinado irá aparecer como uma solução". Para que isso ocorra, todo anúncio está ligado a palavras-chave definidas pelo anunciante – quando um consumidor procura usando essa palavra-chave, o anúncio é acionado.

Essas estratégias estão incluídas no *marketing de performance*, que permite o aumento da visibilidade da marca na internet. Obviamente, o trabalho com conteúdos orgânicos não pode ser abandonado; no entanto, em razão de diversas mudanças do algoritmo das redes sociais e do Google, a aposta em mídias pagas é importante nos dias atuais, bem como as estratégias com foco em conversão como vendas, *downloads*, instalações de aplicativos, captura de *leads* etc.

O *marketing* de *performance* é chamado de *marketing de permissão*, no qual pessoas optam por receber o material de determinada marca. Essa iniciativa é também denominada *opt-in*, que é "aquela caixinha que deixamos ao final de um formulário de cadastramento 'Aceito receber e-mails com ofertas e promoções da loja'" (Salvador, 2013, p. 108). De acordo com Gabriel e Kiso (2020, p. 492), o "marketing baseado em performance é um método de publicidade digital pago não com um preço fixo, mas com um preço variável que depende do desempenho do anúncio na conversão de algo". Como em todas as mídias, cada canal conta com um público específico, que, por sua vez, apresenta diferentes fatores de entrega para determinado anúncio. Além de entender o público-alvo, é necessário compreender a forma de pagamento de cada ação, pois é com base nesse dado que é possível gerar um planejamento de investimento.

Na maioria das plataformas, a forma de pagamento pode coincidir, mas isso não é um padrão. As siglas são geralmente as mesmas; nesse caso, a verificação da coincidência pode facilitar no momento de divulgar um anúncio em uma mídia paga.

Quadro 3.5 – Formas de pagamentos em mídia paga

Custo por mil impressões (CPM)	O valor que um anunciante paga à mídia a cada mil vezes que o anúncio é exibido.
Custo por clique (CPC)	O valor que um anunciante paga apenas quando o anúncio é clicado.
Custo por venda (CPS)	O valor que um anunciante paga apenas quando uma venda é gerada diretamente do anúncio.
Custo por *lead* (CPL)	O valor que um anunciante paga quando recebe uma inscrição de uma pessoa interessada em formulário, seja em uma *landing page* ou na própria plataforma de anúncio.
Custo por Aquisição (CPA)	O valor que um anunciante paga quando ocorre uma ação específica, como uma venda ou um preenchimento de formulário.

Fonte: Elaborado com base em Gabriel; Kiso, 2020.

Outro modo de produzir conteúdo e mensurar sua repercussão na internet consiste no uso de *banners* digitais, propagandas inseridas em *sites* próprios ou de parceiros que direcionam, por meio de *link*, para algum conteúdo/produto. Esses espaços são geralmente comercializados com grandes marcas, pois têm grande visibilidade e chance de aparecer, resultando em compra. Como já explicamos, não adianta promover ou trabalhar conteúdos de maneira orgânica e não verificar como está sendo seu desempenho. É a partir da mensuração que se pode identificar o que está dando certo e o que precisa melhorar para avaliar os rumos do investimento. Na internet, tudo é mensurável.

Além de ferramentas nativas com as quais as lojas virtuais podem trabalhar, como os relatórios das plataformas de e-commerce escolhidas pelas empresas, há recursos sendo criados diariamente no mercado. A maioria é paga, pois esses itens oferecem análises mais amplas por meio da identificação do público certo para que o conteúdo seja direcionado de maneira mais assertiva. Isso significa que o conteúdo entregue dirigir-se exatamente aos desejos do consumidor, facilitando sua decisão no momento da pesquisa e da compra em que ele esteja.

No contexto das mídias pagas, há pelo menos cinco objetivos que devem ser levados em conta no momento da elaboração da campanha:

1. visibilidade (*awareness*);
2. geração de *leads*;
3. tráfego;
4. vendas;
5. engajamento.

Complementando esses fatores, destacamos algumas perguntas-chave que devem ser feitas quando da escolha da plataforma a ser usada no e-commerce:

» Os dados demográficos da plataforma correspondem ao meu público?
» Em qual plataforma nossos concorrentes se encontram?
» Com qual plataforma meu público interage?

Essa clareza faz com que o resultado do investimento possa ser satisfatório.

Exercício resolvido

No *marketing* de busca (*search engine marketing* – SEM), as *keywords* são palavras ou frases que anunciantes selecionam para que seus anúncios sejam vistos mais facilmente por seus clientes. A construção da lista de *keywords* é o processo que determina as *keywords* que funcionam mais adequadamente em um anúncio. Nesse sentido, quais são as melhores práticas comuns nessa elaboração?

a) A escolha das palavras-chave pode ser um processo aleatório conforme a experiência da loja virtual no comércio eletrônico, pois assim o anúncio pode ser localizado mais facilmente.
b) A lista de *keywords* deve incluir os termos da marca do concorrente para que marca apareça e se fortaleça, podendo assim gerar venda.
c) Palavras-chave são necessárias em qualquer campanha de anúncio de mídia paga. Em todas as ações desse tipo, tudo começa com a escolha dos termos que serão divulgados.
d) A mídia paga se utiliza da escolha de palavras-chave, que permitem que o anúncio seja localizado pelas pessoas certas, favorecendo assim as compras.

Gabarito: B

***Feedback* do exercício**: Adicionar os termos da marca dos concorrentes à lista de palavras-chave pode ser útil se o público-alvo já estiver ciente dos produtos dos competidores, pois essa iniciativa permite que a loja virtual entrante também apresente suas ofertas.

A elaboração de uma **estratégia coerente** é uma das mais eficientes ferramentas de *marketing* digital, pois é essa atividade que permite a determinação das necessidades dos potenciais consumidores. Tanto isso é verdade que essas demandas são os elementos mais usados para a construção de conteúdos destinados à atenção orgânica de públicos-alvo.

3.6 E-commerce e cadastro de produtos

Tendo em vista que as lojas virtuais precisam se preocupar com a visibilidade dos produtos ofertados, a disposição do conteúdo cadastrado, tais como informações sobre os produtos ofertados, pode fazer com que o e-commerce aumente suas vendas e facilite a pesquisa do consumidor nas plataformas de busca na internet, como é o caso da Google.

Schroder (2018) ressalta que, o cadastro de produtos deve ser feito com tanto esmero como se esses itens estivessem sendo apresentados para seus clientes como na frente da loja presencial. É por essa estrutura que os consumidores navegam até encontrarem o que procuram. Por isso, é importante que a empresa pense bem nessa estrutura antes mesmo do cadastrar suas produções.

Tudo se inicia com a definição dos departamentos, pois, quando sabe o que deseja, o usuário utiliza a busca do e-commerce; quando não sabe, utiliza o menu do *site*. Daí a importância dessa definição, pois se esse arranjo não está claro, o consumidor pode sair rapidamente do *site*.

Nessa dinâmica, o entendimento do público-alvo é primordial, pois é com base nele que se organiza uma estrutura de departamento, na qual os produtos são dispostos e ganham visibilidade. Não há regra para essa organização, que pode ser por ordem alfabética ou por demanda. A estrutura geralmente usada é de "Departamento, Categoria e Subcategoria".

Definido esse arranjo, é o momento de escolher os produtos a serem cadastrados, pois "algumas plataformas permitem a importação de produtos via arquivo XML ou importação via planilha XLS (Excel). Todas as plataformas permitem o cadastramento manual dos produtos" (Schroder, 2018, p. 592). Mesmo que a importação de produtos em grande escala seja uma alternativa interessante nesse contexto, o responsável pelo e-commerce também precisa analisar produto a produto para ajustar possíveis falhas.

> Tenha em mãos a lista de produtos que você irá cadastrar já com as categorias e subcategorias e nesta lista deverá conter, nome do produto, estoque preço, peso bruto e medidas. Sim, peso e medidas são necessárias para evitar que você tenha que voltar e alimentar depois, peso e medidas são essenciais para o cálculo de frente. Alguns produtos têm mais de uma versão, como calçados, vestuário, que possuem tamanhos e cores diferentes. Se for o seu caso, é necessário alimentar antes os atributos dos produtos, para no cadastro já puder selecionar os mesmos. O mesmo princípio é válido para fabricantes. (Schroder, 2018, p. 176)

O cadastro de produtos pressupõe uma sequência que é utilizada com bastante frequência nas plataformas, como mostra Salvador (2013):

» **Nome do produto**: local onde será cadastrado o nome do produto.
» **Descrição do produto**: geralmente há um limite para inserir esse tipo de informação. É onde se descreve do que se trata o produto, suas características etc.
» **Atributos do produto**: é onde se colocam outras características do produto, tais como voltagem, tamanho e cor.

- » **Palavras-chave**: nesse local são detalhadas as palavras-chave que facilitam a busca tanto no *site* quanto no Google.
- » **Fotos**: campo onde são cadastradas todas as imagens dos produtos.
- » **Estoque**: campo para se inserir a quantidade de produtos disponíveis em estoque.
- » **Produtos relacionados**: local onde são inseridos outros produtos correlatos, de modo a possibilitar mais de vendas.
- » **Descontos e promoções**: campo onde é detalhado o valor pelo qual o produto a ser ofertado, com data de início e término.
- » **Preço**: campo onde é cadastrado o valor do produto.
- » **Peso e altura**: campo em que são especificados dados para viabilizar o cálculo do frete.
- » **URL**: local em que é inserida uma URL amigável, que possa descrever o produto e que facilite sua pesquisa.

Salvador (2013, p. 73) lembra que "uma parte dos visitantes que entrarem em sua loja virtual estará apenas de passagem, navegando entre os produtos, conhecendo novidades, procurando pechinchas ou simplesmente 'dando uma olhada'". Outras pessoas, por sua vez, vão acessar o e-commerce e procurar o que precisam, principalmente se já conhecerem o *site* e já tiverem realizado compras nele. Por isso, é muito importante que a loja virtual ofereça ferramentas de buscas que funcionem e ajudem o usuário no momento da navegação, pois "entende-se por eficiente uma busca que retorne sinônimos para os termos que forem procurados" (Salvador, 2013, p. 101). Portanto, a etapa do cadastro de produtos deve incluir a fase para aplicação de técnicas de SEO, pois elas permitem que o produto do *site* seja encontrado. Nesse contexto, além de contar com um campo para busca, geralmente localizado na parte superior do *site*, a plataforma da loja também deve dispor da funcionalidade de busca parametrizada, que disponibiliza filtros para facilitar a pesquisa do usuário.

Outras categorias importantes do e-commerce se referem aos **produtos sugeridos ou relacionados**: "Essa é uma boa vitrine para transformar aquela parte dos seus visitantes que está apenas navegando sem objetivo específico pela sua loja virtual em compradores" (Salvador, 2013, p. 136). Já a categoria de **produtos mais vendidos** geralmente se localiza na página principal, chamando atenção para influenciar outros compradores. "Por isso mostrar para eles o que as outras pessoas mais compram irá lhe ajudar a aumentar sua conversão. Da mesma forma que os 'Produtos Sugeridos', os produtos mais vendidos podem ser adicionados" (Salvador, 2013, p. 167). **Produtos em oferta** também deve ser uma categoria em destaque, na qual devem ser adicionadas condições especiais de certos produtos. Essa é uma iniciativa geralmente sazonal, pois as ofertas e promoções têm data para começar e finalizar. Outra categoria comum em e-commerce diz respeito aos **lançamentos ou novidades**, pois se trata de grupos nos quais os produtos recém-chegados são postados para mostrar aos usuários que acabaram de chegar.

Importante!

Vale ressaltar que qualquer categorização claramente organizada no e-commerce possibilita uma navegação otimizada ao cliente, que pode verificar itens organizados de maneira efetiva, aumentando as chances de compra.

Com os investimentos em tecnologia da informação e o auxílio de profissionais como os *back offices* na realização de cadastramento de produtos, é possível otimizar o gerenciamento do e-commerce, desde o pedido do produto até a entrega do item ao cliente.

3.7

Cadastramento das imagens

Uma atividade essencial do e-commerce se refere ao cadastramento de imagens. Nesse contexto, é importante enfatizar o máximo de imagens em uma plataforma é de 200 kb, valor que não interfere na *performance* do *site*. Além disso, cada imagem deve apresentar 800 × 800 pixels para que se adequar a *marketplaces*, por exemplo (Schroder, 2018). Os nomes das imagens, por sua vez, de acordo com Schroder (2018), devem ser apresentadas sempre com letras minúsculas, sem espaços e sem caracteres especiais. Além disso, esses elementos devem ser salvos em PNG ou JPG, para que não ocupem espaço além do necessário nas plataformas, de modo a evitar perdas financeiras causadas pela não divulgação de outros produtos. De acordo com Torres (2010), o *marketing* digital

> é o uso das estratégias de marketing aplicadas a Internet para atingir determinados objetivos de uma pessoa ou organização. O Marketing Digital é Marketing, e deve ser entendido como parte da estratégia de Marketing de uma organização. O Marketing Digital depende das mesmas premissas do Marketing, ou seja, o conhecimento do público alvo, da estratégia da marca, do planejamento estratégico da empresa, e da cultura organizacional onde será implantado. O Marketing Digital é composto por sete estratégias principais. Os Setes Estratégias do Marketing Digital são: Marketing de Conteúdo, Marketing nas Mídias Sociais, E-mail Marketing, Marketing Viral, Publicidade *on-line*, Pesquisa *on-line* e Monitoramento.

Além de fotos, as plataformas de e-commerce também podem realizar o cadastro de arquivos como vídeos, manuais em PDF e arquivos de áudio. Obviamente, tais inserções pressupõem custos de produção, cujos valores dependem da destreza do profissional de e-commerce, ou seja, se o próprio empreendedor pode efetuar esse trabalho ou se precisa contratar profissionais terceiros especializados nesse processo. É importante frisar que o cadastro de produtos pode ser uma missão exaustiva para equipes enxutas. Ainda assim, trata-se de uma atividade essencial para preservar as vendas aquecidas no e-commerce.

Exercício resolvido

Em uma loja física, o cliente pode ter acesso a vários aspectos do produto (dimensões, composição, formulação, procedência, aspectos sensoriais etc.). No e-commerce, a transmissão de tais aspectos para o cliente é um grande desafio, pois, em certas situações, informações e imagens dos itens dispostos devem dar conta de vários estímulos cuja apresentação é incompatível com as plataformas de comércio virtual. Por isso, o cuidado no cadastro de produtos e de suas imagens é fundamental. Diante dessa afirmação, marque a alternativa correta:

a) As plataformas de e-commerce podem cadastrar quaisquer tipos de imagem, independentemente de suas dimensões. O mais importante é que imagem escolhida reflita o que o produto é.
b) O cadastramento de produtos de vestiário, por exemplo, não pressupõe nenhuma especificação ou regra. A apresentação de um manequim é mais que suficiente para dar ao usuário a noção exata do produto.
c) O tamanho e a qualidade da imagem são fatores fundamentais no momento do cadastramento de imagens. Até mesmo o modo de cadastrar fotos tem relação com a maneira como o produto é visto e o que isso impacta a decisão da compra.
d) A nomeação de imagens pode ser realizada da maneira que for melhor para o e-commerce; o mais importa é o cadastramento da foto para que o produto fique visível.

Gabarito: C

***Feedback* do exercício**: Há vários fatores a serem observados quando do cadastro de um produto, tais como tamanho e altura da imagem, visto que fotos com grandes dimensões fazem com que a plataforma fique mais lenta e demore para mostrar o item selecionado. Tudo para facilitar a visibilidade do produto e a usabilidade do *site* quando da navegação por parte do usuário.

Convém enfatizar a relevância das automações entre as plataformas de dados referentes aos itens dos fabricantes e a plataforma de e-commerce, pois esse vínculo poupa tempo e esforço quando da formulação de grupos de cadastro, facilitando até mesmo inserção e a modernização de itens lançamentos. Nesse contexto, as imagens podem ser atualizadas com somente com um clique, o que facilita a experiência de compras na internet.

Síntese

Trabalhar na internet pressupõe a compreensão da jornada do consumidor, pois é por meio da análise das etapas desse processo que o planejamento e o direcionamento assertivo dos conteúdos é possível.

Além disso, a atuação no e-commerce demanda a utilização de metodologias de divulgação mensuráveis, que permitam a avaliação do sucesso ou fracasso de iniciativas e a determinação do que precisa ser ajustado para que o retorno do investimento seja mais rápido.

O cadastramento de produtos é uma das fases mais importantes da elaboração de uma plataforma de e-commerce, pois é essa atividade que permite que os produtos sejam divulgados de maneira correta, de modo a facilitar a navegabilidade do usuário quando do momento da compra.

capí-tulo 4

Chargeback, gestão de risco e segurança em compras

Conteúdos do capítulo

- » *Chargeback*.
- » Gestão de risco.
- » Inteligência artificial.
- » Reafirmação de recusa.
- » Conceitos de comissão e parcerias.
- » Fraudes.
- » Mercado brasileiro de e-commerce.

Após o estudo deste capítulo, você será capaz de:

1. entender as práticas de reembolso (*chargeback*) e sua utilização no e-commerce;
2. analisar riscos em um *e-commerce*;
3. compreender a relavância da intermediação de pagamentos e suas vertentes;
4. entender a importância dos documentos enviados ao cliente;
5. reconhecer a relevância dos dados para a inteligência artificial usada no processo de *e-commerce*;
6. compreender os conceitos de comissão e parcerias nas lojas *on-line*;
7. reconhecer e avaliar o impacto das fraudes nos negócios virtuais;
8. estabelecer um panorama do mercado brasileiro de *e-commerce* na pandemia.

O termo *e-commerce* é uma abreviatura de *eletronic commerce*, que significa "comércio eletrônico" em português. A palavra se refere a transações comerciais realizadas integralmente na internet por meio de computadores, celulares e *tablets*, bem como a *sites* de vendas *on-line* de marcas próprias. Fonte de inúmeras vantagens para varejistas e consumidores, esse modelo de negócios apresenta peculiaridades e características que devem ser dominadas à perfeição para que seu máximo potencial seja atingido. É sobre essas especificidades que trataremos neste capítulo.

4.1 *Chargeback*

A segurança é um fator essencial das compras virtuais e das respectivas cobranças nas modalidades de crédito e débito. Um bom exemplo da necessidade de higidez dessas transações é o processo de reembolso, que ocorre quando clientes contestam suas compras. Esse procedimento pode ser visto como uma competição de compra entre o titular do cartão e o emissor do cartão, como demonstrado na Figura 4.1, a seguir.

Figura 4.1 – Fluxo da transação normal e do *chargeback*

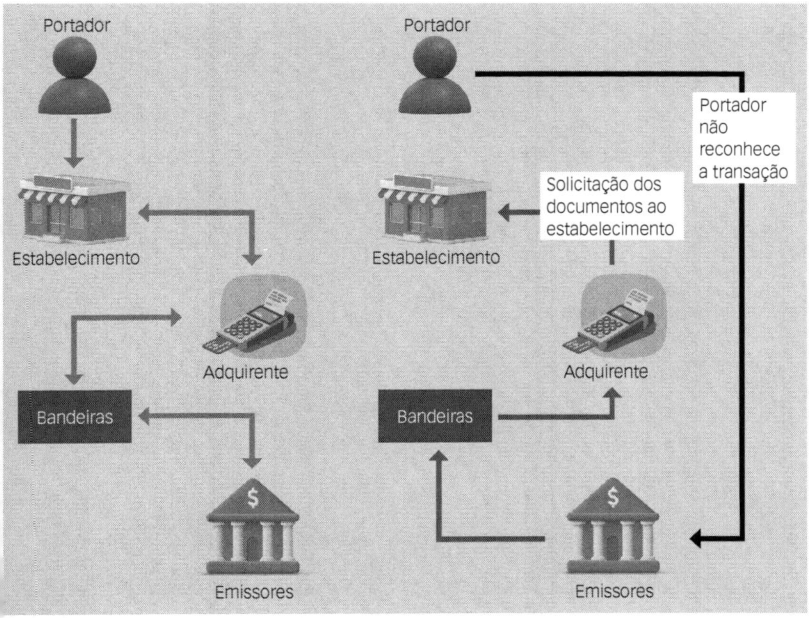

Fonte: Rede, 2023, p. 4.

O que é?

Nesse contexto, perguntamos: o que é o *chargeback* e qual é sua relação com tudo isso?

Chargeback é o termo em inglês utilizado para *reembolso*, processo de competição por compras e devolução de dinheiro ou produto que ocorre quando uma compra *on-line* com um cartão de crédito ou débito é cancelada. Esse processo envolve a solicitação do cancelamento da transação comercial ao recebedor da compra. Normalmente, os reembolsos ocorrem quando o titular do cartão não reconhece a compra na fatura, fornecendo evidências de fraude. Também é comum que consumidores se recusem a pagar determinada transação ao perceberem que ela não está de acordo com as regras estipuladas em contrato de compra ou com os termos/as políticas da administradora de cartões. Nesse caso, o cliente não paga à administradora pela transação, e a administradora, por sua vez, não paga ao emissor; consequentemente, o lojista não recebe o valor da transação. Então, o estorno é um processo aberto a diferentes ambientes.

Para saber mais

Quer entender mais sobre *chargeback*? Assista ao seguinte vídeo:

VINDI – Base de Conhecido. **O que é chargeback?** Descubra como se proteger. Disponível em: <https://www.youtube.com/watch?v=4sZwHQQgIn4>. Acesso em: 17 jul. 2023.

Em suma, o reembolso ocorre quando algum problema na compra é constatado pelo comprador, que pede à administradora do cartão o ressarcimento do valor da transação.

Nesse contexto, é importante frisar que o conceito de estorno está intimamente relacionado à fraude de comércio eletrônico. Uma pesquisa realizada em 2019 pela Konduto, empresa que atua na área de *machine learning* e monitoramento de comportamento de navegação na internet, mostrou que, em razão da pandemia de coronavírus, o índice de tentativas de fraude no comércio eletrônico no Brasil até o primeiro semestre de 2020 era de 3,49% (Rondinelli, 2020).

Nos eventos de *Black Friday* (maior evento do varejo brasileiro), as tentativas de fraude e as taxas de recuperação vêm aumentando progressivamente por conta das ações promocionais, que, por sua vez, levaram ao aumento de visitas e transações nas lojas virtuais. Nesse sentido, precisamos apresentar o conceito de *fraude* e elencar alguns tipos de fraudes de acordo com Nakamura (2011), como demonstrado nas seções a seguir.

4.2 Fraudes

Reduzir as fraudes no e-commerce é um incontestável desafio para todas as empresas, haja vista a enorme dificuldade de se equilibrar facilitadores com garantia.

No Brasil, um número cada vez maior de consumidores adapta-se a processos de compras feitos totalmente na internet. Esse fenômeno ocorre em razão da praticidade e da economia de tempo promovida com essa prática. No desenrolar desse processo, vivenciamos uma transformação no cotidiano que trouxe consigo vários problemas, tais como a segurança dos dados, o acesso às informações pessoais e as questões éticas relacionadas ao consumo dessas informações.

Com a evolução da automatização das vendas *on-line*, ainda mais sofisticados se tornaram os tipos de fraudes no e-commerce, nas instituições financeiras e nos meios eletrônicos. Um sinal desse fenômeno é o estudo atual realizado pela empresa ClearSale, instituição de soluções antifraude, que verificou um crescimento de 18% nas tentativas de fraudes por causa da pandemia (Tchilian, 2020b).

Qual seria a solução para toda essa dinâmica? Técnicas de confronto a fraudes. No entanto, antes de tratarmos desses recursos, precisamos compreender a complexidade da luta contra as fraudes. Desse modo, vamos elencar e descrever os tipos de fraudes no e-commerce e indicar o que pode ser feito para reduzir ou neutralizar esses perigos.

4.2.1 O que é fraude?[1]

O termo *fraude* refere-se a ações praticadas de má-fé a fim de complicar, lesar ou burlar; no contexto da nossa obra, a fraude se refere à intenção de extrair dinheiro de outra pessoa. Frequentemente, os prejuízos das ações fraudulentas são financeiros, porém não podemos ignorar os danos psicológicos ou de imagem infligidos a pessoas, empresas e instituições.

Exercício resolvido

Milena faz uma compra na internet e não se atenta para o fato de o *site* ser fraudulento. Mesmo assim, ela finaliza a compra e se encaminha para a parte do pagamento. Ela insere todos os seus dados e paga o boleto, porém, depois de o prazo de entrega expirar, a empresa informa que entregou sua encomenda em outro endereço. Que tipo de fraude Milena sofreu?

a) Milena foi hackeada por um criminoso que forjou a compra da "cliente". Depois de ela pagar a transação, o contraventor mudou o endereço de entrega e recebeu o produto. Nesse contexto, a vítima tem de comprovar

1 Esta seção foi elaborada com base em O que é..., 2021.

que fez o procedimento correto, apresentando o boleto pago com seu endereço.

b) Milena inseriu por engano o endereço de seu pai e não checou com ele se a encomenda chegou. Após entrar em contato com a loja, informou que não recebeu o produto.

c) Milena pagou o boleto sem se atentar que o *site* era falso; ao reclamar na empresa sobre compra, confirmou a documentação paga e percebeu que não receberia o produto.

d) Milena pagou o boleto e estava com os dados corretos; era a empresa vendedora que não tinha mais em estoque o produto que ela procurava.

Gabarito: C

***Feedback* do exercício**: A alternativa "A" é incorreta, pois, pelos dados que temos da pergunta, não podemos afirmar que Milena foi hackeada. A alternativa "B' é errada porque no enunciado se diz que os dados pessoais são dela, e não do pai. A alternativa "C" é correta porque ela não percebeu que o *site* era falso e finalizou a compra com o pagamento. A alternativa "D" é incorreta porque, pelas informações da questão, não temos informações sobre o estoque.

Os graus de prejuízo às vítimas das fraudes são vários, assim como são muitas as categorias relacionadas a esse crime e as leis que preveem sanções contra ele. Se comprovada, ao fraudador podem ser aplicadas sanções, multas e penalidades. Por exemplo: o estelionato, considerado um tipo de fraude, está previsto no Código Penal brasileiro.

Há vários tipos de fraudes no e-commerce, aplicadas tanto pelo cliente quanto por companhias. Quanto aos clientes, de maneira geral, há três tipos aplicados, como demonstramos a seguir.

Fraude aberta

Um dos tipos mais comuns de fraudes no e-commerce é conhecido como *legítimo*, ou *fraude aberta*. É chamado desse modo pelo fato de o fraudador ter todas as informações importantes da vítima para efetuar uma compra na internet, como dados do cartão, nome, CPF etc.

Por se tratar de uma iniciativa que não levanta suspeitas, é uma das tentativas de fraude com maior probabilidade de se efetivar e causar prejuízos para empresas.

Quando a pessoa lesada entra em contato com o banco, ou agente financeiro, responsável pelo cartão e questiona a compra, essa ação gera o *chargeback*, a devolução do valor debitado (Nakamura, 2011).

Fraude companheira

As fraudes no e-commerce que se enquadram nessa categoria raramente são consideradas pelas organizações. Consistem basicamente em compras não autorizadas realizadas por pessoas próximas do dono do cartão. Como no caso de fraude anteriormente citado, o fraudador também tem todos os dados necessários para realizar a compra.

Quando constata uma compra irregular, assim como na fraude aberta, o dono do cartão exige o reembolso. No entanto, nesses casos, é bastante comum que ele reconheça o comprometimento pela compra quando se descobre quem comprou.

Fraude intencional

Normalmente, a fraude da loja *on-line* tem origem em compras que, em primeira análise, são normais. No entanto, elas foram realizadas por meio de cartões de crédito clonados. Munido das informações de determinada pessoa, extraídas normalmente de maneira ilegal, o criminoso realiza a transação.

Enquanto os tipos de fraudes anteriormente citados são ocasionados por terceiros, a autofraude é realizada virtualmente pelo dono do cartão. Nesse caso, o fraudador efetua a compra na internet e a contesta em até 180 dias, ainda que tenha adquirido e recebido o produto (Nakamura, 2011).

De modo geral, as fraudes em compras virtuais são complexas e audaciosas, mas podem ser prevenidas com o auxílio de sistemas antifraudes e análises do e-commerce. No entanto, as possibilidades de um fraudador se apropriar das informações do dono de um cartão para ludibriar o processamento do pagamento sempre assombra qualquer iniciativa de combate a esse crime. Além disso, as ferramentas usadas pelos agentes fraudadores se desenvolvem em uma regularidade equivalente à evolução de tecnologias de segurança.

Portanto, utilizar as técnicas de antecipação a golpes é de extrema importância. Nesse sentido, de acordo com Testa e Mezzomo (2008), a empresa precisa trabalhar em algumas frentes, tais como:

» Escolher de corretamente a plataforma do e-commerce. Uma empresa inserida na internet tem de optar por uma plataforma consolidada, com políticas de segurança robustas e alto nível de confiança no mercado.
» Contar com sistemas antifraude, diretamente ou por meio de intermediadores ou *gateways*.
» Estabelecer uma política antifraudes transparente e pública que envolva todos os colaboradores e clientes, tais como o aceite em termos de política de privacidade.
» Realizar auditorias internas e externas e implementar sistemas de segurança da informação, ferramentas muito úteis no combate à fraude.

- Envolver colaboradores nessa função. Nem sempre as fraudes são ameaças externas à empresa. Funcionários também são capazes de favorecer ou usar de má-fé.
- Realizar auditorias internas e contratar auditorias externas que averiguem o nível de segurança da informação e proponham novas soluções para ameaças encontradas ou em potencial.

Discordância de negócios

Geralmente acontece em casos de atrasos de entrega ou de não correspondência entre o produto recebido e o item que é exposto na loja virtual (diferença de formato, cor, *performance* etc.).

4.3 Tratamento de erros[2]

Há casos em que determinada compra é cobrada em duplicidade ou com valor incorreto, seja em razão de equívoco da loja, seja por erro da operadora do cartão. Nessa dinâmica, ainda que represente um prejuízo muito inconveniente para a parte culpada, o reembolso é uma consequência natural, visto que é um direito do consumidor. As altas taxas de restituição de valores podem ser prejudiciais para os inquilinos: operações fraudulentas fazem com que o estabelecimento perca o produto; além disso, empresa tem de vender muito mais para cobrir os prejuízos, chegando a ter de vender cinco unidades de um mesmo item para se recobrar de um reembolso (O que é..., 2021).

Convém ressaltar que um e-commerce não pode apresentar taxas elevadas der prejuízos relacionada a fraudes. Lojas virtuais envolvidas em muitos casos como os descritos anteriormente

2 Esta seção foi elaborada com base em O que é... (2021).

estão sujeitas a várias sanções, incluindo a desclassificação por parte de operadoras de cartão. Esse índice não pode ultrapassar 1% da fatura:

> Nos programas da Visa e da Mastercard, por exemplo, são monitoradas de perto companhias que tenham mais de 100 contestações por mês e em que os pedidos representem 1% do total de transações. As empresas que se mantiverem acima dos limites aceitáveis podem ser penalizadas. (O que é..., 2021)

Independentemente das circunstâncias, é ônus da empresa o *chargeback* em qualquer situação irregular. Afinal de contas, as vantagens do cartão do crédito também facilitam a ocorrência de golpes. De fato, os prejuízos são muitos: pessoal direcionado à demanda por reembolso; valor cobrado do titular do cartão e do direcionamento do produto ao local endereçado (não importando se quem recebeu o produto foi outra pessoa que não o dono do cartão) etc.

É fato que a recusa de pagamento de estorno prejudica seriamente a situação financeira dos negócios *on-line*. Muitas vezes, grandes empresas não reconhecem o problema de recusar reembolsos; essa falta de visão causa perdas consideráveis a médio e longo prazos. A despeito desse problema, havendo a solicitação de estorno, a operadora do cartão de crédito realiza o repasse do valor acordado diretamente para o cliente.

Do ponto de vista legal, o cliente pode solicitar o estorno do valor de suas compras por desacordo comercial, caso em que há algum tipo de equívoco ou dano ao produto comprado ou quando não há o reconhecimento da compra pelo cliente.

Portanto, é importante que o empresário tome algumas medidas, tais como: a contratação de sistemas antifraude e, na falha desse recurso, a tentativa de acordo com clientes para garantir que os reembolsos não afetem o sucesso do negócio, haja vista que essas ações implicam custos.

Nessa perspectiva, é essencial o investimento em recursos para a implantação de sistemas de segurança, como as ferramentas de *chargeback*, para proteger o cliente, evitando que avarias, extravios, compras não autorizadas, pagamentos em duplicidade e até mesmo processamentos errôneos bancários por falhas de sistema ocorram.

4.4 Gestão de risco

Segundo dados da ClearSale, empresa prestadora de serviços de antifraude, em 2019, o e-commerce do país perdeu 1,9 bilhão de reais em razão de perdas com fraudes, um aumento de 36% em relação a 2018 (Tchilian, 2020a). Portanto, é recomendável a integração de uma solução antifraude em *sites*, ainda que eles sejam independentes ou vinculados a um sistema de pagamento. O sistema antifraude é capaz de identificar compras que excedem padrões de consumo, prevenindo e barrando possíveis fraudes.

Além disso, esse recurso possibilita a análise de riscos de situações de compra: caso ocorra um evento anormal, com base na combinação de dados de informações, o *software* emite uma notificação para que a transação não seja autorizada. Essa ação é possibilitada pela aplicação de inteligência artificial e de redes neurais para a identificação de redes sociais, localizações de compras, detecções de códigos de produtos, entre outros recursos. O e-commerce recebe um *score* para a confirmação ou negação da continuidade do pedido. Se o pagamento for considerado suspeito, ele será recusado.

A maioria das soluções combina a coleta de dados com a avaliação do comportamento do usuário para medir a probabilidade de tentativa de fraude, melhorar a segurança da loja e reduzir a probabilidade de reembolsos. Nesse sentido, vejamos, a seguir, alguns procedimentos importantes no processo de gestão de riscos.

4.4.1
Intermediário de pagamento

Soluções de pagamento digital como intermediários, subcompradores e PSPs (provedores de serviços de pagamento) – Paypal, Pic Pay, entre outros – são formas de integrar o negócio a formas de pagamento (ex.: cartões de crédito) e garantir um processo mais seguro. Convém ressaltar que as empresas citadas contam com experiência em transações financeiras; a maioria delas já forneceu soluções integradas antifraude para propiciar maior segurança e evitar fraudes excessivamente complexas.

4.4.2
Recibo de confirmação de uso

Outro modo de proteger a empresa contra o risco de reembolso consiste no uso de avisos de recebimento de agências de correios ou transportadoras. O método de entrega dos correios pode incluir a emissão de um aviso de recebimento (AR) para indicar quando o cliente recebe a mercadoria.

O recurso é usado para coletar a assinatura do cliente na entrega. Não é possível estender essa ferramenta de verificação a todas as compras – ela é utilizada apenas para embarque de produtos mais caros, pois são os principais alvos de fraudes que envolvem reembolsos.

4.4.3
Coleta de dados relevantes

O histórico do cliente é a base para estabelecer a imagem de bom comprador ou potencial fraudador. Portanto, recomenda-se que as informações sobre transações concluídas e não concluídas sejam armazenadas no sistema de dados da empresa, bem como os dados sobre os consumidores que cometeram fraudes.

Além disso, na tentativa final de retomada das vendas, há uma série de dados essenciais, que incluem CPF, endereço de *e-mail* e número de IP (que pode ser usado para identificar a localização e o equipamento adquirido), informações que podem proteger os lojistas e intimidar os consumidores com intenções suspeitas.

4.4.4 Manutenção de ligação com clientes

As compras que ocorrem no comércio virtual não são apenas vínculos entre a loja virtual e o cliente; essas transações também podem representar estratégias para redução de custos de *marketing*, uma vez que o relacionamento com clientes pode gerar fidelidade e novas compras que prescindam de grandes esforços de comunicação (que são custos de *marketing* por si sós). Por isso, implementar o processo de verificação da entrega e a possibilidade de comentários sobre os produtos adquiridos e recebidos por parte do cliente é fundamental para consolidar o *marketing* de relacionamento.

Quando da necessidade do desenvolvimento de estratégias antifraudes para descobrir quem (ou o que) está comprando produtos fora do padrão, é possível entrar em contato com os consumidores para confirmar a ocorrência de tal situação. Por isso, alguns dados são fundamentais para que a ligação com o cliente seja mantida:

- endereço de entrega;
- *e-mail*;
- valores de compras.

Todos esses dados devem ser consistentes com as informações regulares dos clientes. Por exemplo: se o preço médio de compra do cliente é de R$ 500,00, um pedido no valor de R$ 50.000,00 pode gerar dúvida quando à sua veracidade, o que torna importante a confirmação da compra com o cliente, pois pode se tratar de uma operação fraudulenta.

Vale ressaltar que, não importa o quão complexo seja, o empreendedor tem o direito de se opor ao reembolso. Para tanto, deve apresentar uma série de documentos que comprovem a legalidade da transação, tais como:

» prova da entrega do produto assinada pelo comprador;
» registro de comunicação com o consumidor;
» nota fiscal.

De acordo com exigências legais brasileiras, os comerciantes internacionais que vendem mercadorias em outros países devem passar por crivos fiscais, no intuito de verificar a veracidade das notas e a conformidade dos produtos nelas citados. No entanto, independentemente do motivo pelo qual o comprador possa ter de solicitar um reembolso, o dono da loja pode, sempre que possível, contatá-lo para entender o que ocorreu. Entretanto, há situações em que isso não acontece, como no caso em que a administradora assume uma interlocução. Em outros casos, o lojista assume o *chargeback*. Podemos citar como exemplo um pedido errado no qual o titular do cartão não consegue reconhecer a mensagem que identifica a compra em sua fatura.

Perguntas & respostas

Como ocorre o pagamento transparente?

Um dos motivos pelos quais consumidores não conseguem reconhecer as compras feitas em seus cartões é que os nomes de certos e-commerces são exibidos de maneira diferente na fatura.

Esse problema é muito comum para operações que usam intermediários de pagamento ou soluções de pagamento que funcionam mal. Portanto, para evitar esse problema, é preciso apostar em plataformas de *checkout* transparentes e que fornecem essa opção.

O *checkout* é a última etapa do processo de compra. É nesse momento que o cliente deve inserir suas informações, tais como endereço e dados bancários para realizar o pagamento e concluir a compra. Por isso, é importante que essa página seja confiável e que exija apenas as informações relevantes para a transação (Bonastre; Granollers, 2014). Com o *checkout* transparente, o pagamento por parte do cliente ocorre na plataforma da própria loja, sem que haja a necessidade de encaminhá-lo a outras páginas intermediárias.

4.5 Inteligência artificial

Quando há integração entre sistemas de transações e recursos antifraude e proteção extra das vendas por meio de análise automática, cada etapa da venda pode proteger as operações do e-commerce contra fraudes e vazamento de dados, bem como garantir a segurança do cliente com relação a suas informações e seus dados de pagamento.

O sistema antifraude usa inteligência artificial (IA) para analisar e armazenar históricos de vendas para garantir a integridade das transações realizadas na loja virtual. Há certificações de qualidade para esse tipo de serviço: os dados confidenciais do cartão podem ser criptografados em servidores para tratar dados relacionados à segurança, com o uso de recursos contratados em IA. O uso de IA traz diversos benefícios, no entanto é importante que o custo desse recurso seja analisado antes da adesão ao serviço, uma vez que ele pode ser consideravelmente oneroso.

4.6
Reafirmação de recusa

Os alertas sobre reembolso são hoje uma realidade, bem como a análise de despesas que se deseja representar. Por exemplo: se uma compra se configura como fraude, as alegações de objeção comercial estão incorretas; dessa maneira, basta a reunião dos comprovantes de que a compra não foi realizada e o envio dos documentos necessários para se verificar junto à operadora de cartão de crédito o que aconteceu.

4.7
Outros fatores de segurança nas compras

De acordo com Diniz (1999), a velocidade e o alcance do e-commerce dependem da superação de diversos obstáculos. Entre eles, podemos citar:

» desenvolvimento de ferramentas de negociação *on-line* adequadas;
» mudança de hábitos de consumo.

De acordo com pesquisas do Serasa Experian (Confira..., 2020), uma das maiores preocupações dos gerentes de TI (tecnologia da informação) é a segurança, pois é perceptível a ausência desse fator tem gerado muitas fraudes no e-commerce.

Depois de oito anos de debates e redações, em 14 de agosto de 2018, o presidente Michel Temer sancionou a Lei Geral de Proteção de Dados do Brasil (LGPD), Lei n. 13.709. A lei entrou em vigência em setembro de 2020, incentivando companhias e organizações a se adaptarem no decurso de 18 meses. Com a LGPD, o Brasil entrou para um rol de 120 países que contêm princípios especificamente destinados à proteção de dados pessoais. A nova lei veio a preencher lacunas de 40 diplomas legais que, de maneira esparsa, regulamentam a utilização de dados na atualidade. É possível verificar uma clara influência sobre a LGPD do GDPR (*General Data Protection Regulation*), que regulamenta a demanda para os países europeus. É a mais eficiente lei sobre privacidade de dados, que passou a servir de modelo para vários países.

Mesmo com todos esses cuidados e apesar das inúmeras vantagens, segundo Cristofolini (2017), o e-commerce ainda apresenta alguns problemas na perspectiva de clientes da modalidade, tais como:

» Logística reversa (devolução de produtos) ineficiente, que gera descontentamento do consumidor.
» Custo alto de frete.
» Cliente ausente no recebimento do produto: a maior parte dos e-commerces realiza as entregas ao consumidor em horário comercial, período em que, muitas vezes, não há pessoa para receber o produto.
» Crimes virtuais relatados por usuários do e-commerce.
» Área sem entrega a domicílio.

Exercício resolvido

Mesmo com todas as facilidades que temos hoje em dia, comprar pela internet pode não ser seguro. Prova disso são os mecanismos e sistemas de prevenção às fraudes utilizados por várias lojas virtuais no Brasil, haja vista a presença de inúmeros fraudadores especializados em burlar regras no comércio *on-line* com golpes cada vez mais sofisticados para levar vantagem dos consumidores e das lojas. De acordo com um estudo realizado pela Konduto, citada por Rondinelli (2020), a taxa de tentativas de fraude no e-commerce brasileiro ficou em 3,49% no primeiro semestre de 2020, tendo aumentado durante a pandemia do novo coronavírus. Diante desse problema grave, podemos afirmar que:

a) Algumas medidas de segurança utilizadas nas compras *on-line* são de responsabilidade do cliente, que precisa verificar se o *site* é seguro e se seus dados estão sob proteção.
b) Todas as medidas de segurança das compras na internet dependem única e exclusivamente das lojas, ficando o cliente isento de qualquer responsabilidade.
c) As lojas *on-line* deixam claro que, se houver problemas nas compras feitas, elas estão isentas de devolver valores ao cliente, que arcará com o prejuízo.
d) As lojas *on-line* podem enviar outro produto para o cliente, sem consultá-lo, quando o item comprado não estiver disponível em estoque, o que não interfere no contrato de compra e venda.

Gabarito: A

***Feedback* do exercício**: O cliente deve verificar se o *site* é seguro antes de inserir seus dados, devendo se atentar para o endereço virtual da loja quando do redirecionamento para a etapa de inserção dos dados no momento da compra. Portanto, a alternativa "A" é a correta. A alternativa "B" é incorreta pelo fato de que as lojas devem oferecer segurança aos clientes, ainda que os clientes também devam estar atentos na transação para evitar o risco de vírus de rastreio de dados que permitem compras indevidas. A alternativa "C" é incorreta, pois, caso exista fraude e ela seja comprovada, a loja deve devolver o dinheiro ao cliente. A alternativa "D" é incorreta porque vender sem estoque é crime: as lojas têm de oferecer um produto semelhante ou superior, segundo art. 35 da Lei n. 8.078, de 11 de setembro de 1990. Contudo, fica a critério do consumidor aceitar outro produto ou cancelar a compra.

Podemos concluir que as empresas ainda precisam superar enormes desafios, pois devem se inserir em novo modelo de negócio que apresenta novidades a cada instante. Portanto, precisam realizar os investimentos necessários, caso contrário, perderão competitividade. Ainda assim, mesmo que as organizações utilizem recursos seguros de acesso aos dados, os consumidores não podem ignorar sua responsabilidade no momento da compra de produtos ou serviços pela internet, pois as fraudes e o roubo de informações fazem parte do cotidiano do comércio virtual (Azevedo; Odone; Coelho, 2014).

4.8
Parceiros no e-commerce

Bons parceiros podem levar o comércio eletrônico a um novo patamar, seja em termos de receita, seja em termos de posicionamento e *branding*. Além de agregar valor à marca, as parcerias também podem trazer novas oportunidades de mercado, aumentando significativamente os lucros e ser estabelecidas como uma ajuda mútua entre sujeitos públicos ou privados, individuais ou coletivos, para implementar intervenções completas, especialmente para o desenvolvimento econômico ou social de determinados grupos ou territórios (Kotler; Keller, 2006). Em suma, é uma estratégia de negócios que otimiza a sustentabilidade do negócio. Entre suas vantagens, citamos:

» a compatibilidade dos objetivos estratégicos;
» a melhoria da rentabilidade;
» a melhoria da confiança;
» a melhoria do acesso ao mercado;
» o fortalecimento das operações;
» a melhoria da capacidade técnica.

O uso de intermediários de pagamento é um bom exemplo de parcerias estratégicas e tecnológicas em que consumidores, intermediários e comércio eletrônico podem ter sucesso.

Exercício resolvido

Um grande *site* de parcerias que temos no e-commerce é o Mercado Livre, conglomerado de parcerias de pessoas físicas e jurídicas que vendem em um único espaço diversos produtos, deixando os consumidores muito à vontade em compras *on-line*. Essa mesma empresa usa o Mercado Pago como um parceiro e intermediador de pagamento. Logo, é correto afirmar que:

a) além de manter parcerias inteligentes, a empresa criou uma organização que presta serviços de intermediação de pagamento.
b) a empresa tem parcerias inteligentes, e o Mercado Pago oferece um nicho de negócio que trabalha separadamente do Mercado Livre, representando assim outro segmento de negócio.
c) a empresa segue o fluxo da atualidade, usando intermediários de negócios apenas fora do grupo, e o Mercado Pago atua como um banco, servindo assim apenas aos consumidores.
d) o Mercado Pago hoje é uma *fintech* que atua no mercado financeiro, como um banco e um provedor de recursos financeiros para pessoas físicas e jurídicas, simplificando os processos de compra e venda, na oferta de máquinas de cartão sem taxas ou aluguéis.

Gabarito: A

***Feedback* do exercício**: O Mercado Livre é uma plataforma de parceiros que oferecem vários produtos para vendas *on-line*. O Mercado Pago, por sua vez, é do mesmo grupo, atuando como um intermediador de pagamentos tanto para o Mercado Livre quanto para as empresas parceiras. Logo, a alternativa "A" é a correta. A alternativa "B" é incorreta, porque o Mercado Pago é do mesmo nicho de negócio do Mercado Livre, atuando como um complemento para o grupo. A alternativa "C" é incorreta, pois o Mercado Livre usa tanto o Mercado Pago quanto outros intermediadores de pagamentos. A alternativa "D" é incorreta, tendo em vista que o Mercado Pago é um intermediador de pagamento e, também, uma *fintech* financeira.

Quando uma loja *on-line* precisa processar seu próprio pagamento, é possível que ocorram problemas. Afinal, a especialidade dos gestores de e-commerce é vender seus produtos, checando as transações. Esses imprevistos causam perdas diretas e indiretas para a empresa, bem como perdas de caixa e prejuízo à imagem de marca na perspectiva dos clientes. Por outro lado, ao usar intermediários de pagamento ou *gateways*, o lojista de e-commerce pode deixar de se preocupar com procedimentos burocráticos e manutenção das integrações junto aos agentes financeiros. Contudo, deverá acompanhar as conclusões das transações de negócios. Além disso, os problemas de segurança das lojas e dos consumidores são reduzidos através do uso de mecanismos de prevenção. Para que tudo isso seja possível, os intermediários podem ficar com uma pequena parcela de cada venda, ainda que taxas de operações sejam cobradas.

4.8.1 *Marketplaces*

Os *marketplaces* são mercados virtuais onde várias marcas se reúnem para comercializar seus artigos em um só lugar. A vantagem é a mesma de um centro comercial *off-line*: somar com inúmeras lojas e marcas, reunindo todas em um só lugar (Guerreiro, 2006).

Esses mercados virtuais são destinados ao fortalecimento das vendas, bem como ao estabelecimento de parcerias para melhorar o desempenho de vendas das organizações e a satisfação dos consumidores.

Com finalidade de expandir seus mercados consumidores, marcas internacionais visam entrar no comércio brasileiro. Com esse intento, formam parcerias para estimular as vendas de seus produtos. Por estarem entrando em um novo mercado, essas empresas devem conhecer as regulamentações do mercado interno e se submeter a elas.

4.9
Influenciadores digitais

Com o aumento dos negócios via redes sociais nos últimos anos, diversos indivíduos se tornaram produtores de conteúdo. Atualmente, não faltam influenciadores digitais na maior parte nas mais variadas mídias: Instagram©, YouTube©, Facebook©, Tik Tok©, Linkedin© etc. Com diferentes níveis de popularidade, esses comunicadores têm grande influência sobre seus seguidores.

Ao colaborar com influenciadores digitais, as empresas podem auferir maior visualização entre o público das redes sociais. Por exemplo: se um influenciador apresenta os artigos/serviços de determinado e-commerce e elogia a qualidade e os benefícios dos produtos dessa empresa, os seguidores dessa pessoa poderão confiar na marca divulgada, uma vez que confiam na figura influenciadora.

Tendo em vista essa dinâmica, muitos e-commerces encaminham produtos para influenciadores para consolidar essa forma de parceria. Entretanto, é importante entender que as celebridades virtuais recebem produtos de diversas empresas.

Por isso, as divulgações direcionadas a seguidores de figuras das redes sociais demandam um elaborado planejamento para transformar esses contatos em vendas, levando-se em consideração que esse tipo de ação acarreta em custos logísticos e o produto em si.

4.10 Produtos complementares

No início de suas atividades, algumas lojas virtuais podem ter dificuldade em proporcionar uma série ampla de produtos e acessórios, seja pela falta de quantidade de estoque, seja pela falta de recursos financeiros, o que ocasiona perdas relacionadas às chamadas *vendas cruzadas*.

O conceito de *vendas complementares* ou *cross-sells* surgiu da necessidade de as empresas oferecerem produtos relacionados ao item que o cliente deseja comprar. Nessa perspectiva, o empreendimento pode investir na consolidação de parcerias com outras lojas. Nesse cenário, a organização parceira pode eleger itens de destaque no e-commerce e, porventura, ganhar comissões por vendas. Do mesmo modo, lojas podem mostrar seus produtos e realizar vendas por meio da recomendação dos parceiros.

Nesse contexto, os influenciadores digitais, por exemplo, são capazes de promover uma marca em razão do alto poder de engajamento e autoridade na mídia que essas celebridades detêm. Esses profissionais trabalham em nichos específicos de mercado e dirigem todas as suas ações para determinados públicos-alvo, o que é excelente para o e-commerce.

Sendo assim, a criação de ambientes de convivência saudável, no qual todos os *players*, incluindo os clientes, possam ser favorecidos, é fundamental. Nesse cenário, usar a originalidade e aproveitar esse artifício para aumentar a visibilidade e as vendas do e-commerce é fundamental. Por meio da estruturação de um plano financeiro do negócio, a empresa pode ter reserva de caixa para arcar com esse tipo de operação e ofertar outros produtos complementares aos seus consumidores.

4.11 O mercado brasileiro de e-commerce

O comércio eletrônico é resultado da evolução da internet. De acordo com Nakamura (2011), em 1979, o inventor inglês Michael Aldrich criou as compras na internet, aproveitando uma TV adaptada de 26 polegadas destinada a um computador caseiro, que contava com um programa de processamento de período de transação, com base em uma linha telefônica.

Já o e-commerce propriamente dito teve início em 1995, nos Estados Unidos, com o lançamento da Amazon.com e de outras companhias. Somente cinco anos depois é que esse segmento começou a se estruturar no Brasil e, com o passar dos anos, crescer exponencialmente (Torezani, 2008).

Conforme Kotler e Keller (2006), o comércio eletrônico é uma transformação comercial advinda da renovação tecnológica do século XX, que possibilitou maior flexibilidade e eficiência das operações das empresas, que passaram a trabalhar com seus fornecedores de maneira mais próxima e conceber modos mais eficientes de atender às necessidades de seus clientes.

Por outro ângulo, as transações em lojas virtuais contam com um obstáculo: o impacto visual de uma imagem não é o mesmo que o do produto propriamente dito, o que interfere no aspecto emocional da compra. Nesse contexto, como representante da empresa, cabe ao vendedor representante do e-commerce deve lidar como valor afetivo da aquisição, destacando as vantagens e as características dos produtos e, assim, estabelecendo um vínculo mais próximo com o consumidor na compra virtual (Testa; Luciano, 2008). A despeito desse desafio, o comércio eletrônico facilita a compra e a respectiva distribuição, o que por si só é uma inovação, tornando as compras mais convenientes, rápidas, maleáveis e baratas.

Contudo, todas essas facilidades abrem espaço para vários problemas, tais como as fraudes, anteriormente citadas. Para que inconvenientes como esses não ocorram, é preciso investigar os *sites* das lojas virtuais, seja procurando informações a respeito do estabelecimento vendedor, seja buscando comentários sobre as experiências. Da parte das empresas, é fundamental o investimento em sistemas de segurança que impeçam transações incorretas.

Entretanto, a falta de implementação de padrões de segurança nos portais de compra no Brasil e no exterior, bem como de mecanismos rigorosos para validação dos dados bancários na gestão integrada das informações dos clientes, continua permitindo a aplicação de esquemas fraudulentos.

Outra fraqueza fundamental do e-commerce diz respeito aos meios de pagamento via boletos bancários, alvos de várias tentativas de desfalque, que ocorrem por meio da troca criminosa dos números desses documentos, levando os valores pagos a outras contas. Convém destacar que, no ano de 2022, de acordo com dados da Febraban, aproximadamente 7,7 bilhões de boletos foram emitidos no país (Plataforma..., 2022).

Além desses problemas relacionados às vendas, podemos elencar as chamadas *companhias fantasmas*, que comercializam itens que não são entregues por meio de contas fraudadoras legítimas em nome de "laranjas" – microempresas criadas apenas para a realização dessas práticas ilícitas.

Por fim, um último fator que merece maior cuidado no comércio eletrônico diz respeito às credenciais compostas pelas senhas e pelos nomes de usuários, considerando que muitas atividades na internet (tais como em *sites* de vendas) demandam cadastro, com dados sensíveis como *login* e senha. A fim de tornar essas transações seguras, cada conta criada em redes sociais, *e-mails*, sistemas financeiros ou qualquer outro sítio na internet deve contar com uma senha única e considerada forte, a ser alterada constantemente. Entretanto, no dia a dia, essa providência de segurança não é seguida pela maior parte dos consumidores brasileiros, o que favorece a conjunção de ataques cibernéticos.

Nesse contexto, cabe às companhias oferecer plataformas seguras e confiáveis, implantar sistemas robustos de criptografias e dificultar a materialização de crimes cibernéticos e ameaças aos usuários. Portanto, o profissional responsável por esse trabalho deve verificar quais métodos e planos de cautela precisam ser traçados e colocados em execução antes que uma fraude ocorra e que seus efeitos tenham de ser contornados.

4.12 Tendências mercadológicas

De acordo com Santos e Dib (2020), o e-commerce obteve um aumento de 81% em abril de 2020 (pandemia de covid-19) em relação a abril de 2019. A despeito desses índices, o desenvolvimento do e-commerce não advém da pandemia de covid-19 e tampouco das políticas de isolamento comunitário. É o público cada vez maior de consumidores que realizam compras digitais que deu origem a esse cenário. O que a pandemia de 2020-2021 promoveu foi a rapidez desse sistema pela falta de opções de compra nesse período adverso, haja vista que muitos comércios foram fechados, evento que tornou as compras na internet uma escolha óbvia.

Até mesmo indivíduos que têm pavor de obter produtos em lojas virtuais estão se curvando ao novo modelo de compra.

Na realidade, esse perfil de cliente vem se modificando, tendo em vista as vantagens do e-commerce:

» bem-estar;
» facilidade;
» contenção;
» diversidade de opções.

Com sistemas de compra mais responsivos, mais variados, mais personalizados e mais seguros, a conversão de compradores para o e-commerce é um fenômeno que ganha cada vez mais força, ainda mais se levarmos em conta que a frequência de consumidores a lojas físicas, em comparação com o acesso a lojas virtuais, ainda é baixa.

O que se pode antecipar é que o crescimento dessa modalidade será enorme, em consequência da covid-19 e do distanciamento social. Entretanto, é de se deduzir que o número de consumidores na internet será bem maior que o que se previa antes da pandemia em condições normais.

4.12.1 Uma nova maneira de comprar

O uso consciente é uma demanda profundamente ligada às preocupações da sociedade atual. Tal iniciativa relaciona-se à conservação do meio ambiente e à manutenção das finanças familiares.

As razões para a conservação do meio ambiente são óbvias: os diferentes desequilíbrios ecológicos causados pelo consumo desenfreado, pela brutal extração de recursos naturais e pelo descarte totalmente sem critério de inúmeras substâncias danosas na água, na terra e no mar.

Quanto à demanda das finanças familiares, é inevitável a relação entre consumismo desordenado crises financeiras pessoais. Nesse contexto, entendemos por *consumismo* uma busca obsessiva de indivíduos pela própria identidade por meio do consumo de produtos e serviços, com gastos exagerados destinados à compra de itens supérfluos ou em dimensão desnecessária.

O embate entre essas questões vem ganhando maiores proporções no decurso da pandemia: a paralisação da economia, a incerteza, a perda de empregos e renda, o fechamento de empresas e a preocupação com o futuro e a sobrevivência têm feito com que as pessoas passem a se preocupar mais com equilíbrio orçamentário, controle de gastos, geração de fundos de reserva e controle do consumo e investimentos.

Reforçando essa predisposição ao consumo consciente, uma pesquisa realizada pela sociedade entre a Engaje! Comunicação, Perception e Brasil Panels indica que aproximadamente 60% dos consumidores privilegiará o valor na seleção dos produtos de consumo ainda depois da pandemia (60% dos brasileiros..., 2020).

Esse índice é essencial, uma vez que pressupõe o modo como o varejo fará o controle dos estoques e do portfólio de itens, entre vários outros aspectos estratégicos do comércio varejista.

4.12.2
Caminho para o e-commerce no pós-pandemia

O Brasil é um dos países com maior número de consumidores de internet do mundo, fato que interfere diretamente o e-commerce. O ano de 2020, período trágico em virtude das repercussões da pandemia de covid-19, foi testemunha de uma grande onda *on-line* de diversos lojistas que passaram a realizar suas transações no e-commerce para preservar suas vendas e suas operações ativas.

Convém ressaltar que o termo *tendências* não se refere apenas ao futuro, mas também ao presente, que está em constante transformação. Nesse sentido, vamos analisar algumas mudanças recentes no mercado da internet.

Conexão em nuvem

Nunca se falou tanto em *home office* como na atualidade, uma transformação brusca no mundo do trabalho, que não estava preparado para essa mudança. Ainda assim, essa nova modalidade profissional conta com um recurso fundamental, a conexão de computadores em nuvem.

Nesse panorama incerto do mercado de trabalho, compor um sistema de gestão na internet e em nuvem facilita as atividades profissionais, uma vez que supera a dificuldade do trabalho em um mesmo ambiente. O profissional pode conectar-se a várias áreas da empresa por meio de qualquer aparelho móvel, em qualquer lugar.

Comportamento diferente do consumidor

O comportamento do consumidor da atualidade é de *omnichannel*, ou seja, ele pretende obter os produtos que deseja em toda as plataformas – na empresa virtual, nos *marketplaces* e inclusive nas redes sociais.

Além disso, o e-commerce passou a ser um modo de melhorar negócios nos últimos anos, bem como abriu espaço a uma nova safra incomum de novos lojistas e *marketplaces* que passaram a ser parâmetro para os consumidores. O cliente compreendeu, na prática de comprar em lojas *on-line*, as facilidades do e-commerce, e vai substituir boa parte de suas compras presenciais por compras na internet no pós-pandemia.

Novos hábitos

A evolução digital já alterou o comércio entre as pessoas e as empresas. Nesse sentido, um ensinamento importante é o de que tudo está interligado. Os negócios já se preocupam em proporcionar mais experiências híbridas, como comprar no *site* e retirar no estabelecimento ou conhecer a empresa e comprar pelo *site*.

Uma nova forma de vender

Todas essas transformações moldaram um novo tipo de consumidor, bem como um novo tipo de vendedor, que deve estar ligado a tudo o que acontece ao seu redor e apresentar novidades ao seu cliente.

Nesse contexto, os setores de estoque e logística passaram a ter uma nova importância, porque impactam de modo direto a compra do consumidor. Por isso, o vendedor deve estabelecer uma relação sinérgica com as áreas internas da empresa por meio de um programa de gestão, para oferecer a mais adequada experiência ao cliente, do pedido a entrega. Logo, esse profissional deve implementar o atendimento personalizado pelas redes sociais e pelo WhatsApp, com finalidade de agradar e facilitar a vida do consumidor. É um modo fácil de dispor de informações a respeito de itens e serviços, gerar imagens e estabelecer uma influência sobre as compras.

É tempo de capacitar o consumidor nas compras *on-line*, pois esse indivíduo está gradualmente vencendo o medo de adquirir na internet mercadorias que ele geralmente compraria fisicamente. Os caminhos possíveis são vários, ainda que seja cedo para dimensionar como será a vida depois deste período difícil que a humanidade vem encarando.

Por fim, para acompanhar todas essas transformações do e-commerce, profissionais que trabalhavam somente com o varejo agora buscam recursos para se adequarem às vendas na internet a fim de conservar seus negócios. Em outra direção, companhias que já contavam com esse canal hoje direcionam suas forças a fim de fortalecê-lo e alcançar o cliente.

Cliente e manutenção de relacionamento

Um dos grandes deslizes em que uma corporação pode incorrer na situação que a humanidade vive consiste em largar clientes fiéis. Várias companhias estão atentas hoje a essa possibilidade ao oferecerem uma cadeia de serviços adicionais como descontos, entrega grátis, brindes etc.

As empresas devem ter sempre em mente que o mercado tem de abraçar os clientes, investindo em originalidade a fim de determinar técnicas inteligentes e criativas de relacionamento com o consumidor e, por consequência, a sociedade em sua integralidade. Além disso, independentemente das deliberações adotadas nesse sentido, é fundamental manter os consumidores continuamente atualizados, de preferência com mensagens personalizadas via *e-mails* ou mensagens por aplicativo.

Distância e qualidade

Nesse contexto de atendimento de clientes na pandemia, é necessário garantir que o *site* de negócio eletrônico atenda às necessidades de qualquer tipo de consumidor, o que significa que o estabelecimento na internet deve ser bom, garantido, completo e que estimule os consumidores a adquirirem os produtos/serviços da organização, e não dos concorrentes. Nesse intuito, é fundamental fazer a seguinte pergunta: O que os clientes esperam de uma empresa virtual?

A respeito de uma plataforma de vendas na internet, são importantes as seguintes iniciativas:

» **Proporcionar informações pertinentes**: é necessário distribuir informações precisas, completas e em tempo real sobre itens, padrões de estoque e rastreamento de entrega.
» **Dispor de funcionalidades otimizadas**: o *site* de vendas deve propiciar aos seus clientes a conclusão breve de determinado pedido, do rastreamento das encomendas e da gestão das devoluções.
» **Trabalhar com solicitações complexas**: a empresa em rede deve contar com uma infraestrutura adequada para a organização de solicitações complexas, acrescentando aquelas fundamentadas em formações complexas de preços e descontos.
» **Preservar-se de enganos em solicitações**: os dados do item, os preços e os níveis de estoque precisam ser exibidos com clareza na empresa virtual 24 horas por dia, 7 dias por semana. Os compradores, por sua vez, devem ter acesso ao histórico de solicitações e aos dados da conta a fim de ajudar a organização a prevenir discrepâncias.

4.12.4 Processamento de pedidos

O processamento de pedidos envolve as atividades de preparação, transmissão, recebimento, expedição dos produtos e acompanhamento nos fluxos da empresa. Nesse sentido, Ballou (2006) apresenta um fluxo de pedidos tradicional.

Figura 4.2 – Processamento de pedidos tradicional

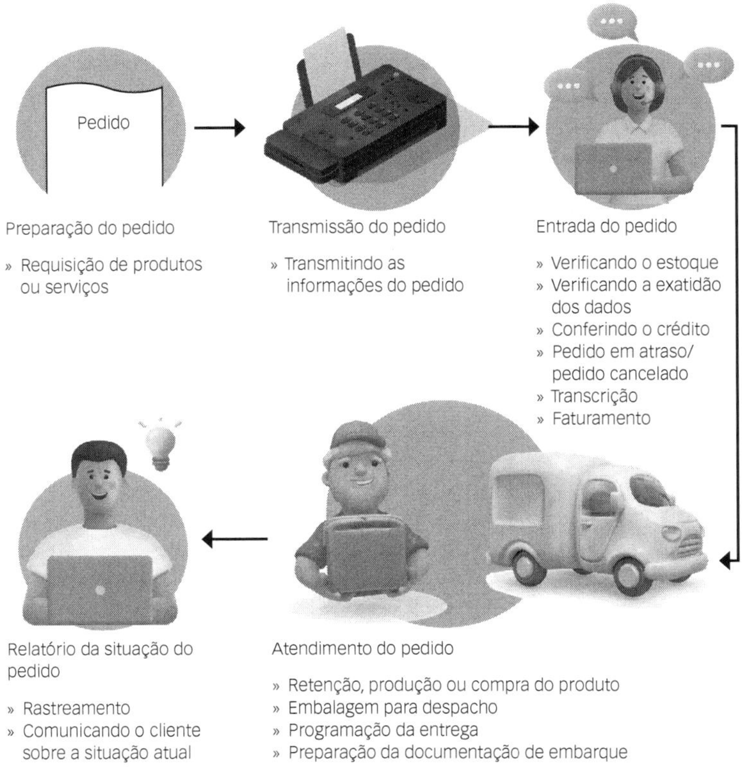

Equipoise, moloko_vector, Natykach Nataliia/Shutterstock

Fonte: Ballou, 2006, p. 122.

Além disso, Ballou (2006) também apresenta um fluxo para o comércio eletrônico com base na revista *Business Week* de 1996, conforme figura a seguir.

Figura 4.3 – Processamento de pedidos no comércio eletrônico

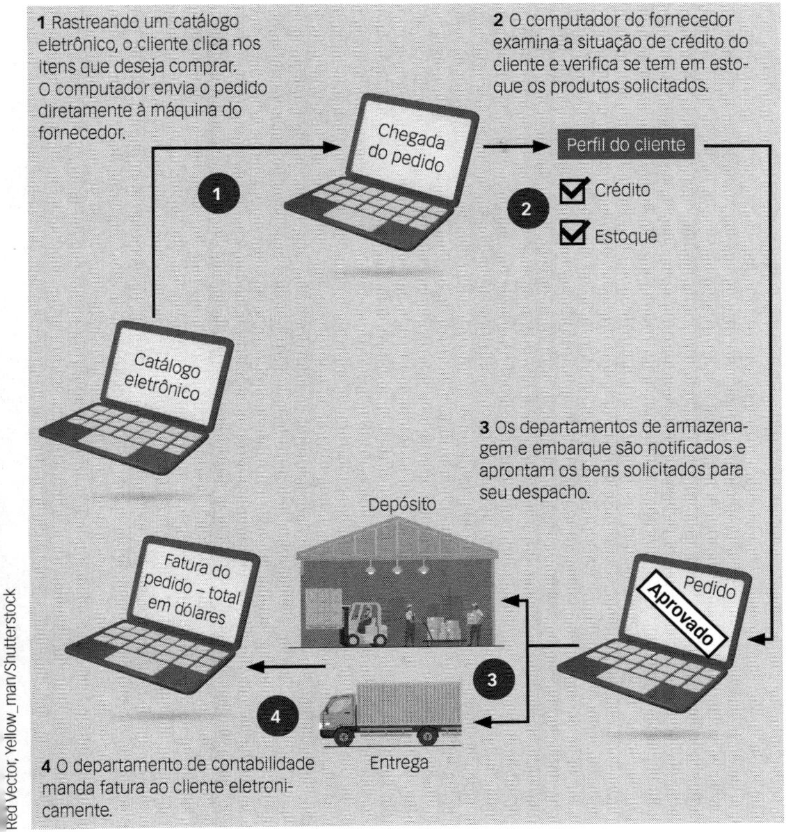

1 Rastreando um catálogo eletrônico, o cliente clica nos itens que deseja comprar. O computador envia o pedido diretamente à máquina do fornecedor.
2 O computador do fornecedor examina a situação de crédito do cliente e verifica se tem em estoque os produtos solicitados.
Chegada do pedido
Perfil do cliente
Crédito
Estoque
Catálogo eletrônico
3 Os departamentos de armazenagem e embarque são notificados e aprontam os bens solicitados para seu despacho.
Depósito
Fatura do pedido – total em dólares
Pedido
Aprovado
Entrega
4 O departamento de contabilidade manda fatura ao cliente eletronicamente.
Red Vector, Yellow_man/Shutterstock

Fonte: Ballou, 2006, p. 128.

A partir das figuras apresentadas, podemos descrever o processo de pedidos do e-commerce:

1. O cliente seleciona o item que deseja comprar com base no catálogo de produtos da empresa. Em seguida, o pedido é enviado ao fornecedor.
2. O fornecedor confere se o pagamento foi efetuado pelo cliente e verifica a disponibilidade do produto em estoque.

3. Os responsáveis pela armazenagem e embarque dos produtos são avisados e realizam a separação dos produtos vendidos para despacho.
4. Após despacho, a contabilidade envia a fatura ao cliente.

4.12.5 Cenários de oscilações de vendas

As empresas devem planejar estratégias de contingência para lidar com mudanças no volume de vendas, levando em consideração que diversos fatores podem estar associados a essas variações.

Entre as razões para as oscilações, podemos indicar os aumentos ou diminuições de volumes de vendas; ambos os eventos devem ser estudados pela empresa antecipadamente. A diminuição de vendas acarreta menor entrada de valor monetário; o aumento das vendas de determinados produtos pode acarretar em vendas excessivas, que geram problemas de estoques e perda de clientes quando um produto é vendido e não consta no estoque (um erro que pode ocorrer, por exemplo, na *Black Friday*).

Entre as situações em que essas oscilações podem acontecer no mercado, vamos comentar algumas delas usando exemplos brasileiros.

A sazonalidade é uma das formas de oscilação de vendas das organizações cujo volume depende de épocas específicas – nesses períodos, as vendas ocorrem em uma quantidade acima de sua média; por outro lado, há períodos de transações abaixo de sua média de faturamento.

Essa flutuação, do modo como se comporta, demonstra que se trata de um evento previsível. Contudo, observe que isso não pode ser confundido com eventos inesperados, os quais também provocam flutuações nas vendas, como greves ou aumentos de tributos.

Atente que existem diversas espécies de produtos sazonais: biquínis, ovos de páscoa, roupas de inverno, aparelhos de ar-condicionado, lareiras etc. Logo, o período de maior demanda dependerá do tipo de mercadoria transacionada.

Em razão dos ciclos de vendas característicos desses produtos, muitos comerciantes optam por não investir neles. Contudo, há empresas que sabem aproveitar as oportunidades das oscilações e extrair a máxima vantagem deles. Nesse caso, as possibilidades aqui indicadas estão relacionadas à característica peculiar do produto, pela qual a concorrência acaba mostrando-se menos interessada, possibilitando ao varejista mais liberdade em sua precificação. Além disso, produtos sazonais podem render grandes descontos junto aos fornecedores, se a aquisição for realizada em períodos nos quais as mercadorias apresentam pouca fluidez. Outro aspecto positivo é o fato de as empresas poderem empreender vendas e auferir lucro em períodos nos quais outros *e-commerces* não conseguem.

Além das oscilações anteriormente explicadas, há aquelas que ocorrem de modo inesperado, como o aumento do preço do dólar (por motivos econômicos e políticos), que acarreta em aumento do preço dos mais diversos produtos e serviços no Brasil, por exemplo, o que faz com que a procura por produtos com preços altos diminua e a busca por produtos substitutos cresça. Por exemplo: aumento do preço do café, que faz com que as pessoas passem a comprar mais chás.

Também podemos considerar nesse contexto as oscilações que ocorrem em virtude da falta temporária de algum produto no mercado, em razão de problemas como tempestades que alteram as safras de produtos agrícolas. Assim como citado anteriormente, esse fenômeno pode gerar uma demanda maior por outros produtos similares ou que atendam à mesma necessidade do cliente.

Pode haver, por outro lado, uma superprodução de determinado produto, ocasionando diminuição de seu preço e aumentando a procura por ele. Ainda usando o exemplo de produtos agrícolas, em determinado período pode haver uma superprodução de tomates italianos em virtude de condições climáticas propícias para esse aumento no volume produzido, que baixa o valor de mercado.

Um modo de controlar essas oscilações e diminuir seus efeitos negativos para os clientes e para os fornecedores consiste em utilizar incentivos que o governo oferece aos fornecedores. Exemplo: as isenções ou a diminuição dos valores pagos em tributos pagos pelas empresas. No Brasil, podemos citar a isenção do IPI por determinado período para incentivar os clientes a realizarem compras e aquecerem o mercado.

Síntese

Neste capítulo, abordamos o *chargeback*, que é o reembolso nos negócios de comércio eletrônico. Geralmente, esse reembolso está ligado a fraudes.

Também tratamos do tema *fraude*, crime previsto em lei, uma forma de burlar o sistema em benefício próprio. Elencamos os tipos de fraudes existentes e analisamos as comissões e as parcerias. As primeiras se tornaram um novo negócio que incentiva os vendedores e parceiros na internet; as segundas consistem em uma relação "ganha-ganha", na qual todos se ajudam, agradam o cliente e conseguem atingir seus objetivos.

Por fim, demonstramos como funciona o mercado de e-commerce no Brasil. Em seguida, tratamos de sua ascensão após a pandemia do coronovírus, das vendas pela internet em razão desse evento e as repercussões sociais do novo cenário que veio para ficar.

capítulo 5

Logística, custo e estoque

Conteúdos do capítulo

- Conceito de logística.
- Processos logísticos.
- Custos.
- Estoque.
- Embalagens.
- Logística reversa.
- Tributação.

Após o estudo deste capítulo, você será capaz de:

1. entender o conceito de logística e a importância dele para o *e-commerce*;
2. avaliar a importância dos custos na logística;
3. reconhecer a importância do estoque e seu impacto na distribuição de produtos;
4. analisar os prós e contras dos processos de troca e devolução;
5. entender a importância da embalagem para a marca;
6. reconhecer a relevância da logística reversa no processo de *e-commerce*;
7. compreender a tributação no Brasil e no *e-commerce*.

Vender pela internet não é simples. Entre as dificuldades de transação nessa modalidade de negócios, estão as questões de logística, de custos e de controle de estoques.

Nesse tipo de empreendimento, é preciso pensar em tudo: como viabilizar e realizar a entrega; quais devem ser os canais de reclamação; como equipes devem trabalhar para minimizar impactos de trocas e devoluções; como devem ser marca e a embalagem e como esses elementos impactam significativamente a compra de um cliente.

5.1 Conceito de *logística*

A logística é um fator de destaque na concorrência empresarial e se tornou um elemento fundamental para a distribuição dos produtos das organizações no mercado em seus diversos segmentos.

Merlo (2002) esclarece que essa atividade existe há séculos, como no caso da logística aplicada nas inúmeras guerras que ocorreram no decorrer da história – os exércitos tinham de se preocupar em estabelecer tropas de batalha em locais estratégicos e preservar seus grupos com o abastecimento de suprimentos. A autora ainda recorda que, em virtude da Segunda Guerra Mundial, a logística se consolidou como área de conhecimento, tornando-se uma ferramenta estratégica fundamental para a subsistência das tropas militares.

De acordo com o Council of Logistc Management (Logistics, 2010), fundação americana com milhares de associados por todo o mundo, *logística* é o processo de projetar, efetivar e monitorar eficientemente, ao preço certo, o trânsito e a armazenagem de matérias-primas, produtos acabados e estoques durante processos de fabricação, bem como as notificações relativas a essas atividades, desde a origem até o ponto de entrega, com o objetivo de cumprir os requisitos do consumidor.

Conforme Bowersox e Closs (1996), a logística trata do consumo de mercadorias e atividades em determinado local e durante um período acordado. Ainda a esse respeito, os autores acrescentam a esse conceito a ideia de formação das atividades da corporação.

No comércio eletrônico, não basta que a loja virtual conte com um *site* surpreendente, um artigo incrível e um preço inigualável. O produto precisa ser entregue no tempo e com a qualidade acordados. Nessa dinâmica, uma entrega notável apresenta alguns elementos, quais sejam:

- mercadoria no lugar certo;
- produto no momento determinado;
- item na quantidade certa;
- produto ao menor valor viável, garantindo a satisfação do consumidor e a maximização da rentabilidade do abastecedor;
- posicionamento do produto endereçado ao comprador em todas as etapas do processo logístico.

Nesse ambiente, a logística empresarial é uma das principais ferramentas estratégicas para a obtenção de diferenciais competitivos que coloquem a organização na frente da concorrência ou a mantenham no mercado. Apoiada em informações relacionadas a transporte, estoque, armazenamento, manipulação de instrumentos e embalagem, essa atividade facilita o movimento de itens a partir do momento de compra da matéria-prima até a disponibilização da mercadoria onde ela é necessária.

Em seus primeiros anos como área de conhecimento, a logística se limitava a analisar as atividades de transporte e armazenagem de itens e instrumentos.

Com a evolução dos modelos de negócio, a logística passou a abranger várias interações, movimentações e compartilhamentos de suprimentos, integrando todas as redes de abastecimento. O apogeu desse processo resultou na SCM (*supply chain management* – gestão da cadeia de suprimentos, em português).

A operação da logística está diretamente ligada à venda de matérias-primas, mercadorias semiacabadas e estoques de produtos acabados entregues no local em que são requisitados, em grande parte ao menor preço provável.

Quanto às novidades relacionadas à logística, uma tendência promissora se refere à fusão de modelos tradicionais de negócio com projetos de estratégia integrada. No âmbito financeiro, a execução das mais perfeitas condutas logísticas constitui um grande e estimulante desafio operacional tanto para as organizações públicas quanto para as privadas. Entre os fatores mais importantes desse desafio está a administração eficiente destinada à moderação ou perda dos custos a fim de auferir benefícios competitivos e disponibilizar aos consumidores produtos melhores a um preço menor.

Segundo Porter (1989), há dois modelos para a conquista de benefícios competitivos:

1. Pela gestão de custos (por diferenciação), que, no e-commerce, possibilita a obtenção de inúmeros privilégios competitivos por meio de um planejamento estratégico focado em infraestrutura e logística de distribuição.
2. Pela diferenciação da concorrência, a qual é possível por meio da oferta de conveniências ao consumidor focadas em qualidade e aspectos de aperfeiçoamento no ambiente da *web*. Esses fatores podem ser obtidos como apoio de sistemas logísticos.

Vale ressaltar que qualquer planejamento logístico que envolva ações de transporte, armazenagem, embalagem, entre outras, envolve valores. A logística representa para os negócios da internet a principal atividade de valor envolvida em seu processo; portanto, utilizar-se da estratégia de enfoque em logística é um modo pelo qual o comércio eletrônico pode obter vantagens competitivas e até mesmo a liderança em custos.

5.2 Processo de logística

Até os anos de 1950, as atividades logísticas eram executadas de maneira puramente mecânica; toda atividade correlata (acolhimento do pedido, armazenagem, manipulação, embalagem, transporte, entrega) era considerada em si mesma, nunca se levando em conta sua influência em outras atribuições do sistema logístico. Não existia qualquer essência ou opinião voltada à logística integrada.

Nesse sentido, segundo Porter (1989), os fatores que provocaram a "rebelião da logística" foram os seguintes:

» uma transformação significativa nas regulamentações;
» o progresso e comércio do microcomputador;
» a transformação da informação;
» a adesão em grande escala das ideias de qualidade total;
» o progresso de parcerias e alianças estratégicas.

As mudanças nas regulamentações da logística, que teve início nos Estados Unidos, foram fundamentais para o desenvolvimento e para a evolução dos princípios dessa área. Toda a infraestrutura socioeconômica dos transportes foi drasticamente alterada. No Brasil, essa mudança foi encabeçada pela ANTT (Agência Nacional de Transportes Terrestres).

Por outro lado, os esforços de desregulamentação foram essenciais para transformar o transporte em um sistema aberto de mercado, minimizando suas restrições políticas e econômicas sobre termos de serviços, preços e compromissos praticados por instituições de transporte em cada país. Nesse sentido, o progresso e comércio dos microcomputadores auxiliaram na alternância do modelo logístico vigente. A partir da década de 1980, os microcomputadores eram poucos nas organizações em geral, disseminando-se com mais força na década de 1990. A conciliação de equipamentos (*hardware*) baratos e programas de computador (*software*) gerou uma adesão tal à informática que ela passou a fazer parte da maioria dos processamentos das operações, do controle do funcionamento e da análise de dados para tomadas de decisões dos gestores.

A transformação da informação tem como peculiaridade favorecer a troca eletrônica de dados, imagens, sons, mensagens gravadas em tempo real, aumentando a disponibilidade de dados em tempo real.

Diversas companhias começaram a praticar experiências em rede com consumidores e fornecedores para favorecer a mudança de dados precisos e em tempo proficiente, bem como para viabilizar o acesso a bancos de dados. Nesse caso, podemos citar como exemplo o comércio eletrônico, que cria um vínculo direto entre a organização com seus clientes por meio da internet e pelos sistemas de reabastecimento constante, tal como o implementado pelo Walmart© e seus clientes.

Para saber mais

O vídeo indicado a seguir descreve o processo de logística do Walmart:

WALMART BRASIL. **Walmart Brasil**: logística. 18 jun. 2014. Disponível em: <https://www.youtube.com/watch?v=-iXWK9C_hbQ>. Acesso em: 17 jul. 2023.

O efeito da informatização permitiu a evolução logística e o desenvolvimento de técnicas destinadas à agilização e melhoria da área. Conforme Santos (2001), podemos citar as seguintes técnicas:

» *just-in-time*;
» *quick response* (resposta ágil);
» *continuous replenishment* (ressuprimento constante).

Convém ressaltar que o início do processo de transformação da informação foi em certa medida oneroso, em razão da implantação de modelos de gestão adequados voltados à logística.

Na época do pós-guerra, diversas companhias, especialmente as norte-americanas, intensificaram sua operação em grandeza mundial. Alguns países da Europa e o Japão se inseriram nessa nova ordem; quase todas as nações do mundo passaram a praticar esse novo comércio, que caracteriza a integração.

Em uma economia globalizada, o conceito de qualidade total possibilita às companhias obter benefícios competitivos, uma vez que, ao se diminuírem as discrepâncias de fabricação, reduzem-se os custos com erros e retrabalhos, que resultam em vantagem competitiva, que, por sua vez, viabiliza a sobrevivência e o sucesso financeiro da organização. Esse procedimento fez com que as empresas refletissem sobre as conveniências da qualidade, expandindo seus princípios para a logística (Poter, 1989). As companhias começaram a compreender que um item entregue com atraso ou avaria não é adequado, pois compromete o resultado econômico-financeiro da organização e causa prejuízo aos clientes.

As alianças empresariais que ocorrem na década de 1980, houve uma transformação do modelo logístico e uma melhora das condutas logísticas. Esses enlaces aconteceram por meio de acordos que permitiram o crescimento da eficiência de serviços interorganizacionais, criando parcerias comerciais com clientes e fornecedores por contratos de colaboração. A ideia nesse caso consistia em diminuir a repetição da produção e de estoques, concentrando-se em modelos de negociação que contribuíssem para o sucesso de todos.

De acordo com Bremer et al. (2000), a rede de auxílio nas companhias passou a ser modelo de contribuição para grandes companhias e suas fornecedoras, incluindo pequenas e médias organizações que têm o propósito de se unirem com o objetivo de garantir certo mercado por meio da complementaridade de suas competências.

5.3 Custos

A revolução do controle de custos e das finanças das empresas tornou-se fator crucial para o sucesso das organizações, uma vez que o período para atingir o mercado é crítico, levando-se em consideração que o ciclo de concorrência competitiva de itens é de um ano, um mês, uma semana, algumas horas.

Nesse panorama financeiro, os consumidores mudaram sua postura, o que estimulou as empresas a reverem os padrões de adequação de seus itens, bem como da velocidade de envio de produtos, seus preços e seus serviços de pré e pós-venda.

Os maiores responsáveis por essas mudanças foram a automação, a informatização e a globalização, que passaram a incluir no meio empresarial a realização de serviços nos ambientes virtuais. Nessa nova dinâmica, a evolução das operações logísticas de toda estrutura organizacional foi essencial. A qualidade, a velocidade e o preço apropriado ao cliente final são modelos da logística para a obtenção de diferenciais competitivos. Portanto, levando-se em conta que os custos logísticos absorvem as maiores parcelas do gasto final da mercadoria – sendo superada somente pelos instrumentos consumidos na produção ou no preço dos itens vendidos no atacado por outra forma no varejo –, estamos diante de uma pedra angular do sucesso empresarial.

O que é?

Custos logísticos são aqueles relativos à logística de uma organização. Entre seus itens, podemos listar custos de armazenagem, custos de permanência, preço de suspensão de estoque, custos de processamento de encomendas e custos de transporte (Bremer et al., 2000).

De acordo com Bowersox e Closs (1996), o modo de atingir a perfeição logística consiste em entender a arte de combinar competências com esperanças e necessidades básicas dos consumidores, princípio no qual o débito com o cliente é a base para a definição de uma tática logística.

Nesse sentido, o conceito de *custo completo* revolucionou a maneira de considerar custos. Anos atrás, o método para lidar administrativamente com os custos consistia em atingir a pequena prova de custo provável destinado a cada ofício logístico, com moderada ou nenhuma consideração aos custos totais.

Analisar o custo total da logística, na medida em que este engloba todos os gastos importantes das demandas logísticas, permitiu à gestão das empresas explorar e entender as inter-relações dos custos funcionais.

Nesse sentido, o comando conservador dos custos funcionais (um funcionamento de trabalho notável, com ociosidade e confiança), pode precisar dar lugar a um serviço excelente (com a mesma confiança, no entanto sem a mesma disposição). Em outras palavras, para alcançar o sucesso empresarial, a organização pode considerar que a busca pela perfeição pode ser mais importante que a manutenção de um bom serviço. É nesse momento que surge o embate gasto logístico/melhor *performance*.

Nesse contexto, poucas inovações trouxeram tantas vantagens às organizações, aos indivíduos e à coletividade quanto o comércio eletrônico. Entre esses benefícios, podemos nomear (Merlo, 2002):

» Expansão da visibilidade da empresa por meio da internet.
» Gestão de negócios e matérias-primas de outras organizações de maneira mais ágil e a um preço mais baixo.

- » Redução de estoques ao favorecer a gestão da relação de suprimentos, que resulta em diminuição de custos.
- » Entrega de melhores itens e serviços aos consumidores, com transações em rede que podem ocorrer a qualquer momento do dia.
- » Excelente disponibilidade de dados, de maneira efetiva, que conseguem ser acessadas de toda parte do globo.
- » Agilidade na entrega de serviços públicos, reduzindo o custo de compartilhamento de dados e informações que possibilitem fraudes, aumentando a qualidade dos serviços prestados à sociedade.

Exercício resolvido

O processo correto da logística e de seus custos é o que pode separar o sucesso de um e-commerce de seu fracasso. Portanto, uma boa gestão de custos e da logística pode oferecer vantagens para as lojas virtuais. Entre essas vantagens, é correto considerar como verdadeira:

a) Melhor entrega e serviços com preços menores aos consumidores com transações em rede que ocorrem a qualquer momento, em tempo real.
b) Qualidade dos dados coletados, que podem ser acessados mesmos de qualquer lugar da cidade onde o produto será entregue.
c) Repasse do imposto sobre transporte de mercadorias para o cliente, retirando do e-commerce a responsabilidade sobre taxas recolhidas ao governo.
d) Aumento dos estoques para garantir a entrega ao cliente, o que garante ao fornecedor os melhores preços e custos, bem como a certeza da entrega do item para o cliente.

Gabarito: A

***Feedback* do exercício**: Um dos benefícios de uma boa gestão logística e de custos consiste na qualidade da entrega e dos serviços, bem como na facilidade da visualização das transações. Os dados coletados podem ser acessados de qualquer lugar do mundo; nem todos os impostos são repassados aos clientes, pois encareceriam os preços; o benefício para uma empresa é a diminuição dos estoques, e não o aumento dele.

Entretanto, há algumas limitações que contribuem para o insucesso de vários projetos de comércio eletrônico. A maioria delas é de natureza técnica, que podem ser reduzidas ou superadas com a elaboração de um projeto apropriado delas. Entre as limitações que podem interferir nesse projeto, citamos as seguintes:

- Privação de padrões universalmente aceitos de qualidade, segurança e confiança.
- Dificuldades na integração de plataformas de e-commerce com aplicações legadas.
- Objeção do consumidor de comprar em lojas virtuais.

Podemos constatar, então, que os custos são o cerne de qualquer e-commerce e que controles de qualidade são investimentos que, caso não sejam empreendidos, podem representar prejuízos para as empresas.

5.4 Estoque

O estoque é o ativo mais importante de qualquer negócio que necessita dele. Nos setores de varejo, embalagens e paletes, entre outros insumos, demonstram a natureza do negócio.

Nesse cenário, a ausência da gestão do estoque pode interferir na continuidade do negócio.

Por outro lado, o estoque pode ser declarado como um passivo: a manutenção desmedida de um estoque acarreta em incalculáveis riscos para as organizações (perigo de deterioração, desvios, danos no manuseio, limitação da vida útil ou prejuízo relacionados a mercadorias perecíveis).

Diante dessas possibilidades, uma saudável gestão de estoque é de grande valia: a administração correta do reabastecimento de certos produtos, da urgência de compra e fabricação, do valor de compra – assim como o de distribuição – é primordial para a preservação das atividades, o que faz desse processo não só uma missão complexa, mas também delicada. Várias são as ferramentas para esse trabalho, como controles manuais, planilhas, *softwares* ERP.

Ademais, diversas são as vantagens de uma boa gerência de estoque por meio de um excelente atendimento aos clientes, verificando suas demandas, garantindo que não haja falta ou excesso do que quer que seja. Obviamente, não há perda de recursos quando se faz uma gestão correta de materiais.

5.4.1
Capital de giro e seu aproveitamento

O valor dispendido com os gastos do e-commerce, tal como estoque ou despesas operacionais, é conhecido como *capital de giro*.

Quando é realizado um estudo detalhado do estoque de um e-commerce, é possível realizar um comparativo entre os custos (fornecedores, transporte, armazenamento dos itens etc.) e o ganho na distribuição de cada produto. Essa avaliação permite a análise de todas as despesas e distinguir as que são de fato necessárias e as que podem ser reduzidas, bem como o remanejo de gastos e a potencialização dos recursos destinados ao negócio.

Nesse cenário, o capital de giro é fundamental para qualquer tipo de negócio, pois é o valor disponível para as transações do dia a dia de uma empresa. Um dos grandes problemas financeiros, tanto das empresas físicas quanto das virtuais, é a falta de planejamento para a alocação desse recurso. Quando esse erro é cometido, é muito grande a probabilidade de o empreendedor ter de recorrer a outras fontes de capitais, tais como empréstimos e financiamentos a juros que podem oscilar de acordo com a instituição provedora.

Para o cálculo do capital de giro, o empreendedor deve somar todo seu ativo circulante (faturamento a receber, dinheiro em caixa, aplicações etc.) e subtrair esse valor do passivo circulante que envolve todas as despesas (custos fixos de operação, sejam eles de curto ou longo prazo).

Capital de giro = Ativo circulante – Passivo circulante

Quanto maior for o montante calculado, bem como o prazo para que as despesas fixas sejam honradas, maior é a necessidade de capital de giro. Quanto menores forem as despesas fixas, bem como seu pagamento em curto prazo, consequentemente menor será a necessidade de capital de giro.

Vale ressaltar que, quanto maior for a empresa, maior será a necessidade de capital de giro; quanto menor for seu porte, menor será a quantidade de capital para manter a saúde financeira de suas operações.

Para um bom aproveitamento do capital de giro, o empreendedor de e-commerce deve estar atento aos seguintes fatores:

» disponibilidade do ativo circulante;
» prazos a receber dos faturamentos realizados;
» contas a pagar.

O cálculo entre a diferença do ativo com o passivo circulante, se positiva, pode fazer com que a sobra do valor em caixa forme seu capital de giro. O cenário ideal é que o empreendedor do e-commerce realize vendas mensais suficientes para pagar suas despesas e formar mensalmente seu capital de giro.

5.4.2 Cliente satisfeito

A entrega correta do produto esperado pelo cliente exige um forte alinhamento entre o e-commerce e seus fornecedores. Gerenciar um estoque pressupõe determinar prazos claros e precisos para que nada atrase ou falte, e, dessa maneira, reforçar as ofertas de produto de maneira razoável ao cliente.

Portanto, o empreendedor de e-commerce deve buscar o ponto de equilíbrio para seus estoques, evitando perdas financeiras pelo excesso de determinado produto que não esteja realizando o giro esperado, bem como a falta de certo item, o que interfere no atendimento ao cliente. Há situações em que o gestor tem de tomar medidas bruscas, como pausar a oferta de um tipo de bem.

Uma administração financeira saudável dos estoques demanda o gerenciamento adequado do tráfego de produtos comercializados, ou seja, deve-se observar quais produtos são mais comercializados; quando sua disponibilidade estiver chegando a níveis baixos, é necessário repor os itens com base no estudo da demanda desse produto na loja. Outro modo de realizar esse trabalho consiste em investir no impulsionamento de venda de produtos com menor saída, estimulando o consumidor a comprá-los.

A variedade em estoque deve ser administrada em paralelo ao crescimento do e-commerce. Inicialmente, o gestor deve agir com cautela na oferta de variedade de itens para venda, salvaguardando os estoques.

5.4.3
Impulso nas vendas

A avaliação do estoque possibilita distinguir os itens mais desejados dos menos vendidos. A análise possibilita incalculáveis *insights* (compreensão imediata), tanto de possibilidades de evoluções nos próprios produtos quanto sobre técnicas diversificadas de elevação de vendas de produtos pouco procurados.

5.4.4
Gestão de estoque

Uma equipe integrada e especializada na área de negócio do e-commerce é fundamental para o desenvolvimento do empreendimento.

Nesse contexto, a terceirização da logística para a administração do estoque no e-commerce é uma das mais novas tendências do mercado, que pode suprir as necessidades do espaço de armazenagem e controle de estoque da organização.

O proprietário de um e-commerce que tem dificuldade nesse processamento, independentemente da dimensão do empreendimento, pode recorrer aos recursos da terceirização para obter vantagens para seu negócio.

A logística de um e-commerce é responsável por todos os processos de armazenagem, compartimentalização, controle de produto, chegada e saída de itens, bem como da auditoria até a entrega do produto no ponto convencionado e no tempo acordado pelo cliente.

Esse procedimento exige experiência. Entre seus benefícios, podemos citar o aumento da confiança da empresa em seus processos, o que também vale para o consumidor. O mais adequado é que o cliente possa observar todo o processo logístico em tempo real, sendo ele terceirizado ou não.

O aumento da organização dos processos de um e-commerce significa que a organização está harmonizada com a confiança dos clientes e provavelmente com a energia financeira do empreendimento. Competir por meio da terceirização da logística do e-commerce é uma alternativa, saída para as empresas que buscam se aprimorar e se preocupam com a cautela do início ao fim de todos os seus procedimentos, da chegada do pedido à sua entrega.

Nessa perspectiva, o e-commerce é uma modalidade de negócio capaz de transmitir grande valor aos seus clientes, desde que alinhe seus processos logísticos à eficiência, à otimização dos estoques, à organização das movimentações de materiais e, principalmente, à entrega dos produtos no lugar certo e no tempo certo.

É preciso lembrar que o cliente tem pressa de receber o produto adquirido e que ele valorizará a empresa que o ajude a solucionar brevemente suas necessidades por meio da entrega pontual.

5.5 Custos com devolução

O sistema de entrega ao consumidor é, sem sombra de dúvidas, um dos recursos mais importantes do e-commerce, pois ele tem impacto na culminação da experiência do cliente no processo de compra. Entretanto, em diversas ocasiões, o foco nesse procedimento certas vezes impede que se dê a devida atenção ao processamento do retorno ou troca, também conhecido como *logística reversa*.

Evidentemente, tal situação gerará custos adicionais de transporte/logística para que a empresa efetive a devolução, o que também ocorre em organizações físicas. No entanto, o consumidor não precisa saber desse aspecto, pois ele somente deseja comprar no empreendimento que lhe for satisfatório.

O motivo para esse processo é: a experiência do consumidor. O cliente deve ter a convicção de que a compra na internet ou na loja física pode ser realizada com a mesma segurança.

Nesse cenário, o empreendimento de e-commerce implica custos de logística fixos e variáveis, com os quais repercutem diretamente na contabilidade do negócio. Nesse cálculo estão incluídos recursos humanos, transportadoras, parceiros na área da tecnologia, materiais (caixas, sacos, embalagens), entre outros. Nesse caso, é importante enfatizar que os custos das devoluções não precisam nem devem ser incluídos nos custos de transporte (portes) das encomendas dos consumidores. Os custos com devoluções, caso ocorram, devem ser gerenciados à parte dos custos da logística direta.

Com base nas estatísticas de devolução, é necessário considerar o gasto médio com transportes, bem como aqueles declarados no preço de venda (termos de promoções e fretes).

Exercício resolvido

O cliente é a alma do negócio: sem ele, não haveria comércio, e-commerce e circulação de valores pelo mundo. É importante fidelizar o cliente, o que não significa fazer tudo o que ele quer, mas sim cumprir aquilo que é prometido. Quando uma empresa deseja angariar mais clientes, ela recorre às promoções e demais ações de *marketing*. Quanto a isso, podemos afirmar que:

a) O processo de logística no e-commerce pode compreender promoções como de frete gratuito para compras acima de determinado valor, oferta de brindes, cupons de desconto e *cashback*.
b) O processo de *shipping* pode compreender devolução com custos, brindes, pagamento de reenvio de mercadoria, estorno em 48 horas e *cashback*.

c) O processo de *shipping* pode compreender promoções como "compre um e pague dois", oferta de brindes, cupons de desconto em outras lojas e *cashback*.
d) O processo de *shipping* pode compreender promoções como sem devolução para produtos comprados, oferta de brindes com entrega para o próximo mês, cupons de desconto e *cashback*.

Gabarito: A.
***Feedback* do exercício**: O processo de logística no e-commerce pode compreender promoções de frete gratuito, oferta de brindes, cupons de desconto, *cashback* etc. Não existe promoção "compre um e pague dois", tampouco promoções em que a devolução não pode ser feita.

Dessa maneira, a empresa precisa obter o respectivo CMC (custo médio por compra), inserindo os custos de CE (entrega normais por ordem) e os CRs (custos de retorno médios – dentro das estimativas, a taxa de devoluções). Com esse custo médio, é possível optar ou reajustar os portes de remissão que sofrem cobrança, e sua propositura de valor segue a política relativa ao *shipping*.

$$CMC = CE + CR$$

5.5.1
Consumidor satisfeito

Diferentemente do que aparenta, o processamento de devolução, quando bem realizado, não traz maiores incômodos aos clientes. Ações bem elaboradas de devolução contribuem para o crescimento do comércio eletrônico, bem como do nível de confiabilidade dos clientes, que podem ser fidelizados por meio da experiência confortável que lhes proporciona a compra feita diretamente de sua casa.

O mesmo discurso se aplica à disposição do adesivo de retorno no interior do embrulho, que não incita à rejeição do produto, mas sim permite ao cliente ter a confiabilidade para seguir comprando em lojas *on-line*, ainda que o produto não tenha sido precisamente aquele que esperava.

Em síntese, a operação de logística reversa precisa ser, em todos os pontos possíveis, facilitado ao extremo para os consumidores, de maneira que, quanto melhor a administração e processamento da devolução, melhor será a experiência do consumidor e maior a possibilidade de ele retornar e comprar produtos no e-commerce.

5.5.2 Logística reversa

O mercado eletrônico padece todos os dias de um problema grave em suas operações. Esse problema destrói a margem de ganho e exige diversas pessoas para a resolução da dificuldade; no desfecho da questão, praticamente todos os consumidores reclamam, podendo vir a comprar em outra loja.

Nessa perspectiva, a logística reversa agrega valor aos produtos devolvidos. Contudo, há custos para que essa operação ocorra com sucesso, estando localizados principalmente nas operações de rastreamento da mercadoria, embalagens e transporte.

Esse tipo de problema é o famoso "troca e devolução", que tem aumentado quase que diariamente no e-commerce em razão do aumento no número de vendas. Nos Estados Unidos, esse problema gerou, somente 2020, um custo de US$ 550 bilhões, um aumento de 75,2% se relacionado aos últimos 4 anos (Bitencourt, 2021).

Segundo o Mercado Pago (Pesquisa..., 2021), a média de itens devolvidos e trocados no e-commerce brasileiro é de 5% em 2020. Entretanto, um número reduzido de setores, tal como o de roupas, sofre com níveis mais elevados, com taxas de 30% de suas vendas.

Por isso, as lojas de e-commerce têm a necessidade de investir em pessoas, processos, sistemas e logística, uma vez que o consumidor deseja ser atendido com rapidez e eficiência e com a menor dificuldade possível. Se o e-commerce não se preparar para o máximo de problemas que possam vir a ocorrer, essa postura resultará em protestos públicos, que atingem a imagem da marca e comprometem a confiança do consumidor para realizar novas compras.

No entanto, esses problemas podem ser solucionados e vir a se tornar grandes oportunidades de fidelização do cliente e fortalecimento da marca no mercado, caso a empresa seja justa e ágil. Nesse sentido, selecionamos cinco causas importantes para criar condições e meios de resolução de muitos entraves relativos a trocas e devoluções de modo habilidoso no e-commerce:

1. fidelização;
2. aumento do NPS (*net promoter score*, em tradução aproximada, pontuação de chances de recomendação/promoção);
3. recompra;
4. permanência de fluxo de vendas;
5. *upsell* (venda a mais).

Fidelização

De acordo com um estudo do Ebit, 92% dos consumidores voltam a comprar em um e-commerce se os processos de troca e devolução forem ágeis e fáceis (E-commerce..., 2019a).

Simplificar trocas e devoluções reduz o custo de CAC (custo de aquisição de clientes), o que melhora as margens e vendas em comparação com as compras normais dos mesmos consumidores.

Aumento do NPS

Quando não somos atendidos ou nos sentimos enganados, nosso comportamento é protestar abertamente, alertando outras pessoas a jamais passarem por aquela situação.

Os canais preferenciais para esse tipo de denúncia são as redes sociais, nas quais o cliente solta a voz e compartilha com todos os seus conhecidos o que ocorreu. Realizado o processo, lá se foram potenciais compradores de determinada marca.

Nesse sentido, vale ressaltar a importância do *site* Reclame Aqui, canal de comunicação de consumidores insatisfeitos. Existem e-commerces com equipes especializadas para atuar sobre reclamações dessa natureza. É um processo desgastante, mas que deve ser feito, pois as reclamações não param de crescer em relação ao volume de vendas. Com o aumento da qualidade, as exigências são maiores. Um modo de avaliação do nível de satisfação do cliente com certa marca é o NPS, que possibilita entender e medir e o grau de satisfação do consumidor.

Vale enfatizar que um consumidor bem-informado e atendido adequadamente é uma pessoa menos propensa a reclamar.

Recompra

O retorno a um restaurante, a uma empresa ou a um e-commerce depende de algumas variáveis. Contudo, um bom atendimento é sem dúvida o item número um no rol de prioridades. Por exemplo: não se volta a um restaurante se o garçom demora muito tempo para atender o cliente.

Na atualidade, com o advento do e-commerce, o atendimento é quase exclusivamente virtual. Nesse caso, o procedimento, ainda levando o exemplo do restaurante em consideração, é o seguinte:

» a compra é feita;
» o e-commerce transaciona, separa, embala, gera nota fiscal e aciona o transporte para entrega;
» se o dono do restaurante vende por aplicativo, paga porcentagem de comissão;
» o aplicativo notifica o cliente que o pedido já foi despachado;
» caso a mercadoria entregue não se encontre em conformidade ao solicitado; o consumidor busca por todo o aplicativo um modo de realizar a troca;
» o cliente envia uma mensagem ou *e-mail* e espera o prazo descrito no aplicativo para o e-commerce agir;
» clientes mais impacientes ficam indignados e reclamam nas redes sociais e em *sites* de reclamação;
» caso não seja atendido, o consumidor pede a devolução de seu dinheiro;
» o e-commerce perde uma venda.

A devolução do valor despendido pelo consumidor parece ser a pior perspectiva para o e-commerce, mas pode ocorrer. Há empresas que devolvem o dinheiro gasto pelo cliente pelo simples fato de ter havido um pedido de troca, processo que gera muitos prejuízos.

Permanência de fluxo de vendas

Os clientes podem solicitar o valor do dinheiro gasto e os custos de envio em até 7 dias após o recebimento do pedido. O art. 49 do Código de Defesa do Consumidor determina que:

> Art. 49. O consumidor pode desistir do contrato, no prazo de 7 dias a contar de sua assinatura ou do ato de recebimento do produto ou serviço, sempre que a contratação de fornecimento de produtos e serviços ocorrer fora do estabelecimento comercial, especialmente por telefone ou a domicílio. (Brasil, 1990)

Em sua maioria, os clientes agem corretamente e de boa-fé. Eles somente desejam substituir o item por outro. No entanto, quando recebem um mau atendimento, acabam solicitando o seu dinheiro de volta. Sobra para o e-commerce uma venda perdida, comissão já efetuada pela operação financeira, custos logísticos e funcionários para ressarcir mercadoria ao estoque, baixa na nota fiscal de distribuição e o conserto de todo o processo referente à venda.

A fim de mudar a opinião do consumidor, o e-commerce pode estabelecer um programa inteligente de conversão da compra em créditos, que podem ser prontamente utilizados para a compra de um novo produto. Existem lojas *on-line* que oferecem essa possibilidade logo após o cliente depositar o item nos Correios, garantindo a fidelização e a manutenção da confiança do consumidor. Nesse caso, as empresas realizam esses pagamentos por sistemas como PayU, Mundipagg e SafetyPay.

Upsell

O *upsell* é um método que visa comercializar um item ou serviço superior e com valor mais elevado destinado a um cliente que compra outro item mais barato. O objetivo é elevar o lucro e o ticket-médio da organização ao proporcionar uma escolha melhor e mais vantajosa.

No momento em que o cliente solicita uma devolução, a organização pode oferecer créditos destinados a ele para efetuar compras na mesma loja *on-line*, visto que créditos ou bônus aos clientes são concedidos em várias situações, não apenas em casos de logística reversa.

Pesquisas recentes com a Osklen, loja de vestuário, constataram que os clientes retidos gastaram 44% a mais que o valor de sua primeira compra quando usaram *voucher* de crédito (Lazarin, 2019).

Um procedimento de trocas bem realizado gera muitas chances de retorno dos clientes. No entanto, a maior parte dos e-commerces ainda encara essa iniciativa como uma dificuldade. No entanto, ela é decisiva, por auxiliar no aumento das vendas.

5.6 Embalagens

Desenvolver a experiência de compra (também descrita como *customer experience*) significa oferecer o mais adequado serviço em todas as fases do trânsito de compra, incluindo após a entrega do bem ou serviço. Assim, é essencial o cuidado com a embalagem, que pode contribuir para a construção de uma excelente experiência e gerar valor para a mercadoria.

5.6.1 Blindagem em primeiro lugar

É fundamental que o item chegue completo e sem avarias até o cliente. Desse modo, é importante pesquisar qual é o material mais apropriado para compor a mercadoria que será entregue. Seguem alguns exemplos:

» **Almofadas de ar ou papel fragmentado**: a fim de impedir que produtos pequenos se quebrem em movimentos bruscos durante o percurso de transporte.

» **Plástico-bolha ou placas de poliestireno**: destinados a manter seguros os produtos mais frágeis, diminuindo impactos no manuseio e nos transportes.

- **Papel lusco-fusco/kraft ou papel seda**: com o objetivo de embrulhar os itens.
- **Caixa de papel ou invólucro**: com a finalidade de salvaguardar produtos, respeitando suas dimensões.

5.6.2 Marca e embalagem

Inserir a marca do produto na embalagem para patentear a identidade da empresa nesse material é fundamental para estabelecer o reconhecimento da instituição.

Além de embrulho para transporte, a embalagem também pode ser uma peça do produto que transmite toques de bom gosto, com *design* moderno e diferenciado. A seleção do material é importante – os mais robustos e duráveis são mais estimulantes, como no caso do acrílico, do vidro ou das embalagens amadeiradas. Além disso, é interessante produzir edições limitadas e especiais para essa embalagem em datas comemorativas, por exemplo.

Por outro lado, embalagens ou invólucros mais simples, como os de papel ou de pano, podem passar uma visão de atenção. No caso de um e-commerce de moda, por exemplo, enviar uma camiseta embalada em um belo embrulho de papel personalizado ou em uma embalagem de tecido de organza valoriza muito mais do que mandar o produto no interior da embalagem de transporte.

Em diversas ocasiões, o comprador valoriza a embalagem tanto quanto o produto comprado. Não obstante, essa embalagem precisa ser contabilizada no custo do item e é necessário determinar se realmente compensa aplicá-la nesse produto.

5.6.3
Sentimentos e embalagens

Mais do que um produto entregue sem problemas, o que toca a percepção e os sentimentos do cliente é oferecer a possibilidade de experimentar diferentes perspectivas. Por exemplo: é interessante oferecer diversos estímulos sensoriais, como embalar o produto com materiais com traços diversificados, borrifar um perfume na mercadoria ou inserir pequenos brindes, como balas ou bombons, bilhetes de retribuição, *flyers* com propagandas e cupons de desconto.

Tais possibilidades demonstram uma preocupação de fazer da embalagem um elemento de fidelização de clientes, afinal, quem não gosta de ser bem tratado? Quanto ao bilhete de gratificação, é importante pedir para que o cliente poste uma fotografia com a mercadoria nas redes sociais, usando alguma *hashtag* da empresa. E não se pode esquecer do encaminhamento da nota fiscal.

Por fim, na medida do possível, sem comprometer a proteção da mercadoria, é essencial que a embalagem seja pequena e leve, levando-se em conta a relação custo-benefício para o cliente, já que o frete será mais barato.

5.6.4
Gravado ou manual?

Elementos do remetente e destinatário são essenciais para a logística. Nesse caso, é necessário utilizar etiquetas impressas, o que demonstra profissionalismo e melhora a legibilidade do que está descrito na mensagem.

Quanto à carta de reconhecimento e demais produtos internos, é necessário redigir manualmente, se for o caso, o número de solicitações. Geralmente, esse dado é relevante, uma vez que demonstra atenção e personalização.

Por outro ângulo, caso a dimensão seja muito grande, a orientação é imprimir a carta com uma letra manuscrita e subscrevê-la manualmente.

A característica fundamental de uma embalagem destinada ao e-commerce é a proteção do produto, desde seu acondicionamento até a entrega ao consumidor. Todavia, é de suma importância que os custos com embalagens sejam calculados: quanto maiores forem as dimensões do produto, bem como seu volume, maiores serão os gastos com embalagens. O ideal é que o gestor de e-commerce administre uma planilha de precificação, somando todas as despesas fixas da empresa, os custos de produção e os custos com embalagens. Estes últimos podem envolver: caixas, fita adesiva, barbantes, impressões de adesivos e cartões informativos, tecidos e demais produtos embaladores.

5.7
Logística reversa

A logística reversa no e-commerce é primordial para o cumprimento de leis e a promoção da competitividade sadia do ponto de vista ambiental. De acordo com estudo do E-Commerce Brasil (Kerber, 2020), 96% dos consumidores comprariam novamente de um estabelecimento que oferecesse experiências de trocas e devoluções rápidas. Em mais uma análise, 62% disseram que adquiririam produtos de uma mesma marca se contasse com devoluções ou trocas gratuitas (Kerber, 2020).

O empreendedor da atualidade deve perceber que os hábitos de compra mudaram profundamente nos últimos anos: os clientes estão cada vez mais conectados, e suas perspectivas jamais se limitam a bons preços. Claramente mais exigentes, eles demandam experiências de consumo excelentes. Por conseguinte, a oferta de benefícios requer estratégias logísticas elaboradas para conquistar o cliente com o cumprimento dos prazos de entrega e, ao mesmo tempo, diminuir impactos relativos a descarte indiscriminado de embalagens, por exemplo.

Diante dessa perspectiva, é necessário levar em conta os gargalos logísticos. De acordo com um estudo elaborado pela Associação Brasileira de Comércio Eletrônico (Abcomm, 2017), independentemente da afobação dos consumidores de receberem seus produtos, o tempo de entrega aumentou em comparação com o ano anterior.

Nesse cenário, a logística reversa no e-commerce é uma estratégia relevante, porém incômoda para grande parte de seus clientes. Também conhecida como *logística pós-venda* ou *logística pós-consumo*, trata-se da execução de um processo de retorno de produtos ao e-commerce ou a outros elos de suas cadeias, que sempre acontece quando a troca ou a devolução de um produto é solicitada.

A logística reversa de pós-consumo "equaciona e operacionaliza o fluxo físico e as informações correspondentes de bens de pós – consumo descartados pela sociedade em geral que retornam ao ciclo de negócios ou ao ciclo produtivo através de canais de distribuição reversos específicos" (Leite, 2002, p. 3). Essa logística ocorre com produtos que chegam ao fim do seu ciclo de vida, resíduos industriais e produtos em desuso, mas que ainda podem ser utilizados. Objetiva-se, nesse caso, agregar valor aos produtos que não tem mais utilidade para o proprietário original, mas que podem se tornar matéria-prima em canais reversos.

Já a logística reversa de pós-venda é o "equacionamento e operacionalização do fluxo físico e das informações logísticas correspondentes de bens de pós-venda, sem uso ou com pouco uso" (Leite, 2002, p. 3). Nesse caso, objetiva-se agregar valor aos produtos que são devolvidos por motivos comerciais, como no caso de produtos que apresentam avarias ou defeitos. Portanto, em termos de e-commerce, a logística de pós-venda é a mais frequente.

É possível que os consumidores desistam de uma compra em consequência do desempenho inadequado de um item ou pelo despacho incorreto de um produto. Além disso, o "direito de arrependimento" (de acordo com o qual o comprador tem até sete dias, independentemente do motivo, para requerer a devolução do produto), garantido por lei, também é razão de desistência no e-commerce, e a empresa tem de estar preparada para lidar com tal situação.

Exercício resolvido

O e-commerce depende substancialmente dos serviços de logística, que vem se aprimorando em suas atividades de movimentação, embalagem e entrega de materiais, assim como nos estudos de logística reversa, salvaguardando o meio ambiente. Em razão dos problemas que ocorrem nos processos logísticos, uma das funções da logística reversa é:

a) propor métodos descomplicados para retorno de produtos ao e-commerce, bem como para a troca ou o estorno de um produto sempre que solicitado, com responsabilidade ambiental.
b) gerir estoques de produtos do e-commerce e de parceiros, o que ocorre quando a troca ou o estorno de um produto é solicitado.
c) complexificar a volta de produtos ao e-commerce, que frequentemente resulta em aumento de custo de um produto retornado.
d) descartar o retorno de produtos ao e-commerce, o que frequentemente ocorre quando a troca ou o estorno de um produto é solicitado.

Gabarito: A

***Feedback* do exercício**: A alternativa "A" é correta, pois a logística reversa auxilia as empresas a descomplicar o estorno dos produtos ao e-commerce; a alternativa "B" é incorreta pelo fato de a logística reversa não ter como premissa gerir os estoques; a alternativa "C" está errada porque a logística reversa resulta na diminuição dos custos, e não no aumento; a alternativa "D" é incorreta porque a logística reversa não descarta os produtos devolvidos.

De acordo com informações da Invest (Dore, 2019), 30% dos produtos comercializados são devolvidos, e o esforço desse processamento representa cerca de 5% da receita das lojas virtuais. Desse modo, é vital a criação de um programa de devoluções, em que a logística reversa representa um personagem essencial.

5.8 Tributação

O e-commerce segue as normativas das operações comerciais, cujos dispositivos regulamentadores variam de acordo com as características do empreendimento. Com base em um regime simplificado, os estados autorizam pessoas físicas a montarem pequenos negócios que atuem com estabelecimento virtual; tendo em vista a razão da alta carga tributária brasileira e as dificuldades pelas quais os pequenos lojistas, os órgãos competentes têm buscado colaborar e viabilizar as vendas na internet em todo país com um sistema de tributação mais simples, que visa aumentar a quantidade de negócios virtuais e comporta os tributos que veremos a seguir.

O principal imposto que incide sobre o e-commerce é o ICMS (Imposto sobre Circulação de Mercadorias e Serviços). Entre os outros impostos, citamos:

» IRPJ – Imposto de Renda sobre Pessoa Jurídica;
» PIS – Programa de Integração Social;

» Cofins – Contribuição para o Financiamento da Seguridade Social;
» ISS – Imposto sobre Serviços.

Os empresários de e-commerce usufruem de regime especial de tributação, principalmente em relação à restituição de impostos, que pode ser solicitada em razão do diferencial de alíquotas do ICMS entre os estados da federação. Sendo assim, as lojas virtuais contam com a possibilidade de selecionar o estado no que vai atuar, pois todos os estados contam com cotas mais baixas de alíquotas de tributação. A solicitação da simplificação é feita por inscrição na Secretaria da Fazenda do Estado e pedido de adoção de Regime Próprio para Empresa Virtual. As empresas de e-commerce normalmente iniciam suas atividades com base no regime do Simples Nacional. Contudo, esse sistema não é tão descomplicado. Existem diversas faixas de tributação, bem como uma categoria de cobrança progressiva. Entretanto, usualmente, as organizações começam a atuar pagando sua tributação pelo Simples, que tem um limite atual de até R$ 4.800.000,00 (Brasil, 2006).

O caso é que as taxas do Simples têm mudado com o passar dos anos em paralelo à contribuição e aos valores arrecadados, que cresceu nos últimos anos. Há pesquisas que demonstram que o Simples não é mais interessante, uma vez que determina que algumas companhias devem mudar para o lucro real, em conformidade com a legislação tributária. Mesmo assim, qualquer corporação, independentemente de suas dimensões, pode começar no regime tributário do lucro real e a qualquer momento mudar para o regime tributário que lhe for mais favorável.

A análise do cenário mais propício da organização depende da avaliação do que é menos oneroso para a empresa, ainda que a mudança possa impor certas dificuldades. Porém, como explicamos anteriormente, as companhias começam a pagar sua tributação pelo Simples Nacional. Na atualidade, há a escolha do regime tributário MEI, cujo limite de tributação é até de R$ 81 mil por ano (Brasil, 2006). Contudo, como nessa modalidade a empresa deve ser individual e não pode ter mais de um empregado, ela não atende a maior parte dos empreendimentos.

Repetindo o ciclo natural, as companhias começam no Simples e acabam migrando para o regime tributário de lucro presumido, cujo imposto, na maior parte dos casos, varia de acordo com a atividade em ação.

É preciso realizar um cálculo antes da decisão pela mudança de regime. Além disso, é importante lembrar que o ICMS e o IPI não fazem parte dessa análise, uma vez que observam uma legislação específica de pagamento de imposto.

Exemplificando

Se a instituição tiver um ganho líquido aproximado de 8% ou menor que esse índice, é preciso optar pelo ganho tangível (ou lucro real). Seu cálculo é mais complexo. Por exemplo: se evidenciar prejuízo, não é preciso pagar imposto (em correlação ao IR e à colaboração), que é o caso de diversas empresas do mercado. Além disso, há vantagens a empresas exportadoras, que não precisam pagar o PIS e o Cofins, que incidem sobre a receita bruta das empresas.

5.8.1 Como ocorre a tributação no e-commerce?[1]

Há duas classificações referentes aos tipos de operações do e-commerce:

1. **Relacionadas a vendas de produtos ou outras negociações virtuais que envolvam mercadorias**: essas organizações são divididas em duas subcategorias:
   » Empreendimentos em que há compra de produtos e revenda em *sites*: nesse caso, o imposto vai ser aplicado a vendas para pessoas físicas e jurídicas "que não forem legalmente contribuintes do referido imposto" (Tributação..., 2020). Também incidirão os demais impostos – PIS e Cofins aplicados às receitas das vendas do e-commerce, bem como IRPJ e Contribuição Social sobre o Lucro Líquido (CSLL).
   » Organizações que atuam como canal de vendas de empresas que produzem, distribuem ou vendem: incidirá sobre esse tipo de empreendimento o IPI, tendo-se em vista que "a loja é de propriedade do produtor ou importador das mercadorias comercializadas" (Tributação..., 2020).
2. **Relacionadas à contratação de serviços**: nesse caso, incidem o ISS e o PIS/Cofins, tendo-se como base o valor das prestações de serviços. Além disso, há aplicação do CSLL e do IRPJ relacionado ao resultado operacional do empreendimento. Nesse contexto, o empreendedor pode optar por regimes tributários mais atraentes em relação à incidência de impostos se seus negócios forem mais modestos – como o MEI e o Simples Nacional.

1 Seção e respectivas subseções elaboradas com base em Tributação... (2020).

São três os regimes tributários que hoje regem o e-commerce, como demonstramos a seguir:

Quadro 5.1 – Regimes tributários

Simples Nacional	Para empreendimentos com receitas de até R$ 4,8 milhões por ano. Alíquota de até 19% para PJs comerciantes.
Lucro Presumido	Para empresas que tenham faturamento de até R$ 48 milhões por ano. Os cálculos são fundamentados na atividade exercida, "margem de lucro de 8% da receita bruta para atividades comerciais" (Tributação..., 2020). Caso o lucro seja acima do preestabelecido, o cálculo continua seguindo o mesmo raciocínio. Se for abaixo, a taxação é calculada pelo lucro presumido.
Lucro Real	Necessária para organizações com receitas acima de R$ 78 milhões por ano. O cálculo se efetua com base no lucro da empresa. Caso a empresa não tenha lucro em determinado período, a empresa não recolhe, por exemplo, IR.

Fonte: Elaborado com base em Tributação..., 2020.

Indicação de tributos notas fiscais

Tendo em vista que os empreendedores do e-commerce são obrigados a emitir nota fiscal, considerando-se que trabalham com comércio virtual, todos os impostos que incidem sobre produtos e serviços devem ser indicados nesse documento: "IOF, IPI, PIS, COFINS, ICMS, ISS e II (na hipótese de produtos cujos insumos ou componentes sejam oriundos de operações de comércio exterior e representem percentual superior a 20% do preço de venda)" (Tributação..., 2020).

Há algumas exceções, como no caso das MEs e EPPs optantes do Simples Nacional, autorizadas a apresentar apenas as alíquotas do respectivo regime, "desde que acrescidas da porcentagem ou valor nominal a título de imposto sobre produtos industrializados (IPI), substituição tributária ou incidência monofásica anteriormente ocorrida na cadeia de consumo" (Tributação..., 2020).

As MEIs, por sua vez, estão isentas da emissão de NF-e quando o comprador do item for PF, desde que o adquirente do produto ou contratante do serviço seja PJ, a não ser que esta já tenha emitido nota fiscal de entrada.

Tributação de *dropshipping*

A tributação ocorre de maneira similar à de uma loja física que realiza importação e revenda de itens. Em razão do elevado custo do ato de importar e respectiva carga tributária, bem como da burocracia relacionada à liberação aduaneira de produtos, trata-se de um modelo que deve ser estudado cuidadosamente antes de ser colocado em prática.

5.8.2 Substituição tributária

O que vem a ser "substituição tributária"? De acordo com Richardson (2019), trata-se de "uma forma de arrecadação de tributos utilizado pelo governo brasileiro. Ele atribui ao contribuinte a responsabilidade pelo pagamento do imposto devido pelo seu cliente. A substituição será recolhida pelo contribuinte e posteriormente repassada ao governo". Há três tipos de substituição:

Quadro 5.2 – Tipos de substituição tributária

Substituição para frente	O tributo relativo a fatos geradores que deverão ocorrer posteriormente é arrecadado de maneira antecipada, sobre uma base de cálculo presumida.
Substituição para trás	O que ocorre é justamente o contrário. Apenas a última pessoa que participa da cadeia de circulação da mercadoria é que paga o tributo, de maneira integral, inclusive relativamente às operações anteriormente praticadas e/ou seus resultados.
Substituição	O contribuinte em determinada operação ou prestação é substituído por outro que participa do mesmo negócio jurídico. Esse é o caso, por exemplo, do industrial que paga o tributo devido pelo prestador que lhe provém o serviço de transporte.

Fonte: Elaborado com base em Richardson, 2019.

Na atualidade, os estados não contam com substituição tributária que inclua regime específico destinado ao e-commerce e, portanto, estão perdendo recolhimento.

A explicação para essa falta é que alguns estados estão abandonando a substituição tributária, tal como em Santa Catarina; o Paraná, por sua vez, retirou momentaneamente impostos dos alimentos. Portanto, se uma empresa virtual está em um estado com o regime atual, a sugestão é que mude de estado ou lute por sua causa, visto que beneficia a todos os lojistas virtuais.

É uma incoerência que certos estados preservem o regime de substituição tributária, pois as organizações têm de pagar cargas tributárias diferenciadas: para comercializar nos 27 estados do país, são necessários 27 cálculos diferentes para impostos, pois cada estado adota uma tributação. Lembrando que os estados dispõem de independência para aplicar leis e tributações.

Há sistemas que calculam todos esses impostos com clareza, individualmente, de acordo com cada estado. No entanto, o preço de tais recursos só aumenta, haja vista as atualizações sobre obrigações tributárias. Por isso, o mais adequado é mirar no estado ou na área de venda da loja virtual.

Portanto, vender para qualquer lugar do Brasil não é aconselhado. Além dos custos de frete, há os cálculos dos tributos, que tornam o comércio em todo o território nacional quase impraticável. No entanto, é possível ter ganho e obter diferencial com a escolha adequada de regime tributário.

5.8.3 ICMS e-commerce

O principal imposto estadual é o ICMS, previsto no art. 155, parágrafos 2º ao 5º, da Constituição Federal de 1988 (Brasil, 1988) e legislado pela Lei Complementar n. 87/1996 (Brasil, 1996):

Art. 1º Compete aos Estados e ao Distrito Federal instituir o imposto sobre operações relativas à circulação de mercadorias e sobre prestações de serviços de transporte interestadual e intermunicipal e de comunicação, ainda que as operações e as prestações se iniciem no exterior.

Art. 2º O imposto incide sobre:

I – operações relativas à circulação de mercadorias, inclusive o fornecimento de alimentação e bebidas em bares, restaurantes e estabelecimentos similares;

II – prestações de serviços de transporte interestadual e intermunicipal, por qualquer via, de pessoas, bens, mercadorias ou valores;

III – prestações onerosas de serviços de comunicação, por qualquer meio, inclusive a geração, a emissão, a recepção, a transmissão, a retransmissão, a repetição e a ampliação de comunicação de qualquer natureza;

IV – fornecimento de mercadorias com prestação de serviços não compreendidos na competência tributária dos Municípios;

V – fornecimento de mercadorias com prestação de serviços sujeitos ao imposto sobre serviços, de competência dos Municípios, quando a lei complementar aplicável expressamente o sujeitar à incidência do imposto estadual.

§ 1º O imposto incide também:

I – sobre a entrada de mercadoria ou bem importados do exterior, por pessoa física ou jurídica, ainda que não seja contribuinte habitual do imposto, qualquer que seja a sua finalidade; (Redação dada pela Lcp 114, de 16.12.2002)

II – sobre o serviço prestado no exterior ou cuja prestação se tenha iniciado no exterior;

III – sobre a entrada, no território do Estado destinatário, de petróleo, inclusive lubrificantes e combustíveis líquidos e gasosos dele derivados, e de energia elétrica, quando não destinados à comercialização ou à industrialização, decorrentes de operações interestaduais, cabendo o imposto ao Estado onde estiver localizado o adquirente. (Brasil, 1996)

Discussões sobre a disposição irregular do ICMS nos estados foram empreendidas até 31 de dezembro de 2015, um momento que o ICMS estava em domínio do estado de origem dos produtos, independentemente da região de distribuição destinada. Com as modificações empreendidas pela Emenda Constitucional n. 87/2015 (Brasil, 2015a) e regulamentadas pelo Convênio ICMS n. 93/15 (Brasil, 2015b), a começar em 1º de janeiro de 2016, as empresas do e-commerce tiveram de se reestruturar com o inédito modelo de compartilhamento do ICMS nas operações interestaduais destinadas ao cliente final não contribuinte. Dessa maneira, a recente partilha do ICMS exigiu das companhias uma conciliação fiscal-tributária estruturada, passando a utilizar procedimentos detalhados, que incluem o entendimento técnico-legislativo de qualquer estado e modificações sistêmicas nos moldes da Nota Fiscal Eletrônica. Contudo, a dificuldade tributária e a má gerência fiscal promovem incalculáveis equívocos, atribuídos à cobrança inadequada. Nessa perspectiva, temos a substituição tributária do ICMS.

A Constituição Federal, em seu art. 155, parágrafo 2º, inciso XII, alíneas "a" e "b", determina que a lei complementar traga luz a respeito do ICMS. Nesse caso, indica o art. 9º da Lei Complementar n. 87/1996 que a aplicação da substituição tributária nas operações interestaduais deve ocorrer conforme praticado pelos estados interessados, nos chamados *convênios* e *protocolos ICMS*. Levando-se em conta que os comércios atacadista e varejista realizam operações de vendas no e-commerce, essas organizações são afetadas de modo direto pela ocorrência do ICMS-ST em suas operações interestaduais.

A complexidade do assunto influencia principalmente os contribuintes substituídos, aqueles que recebem o produto com o desconto do ICMS-ST, pelo fato de o regime de substituição tributária estimar que as operações de e-commerce devem ocorrer dentro do próprio Estado.

Entretanto, ao realizar operações interestaduais, o contribuinte recolocado tem direito à compensação do ICMS relativo às operações subsequentes, assim como ao recebimento do valor do ICMS aplicado sobre a operação passada.

Com a finalidade de ajudar os contribuintes substituídos domiciliados no Estado de São Paulo, tem-se o parágrafo 4º do art. 269 do RICMS-SP (Decreto n. 45.490, de 30 de novembro de 2000 – São Paulo, 2000) e a Portaria CAT n. 42/2018 (São Paulo, 2018). O que isso significa? Quer dizer que esse tipo de cobrança em São Paulo, nesse caso específico, é inconstitucional.

No Estado de São Paulo, o adiantamento tributário é previsto no art. 426-A do RICMS-SP e, ao contrário da reposição tributária por retenção, a por adiantamento tributário impõe ao contribuinte a arrecadação do custo do imposto justo por meio da própria operação de saída ou pelas operações subsequentes.

A questão foi julgada pelo Supremo Tribunal Federal na RE 598.677 (Brasil, 2021), com uma reverberação total que levou à inconstitucionalidade da antecipação do ICMS instituída por decreto. Nessa direção, fixou-se a proposição de que cabe à lei fazer valer o ato de origem da obrigação tributária, o que volta à necessidade de adiantamento no Estado de São Paulo, que é ilegal e inconstitucional.

Propenso à consideração do e-commerce como uma afluência de grandes centros de compartilhamento, o Estado de São Paulo passou a consentir que tais instituições adotassem o Regime Especial de Tributação esperado no Decreto n. 57.608/2011 (São Paulo, 2011) e passassem a contribuir do modo que fossem consideradas substitutas tributárias.

Conforme o Decreto n. 62.250/2016 (São Paulo, 2016), que altera o Decreto n. 57.608/2011, o contribuinte varejista que faz operações que tragam como resultado a concentração de valores a serem ressarcidos, consequente da prática de saídas interestaduais de produtos recebidos com imposto retido antecipadamente por reposição tributária, conseguirá reivindicar regime especial, a contar de que a organização cumpra os seguintes itens:

» Atue tal como núcleo de compartilhamento.
» Realize operações de vendas destinadas a cliente final, contribuinte ou não do imposto, por intermédio de internet, negócios de *telemarketing* ou plataformas eletrônicas em maior parte.

Considera-se *centro de partilha* a organização comercial que promove unicamente operações de saída de itens para estabelecimentos varejistas ou atacadistas. Existente na permissão do regime especial, o contribuinte que age como centro de abastecimento fica impedido de dar saída com destino a consumidor final, observando as exceções ostentada no art. 6º, parágrafo 1º (São Paulo, 2011):

> Artigo 6º. Fica vedado, ao estabelecimento detentor do regime especial a que se refere o artigo 1º, promover saída com destino a consumidor final.
>
> § 1º Na hipótese em que a operação de comercialização a consumidor final seja realizada por outro estabelecimento varejista do mesmo titular do estabelecimento detentor do regime especial, este fica autorizado a realizar a entrega da mercadoria ao adquirente (remessa física), por conta e ordem do estabelecimento vendedor.
>
> § 2º Para realizar operações de comercialização a consumidor final não enquadradas no § 1º, o contribuinte detentor do regime especial deverá requerer inscrição específica no Cadastro de Contribuintes do ICMS, observando-se que:

1 – será dispensada a demonstração da segregação física dos estabelecimentos e de estoques;

2 – a remessa física da mercadoria ao consumidor final deverá ser realizada pelo estabelecimento detentor da inscrição estadual referida no caput deste parágrafo.

§ 3º Nas hipóteses previstas nos §§ 1º e 2º, o imposto relativo à substituição tributária será devido, pelo estabelecimento detentor do regime especial, no momento da realização da operação de saída simbólica da mercadoria para o estabelecimento que realizou a venda a consumidor final.

A respeito do tema, a empresa detentora do regime especial deve utilizar-se de outra determinação varejista de sua titularidade para fazer as operações destinadas a cliente final, contribuinte ou não do imposto. Entretanto, no parágrafo 2º do art. 6º do Decreto n. 57.608/2011, o legislador viabiliza a operacionalidade sem a participação de outra instituição varejista do mesmo dono do estabelecimento sob regime especial, perante o requerimento de inscrição específica no Cadastro de Contribuintes do ICMS.

Com isso, o comércio varejista em nível de substituto tributário recebe os itens sem a importância do ICMS-ST em todas as operações. Contudo, é necessário que o gestor financeiro ou contador do e-commerce verifique se o produto está na ST (substituição tributária) correta, bem como possíveis alterações na legislação.

Especificidades e cálculos[2]

O cálculo desse tributo gira fundamentalmente em torno da "multiplicação da base de cálculo pela alíquota incidente sobre a operação" (Muniz, 2021). Os fatores a serem levados em conta nesse contexto são os seguintes:

2 Subseção elaborada com base em Muniz (2021) e Como fazer... (2021).

Quadro 5.3 – Fatores para cálculo de ICMS

Base de cálculo	Refere-se à totalidade da comercialização, somando-se a ela o frete e demais valores às expensas do cliente.
Fato gerador	Refere-se ao ato da saída do item ou ao início do serviço prestado.
Alíquota	Valor variável conforme os estados de onde o produto sai e para onde vai.

Fonte: Elaborado com base em Muniz, 2021.

Por exemplo: em uma UF em que a alíquota corresponda a 15%, o valor do tributo para um item que custa R$ 3.000,00 seria de R$ 450,00. O cálculo é o seguinte:

R$ 3.000 × 15% = R$ 450

Como o e-commerce pode ser realizado para qualquer lugar do país, e considerando que os estados praticam diferentes alíquotas de ICMS, era necessário criar uma ferramenta que facilitasse as comercializações entre UFs. Nesse contexto, criou o Diferencial de Alíquota (Difal), que auxilia o empreendedor a determinar as distinções entre os diferentes valores de ICMS praticados e realizar o recolhimento correto do tributo. Por exemplo: se, no estado de saída do produto, a alíquota praticada é de 13% e, no estado para o qual o item será destinado, é 15%, então o Difal sobre a comercialização será de 2%. Importante: "Se o comprador for contribuinte do ICMS ele será responsável pelo pagamento do Difal e não o vendedor, que só recolherá o Difal caso realizar a venda para um consumidor final não contribuinte do ICMS" (Como fazer..., 2021). Exceção feita às comercializações de itens para compradores que residem em outro estado (venda balcão ou e-commerce, com retirada pelo consumidor – Como fazer..., 2021). Nesse contexto, cada UF considera o que é mais adequado: em São Paulo, Paraná e Rio de Janeiro, independentemente de onde o comprador resida, a transação é considerada operação interna, tendo em vista que o produto terá saída no local.

Além dessa facilitação, desde 2019, a Emenda Constitucional n. 87/2015 (Brasil, 2015a) determina que o ICMS seja 100% repassado ao estado de destino da comercialização. Até o ano de 2018, esse valor incluía o estado de saída do item ou serviço.

Com relação à documentação necessária para o recolhimento desse tributo, é usado no Brasil o DAS, quando se trata de empresa que opta pelo Simples Nacional, ou a Guia Nacional de Recolhimento Estadual (GNRE), direcionada a comercializações interestaduais pautadas na substituição tributária ou por tributos devidos a determinada UF e recolhidos em outras regiões. De acordo com Muniz (2021), a emissão desse documento ocorre da seguinte forma:

1. Gerar a Nota Fiscal Eletrônica.
2. Imprimir duas vias da Nota Fiscal.
3. Checar a tabela de alíquotas de ICMS – observando os estados envolvidos na transação.
4. Calcular a diferença entre a alíquota interna e alíquota do estado destino.
5. Entrar no *site* do SEFAZ e emitir guia para pagamento que vai para o estado do cliente.
6. Imprimir guia GNRE.
7. Pagar a guia GNRE.
8. Imprimir o comprovante de pagamento.
9. Juntar a Nota Fiscal, a GNRE paga e o comprovante de pagamento ao produto.
10. Enviar o produto ao cliente.

Voltando ao caso do ICMS Interestadual, o cálculo deve levar em conta a tabela correspondente ao do estado do e-commerce[3].

3 Para mais detalhes, acesse <https://www.fazenda.pr.gov.br/servicos/Empresa/Simples-Nacional/Consultar-tabelas-do-ICMS-PGDAS-D-jlNDvDrg>.

Nesse contexto, consideram-se o total da operação, o que inclui frete e valor definitivo do item. O cálculo pode ser feito no mínimo de duas maneiras (Como fazer..., 2021):

» **ICMS "por fora"**: já explicada anteriormente, pressupõe a multiplicação da base pela alíquota desejada (ex.: produto a R$ 200,00 com alíquota de 10%, que totaliza R$ 20,00).

» **ICMS "por dentro"**: sendo o valor definitivo do produto de R$ 220,00, temos que o ICMS não é igual a 10% desse valor. Portanto, há quem defenda que o ICMS deve ser incluído na base de cálculo: R$ 200,00/(1 – 0,2) = R$ 250,00. Nesse caso, o ICMS a ser recolhido seria R$ 250,00 × 0,2 = R$ 50,00.

Além desses fatores, há o elemento "sistema de crédito do imposto" a ser considerado. Vejamos um exemplo a seguir.

> Digamos que o produto do nosso exemplo foi comprado por você por 118 reais (18 reais destacados como ICMS) e será revendido por você por 177 reais (150 + 18%). Você não precisará recolher integralmente os 27 reais (18% de 150), pois recebe os 18 pagos na última operação como crédito. Tendo que pagar apenas os 9 reais da diferença entre 18 e 27. (Como fazer..., 2021)

Uma pergunta que surge nesse caso é: Como calcular o ICMS de vendas de produtos e prestações de serviços? Como as alíquotas podem ser revistas sem prévio aviso e as tabelas disponíveis na internet nem sempre passam por atualizações periódicas, o correto é consultar um especialista em contabilidade, que poderá apurar a legislação vigente nesse tema.

5.9 Transportes

O transporte eficiente contribui para o atendimento das necessidades dos clientes, que demandam serviços eficazes. A análise de transportes é uma das maneiras de se obter vantagem competitiva por meio da diferenciação e da inovação em relação aos concorrentes.

Em muitas empresas, o transporte compreende o custo mais representativo, pois o frete costuma absorver dois terços do gasto logístico, como afirma Ballou (2006). Logo, é importante compreender sua relevância na economia, na escolha de modal, como forma de justificar investimentos, planejamentos e afins no contexto atual de globalização e transações virtuais.

Ballou (2006) afirma que a escolha assertiva de um sistema de transportes permite o aumento da competição mercadológica, que contribui para economia de escala e para a redução de preços das mercadorias. O autor reforça: "a importância relativa de cada modo de transporte e as alterações ocorridas nas participações relativas são parcialmente explicadas pela carga transportada e pela vantagem inerente do modo" (Ballou, 2006, p. 118, tradução nossa).

Nesse sentido, as modalidades de transportes podem ser (Ballou, 2006):

» **Ferroviário**: pouco usado no país, haja vista que a malha ferroviária já não é mais usada em razão da desativação do modal empreendida por vários governos brasileiros. É indicado para transporte de grandes volumes e a grandes distâncias.

» **Rodoviário**: o mais usado no país, apesar de ter o maior custo. Depende da qualidade das estradas. É indicado para transporte de curtas distâncias.

» **Hidroviário**: transporta grandes cargas, porém é mais lento. Costuma apresentar baixos valores de frete.
» **Dutoviário**: transporta conteúdos líquidos e gasosos por dutos. É mais seguro para esse tipo de deslocamento.
» **Aeroviário**: é combinado com outros modais. Indicado para longas distâncias por ser mais rápido.

O transporte de um produto pode se empreendido por um modal ou mais, o que depende da localização em que o item será entregue e da estratégia de transportes usada pela empresa.

Exemplificando

Um cliente faz uma compra em um comércio eletrônico, cujo armazenamento de produtos se encontra em São Paulo, e deseja receber esse item em Curitiba, em sua residência. A empresa pode decidir fazer essa entrega sem custo adicional ao consumidor ou cobrando o valor do transporte desse comprador. Após essa decisão, a empresa precisa estabelecer a melhor rota para essa entrega, pois, se definir que será via correio pago pelo consumidor, será um transporte terceirizado. Já se a própria empresa cuida do transporte, ela deve verificar quais modais são adequados, levando em consideração os seguintes fatores:

» tempo de envio;
» tamanho do produto/peso;
» tipo de produto.

É importante ressaltar que os custos com transporte são elevados e, por isso, a definição de uma boa estratégia pode ser um diferencial competitivo. Independentemente da maneira que o produto é entregue deve-se pensar sempre em:

pontualidade; nível de serviço adequado ao que o cliente espera; integridade física do produto; comunicação com o cliente durante o processo de entrega.

Síntese

Analisamos, neste capítulo, a logística, um nervo central do *e-commerce*. Seu conceito baseia-se nas entregas. Para que essa atividade seja desenvolvida de maneira satisfatória, é preciso tomar cuidado com as devoluções e trocas, que criam um gargalo enorme, que vai desde a possibilidade de fraudes às formas de fidelizar os clientes. Nesse processo, vários detalhes são importantes, desde a compra até a embalagem.

Em seguida, tratamos da embalagem, um reflexo da marca, portanto, tem sua importância e pode ser fator decisivo para uma entrega, podendo fidelizar o cliente.

Por fim, discutimos sobre a logística reversa, que tem como finalidade reverter processos errados e de tributação, que, no Brasil, afeta não só o e-commerce, mas a maioria dos empresários.

capí-tulo 6

Contabilidade de custos e o equilíbrio financeiro

Conteúdos do capítulo

- » CMV (custo de mercadoria vendida).
- » Contabilidade e custos.
- » Ponto de equilíbrio.
- » Parcelamento de compras no e-commerce.
- » Ferramentas de avaliação da concorrência.
- » Controle financeiro e gestão.
- » Gestão e ferramentas de e-commerce.

Após o estudo deste capítulo, você será capaz de:

1. entender o custo da mercadoria vendida;
2. avaliar e analisar o impacto dos preços de produtos na contabilidade;
3. compreender itens do custo da mercadoria vendida;
4. entender a margem de lucro, a contabilidade de custos e o ponto de equilíbrio;
5. analisar e aplicar o ponto de equilíbrio financeiro na formação de preços;
6. entender as ferramentas de avaliação da concorrência;
7. avaliar o impacto das pesquisas de concorrência no *e-commerce*.

Gerenciar uma instituição é uma missão de profundo comprometimento. Quando se cuida parte financeira, esse compromisso é ainda mais forte.

Por mais que os serviços contábeis sejam executados por profissionais especializados na área, a atualização constante sobre os cálculos mais importantes, sobre como eles funcionam e por que são tão necessários para a sobrevivência da empresa, é essencial. No e-commerce, isso não é diferente. Saber precificar a mercadoria, cuidar de todos os tópicos que envolvem o desenvolvimento do produto até a chegada do item no ponto convencionado e a pesquisa de satisfação do cliente é um longo caminho a ser planejado.

Neste capítulo, vamos entender como a gestão dessa trajetória tem impacto no sucesso ou fracasso de um e-commerce e apresentar as ferramentas que permitem a superação de todas as etapas dessa senda rumo ao sucesso.

6.1 O que é CMV?

O CMV, ou "custo de mercadoria vendida", é essencialmente o total das despesas de compras, produção e estocagem de qualquer produto até que ele seja vendido. Nesse contexto, inclui, entre outros valores, o pagamento a fornecedores impostos e seguros. Portanto, antes de se medir o ganho bruto de uma operação comercial, é preciso medir seu gasto com o produto comercializado.

Dessa maneira, é possível adicionar o valor do custo de mercadoria vendida considerando a diferença entre a receita líquida das vendas da empresa e o gasto envolvido para compor o custo do item ou do serviço comercializado, sem que impostos e outras taxas tenham sido deduzidos.

Além das funções anteriormente elencadas, o CMV tem outra atribuição: ser um indicador primordial para o dimensionamento do lucro bruto e para a prática de um balanço anual de vendas de uma corporação. Portanto, esse custo é imprescindível para que a empresa saiba o preço que foi proporcionalmente aplicado no produto.

Esse indicador financeiro é dado ao comércio, tendo como propósito servir "como base de apuração do resultado bruto. É por meio do indicador que a empresa tem condições de mensurar se sua atividade comercial está sendo ou não lucrativa" (CMV..., 2021).

6.1.1 Impacto do CMV na contabilidade

Primeiramente, o CMV é primordial para o planejamento do balanço anual contábil de uma instituição. Contudo, o que é o custo de mercadoria de vendas na contabilidade?

Na contabilidade das companhias, o valor do produto comercializado é um dos produtos que constam na DRE (Demonstração de Resultados do Período). Portanto, ele corresponde ao gasto total dos itens vendidos pela empresa, e não somente de um produto exclusivo. Nesse caso, o resultado do CMV (deve ser subtraído da prescrição líquida juntamente com as despesas, gerando o EBITDA (*Earnings Before Interest, Taxes, Depreciation and Amortization*, em português, LAJIDA – Lucros Antes de Juros, Impostos, Depreciação e Amortização). Esse é um importante indicador do desempenho financeiro da empresa.

Nesse cenário, temos também o LAIR (Lucro Anterior ao Imposto de Renda e Contribuição Social), por meio do qual são calculados os valores captados pela empresa antes que os tributos incidentes sobre eles (Imposto de Renda da Pessoa Jurídica) e CSLL (Contribuição Social sobre o Lucro Líquido) sejam pagos. Assim, ele faz parte do cálculo do lucro operacional do negócio.

Para saber mais

Quer entender mais sobre CVM e como calcular esse custo? Assista ao seguinte vídeo:

SUEDILSON FILHO. **CVM**: custo de mercadorias vendidas. Disponível em: <https://www.youtube.com/watch?v=lsdXquZuO50>. Acesso em: 17 jul. 2023.

6.1.2 Componentes do Custo de Mercadoria Vendida

Para calcular o custo de mercadoria de valor de uma corporação, é necessário compreender os itens que compõem o CMV. Assim, é fundamental a noção de que o esforço de produto comercializado nada mais é que o esforço das vendas em certo tempo. Nesse contexto, os princípios que compõem o CMV são (Dubois; Kulpa; Souza, 2009):

- estoque original;
- compras;
- estoque final.

Para medir o CMV, é necessário atentar para o fato de que esse custo equivale ao estoque original (EI), somado às compras (C) e subtraído do estoque final (EF). Dessa maneira, é provável identificar o custo final que se encontra em seu estoque incluído do período apurado estudado.

Portanto, a fórmula do CVM é:

$$CMV = EI + C - EF$$

Essa receita simples permite medir o CMV levando-se em conta os estoques da instituição com datação do início até o fim do período ponderado, o valor financeiro dispensado com custos em compras e as receitas com as vendas.

Exercício resolvido

Pensando em abrir um e-commerce para vender brinquedos e bichos de pelúcia na internet, um grupo de amigos da Faculdade de Tecnologia resolveu fazer uma pesquisa inicial sobre seus concorrentes e os preços praticados pelo mercado. Para chegar ao preço de seus produtos, a equipe teve de considerar algumas variantes. Portanto, é correto afirmar que:

a. Para precificar os produtos que o grupo iria vender, foram considerados seu estoque inicial, o preço praticado pelo mercado, as compras para manter o estoque final, bem como os custos diretos e indiretos de produção e de despesas fixas.
b. Para precificar os produtos que o grupo iria vender, foram considerados a tendência de moda do momento, o estoque inicial e o lucro que seria obtido em 3 meses.
c. Para precificar os produtos que o grupo iria vender, foram considerados os produtos que a equipe tinha em estoque e a cor preferida dos clientes da concorrência.
d. Para precificar os produtos que o grupo iria vender, foram considerados os clientes que eventualmente comprariam os produtos e o lucro que a equipe obteria com as vendas.

Gabarito: A.
***Feedback* do exercício**: Três fatores são importantes para o CVM: estoque inicial, compras e estoque final, além de outros elementos de precificação, tais como custos diretos e indiretos de produção e de despesas fixas. Portanto, a alternativa "A" está correta; a alternativa "B" está incorreta porque a tendência de moda é importante para pesquisar a concorrência, e não precificar; a alternativa "C' está incorreta porque a equipe não considera o estoque; a alternativa "D" está correta porque, nesse contexto, o grupo só considerou o lucro e os clientes.

Nesse cenário, é fundamental analisar os produtos não vendidos, uma vez que sua compra implica despesas para o proprietário de empresa, apesar de aumentar o ativo da organização.

6.1.3 Margem de Lucro

A margem de lucro diz respeito à proporção da receita que sobra depois da baixa de todos os custos – depreciação, juros, impostos e outras despesas ligadas aos produtos. Sua função é estabelecer um índice pretendido para o lucro, ou seja, o quanto a empresa deseja ganhar em cima de suas vendas. Dessa forma, tem a atribuição de analisar a proporção somada aos custos totais, de tal modo que tanto um produto quanto um serviço sejam computados nesse valor. De maneira mais simples, a margem de lucro gera o valor final, estando então embutida no custo de uma mercadoria ou serviço.

A avaliação de mudanças nas margens de lucro é fundamental: uma margem menor pode gerar muitas complicações e envolver despesas. As margens de lucro de certos empreendedores são pequenas, o que dificulta a concessão de descontos ou promoções, tais como brindes ou produtos/serviços adicionais. Por outro lado, há atividades com grandes margens, exploradas inclusive por pequenos empreendedores.

Mesmo que a margem de lucro seja adequada e que a organização seja considerada lucrativa, essa métrica financeira tem suas limitações. Ainda assim, pode ser usada como fonte de comparação para companhias incorporadas a uma mesma indústria e para conglomerados com modelos de serviços parecidos. Em geral, organizações em blocos diferentes de indústrias conseguem ter modelos de serviços e fluxos de receita distintos, por conseguinte, margens de lucro desiguais.

Um exemplo interessante pode ser obtido pela comparação entre uma organização que vende itens de luxo e um produtor de bens. O primeiro pode ter uma alta proporção de ganho em seus itens, com um estoque baixo e mantendo, dessa forma, uma margem de lucro grande. O produtor de bens, por outro lado, pode contar com um estoque alto, uma quantidade elevada de vendas e um enorme custo por causa da urgência de produção.

Nessa situação, uma loja de produtos de primeira necessidade seria capaz de ter uma receita elevada, mas uma margem de ganho baixa. É possível enxergar aqui a correlação entre produzir pouco ou muito e ter mais ou menos margem?

Ainda nessa linha de raciocínio, um fato fundamental é que a margem de lucro não tem relação com o lucro final. O lucro é concedido pela receita de vendas, subtraindo-se as deduções (impostos, devoluções e abatimentos), as despesas e os custos, bem como os tributos federais (IRPJ e CSLL). Nesse contexto, destacamos que lucro é claramente diferenciado de lucratividade. A margem de lucro, tal como vimos, é a projeção que a empresa ganha depois de descontar as despesas da receita bruta, ou melhor, é a habilidade de produção de caixa da instituição.

É essa medida de lucro originado pela organização que determina se ela está ganhando fundos para, por exemplo, investimentos operacionais ou desenvolvimento de estratégias de amplificação. Imagine que uma instituição efetue uma venda de R$ 50 mil em mercadorias e fique com R$ 25 mil, somando todas as despesas. Pode ser que o ganho de R$ 25 mil não seja suficiente para que essa organização sobreviva. No entanto, a margem de lucro de 50% pode ser uma boa demonstração do que a empresa pode esperar para a posteridade.

De que modo se mede a margem de lucro? A fórmula é a seguinte:

Margem de Lucro = Lucro/Receita · 100

Uma melhor maneira de entender esse cálculo é com um exemplo: a receita anual da Organização A é de R$ 1 bilhão, e seu ganho é de R$ 750 milhões. Aplicando a fórmula chegamos à conclusão que:

Margem de lucro = 750 milhões/1 bilhão · 100 Margem de lucro = 75%

6.2 Contabilidade e custos

A contabilidade de custos é uma parte da contabilidade geral. É entendida como uma ferramenta essencial para as organizações, uma vez que, por meio dela, a mensuração de todos os gastos torna-se visível para a elaboração de preços de itens e serviços e para a avaliação de rentabilidade, que permite modificações caso sejam necessárias para maiores avanços.

Custo é uma forma de desembolso utilizado para consumo de novas mercadorias ou serviços. De acordo com Bruni e Famá (2003, p. 205), "Custos representam os gastos relativos a propriedades ou serviços usados na fabricação de demais bens e serviços. Dessa forma, estão associados aos itens ou serviços fabricados pela instituição". Conforme Megliorini (2011, p. 2), "os custos são determinados a fim de que se atinjam as metas relativos à especificação do lucro, a verificação das operações e à tomada de decisões".

Os custos são classificados em duas categorias: **diretos** e **indiretos**. Segundo Leone (2010), os custos diretos são aqueles que podem ser classificados facilmente, ligados diretamente à mercadoria ou à sua prestabilidade, servindo como modelo para materiais e mão de obra condizentes com a fabricação direta. Os custos indiretos, por sua vez, são custos não medidos por item, com a finalidade de colocar em foco a prática de uma divisão equânime ou um método igual para distribuí-lo entre os itens e as tarefas. São exemplos de custos indiretos:

» força elétrica;
» combustível;
» materiais de higienização;
» material de conservação.

O setor financeiro é imprescindível e estratégico para toda a administração, pois ele viabiliza todas as outras atividades da empresa. Uma gestão de custos efetiva é primordial para preservar o desempenho adequado do negócio, torná-lo um concorrente forte, prevenir prejuízos financeiros e materiais e manter o desenvolvimento da organização.

6.2.1 Ponto de equilíbrio

Muitas empresas correm o perigo de fechar as portas por não entenderem como o universo dos negócios funciona. Apesar de oferecerem mercadorias e serviços de qualidade, não entendem mercado dos empreendedores, bem como a questão da capacidade de vendas necessárias para compensar o dinheiro usado para investimento e não sair no prejuízo.

A especificação do faturamento mínimo auxilia o administrador a tomar decisões corretas e buscar soluções eficientes nos momentos de imprevisto. Essa informação é essencial para a boa direção da organização, sendo denominada *ponto de equilíbrio*, situação em que a empresa não apresenta nem lucro, nem prejuízo, o momento em que se atinge um grau de vendas no qual as receitas geradas são suficientes apenas para liquidar os custos e as despesas.

"O lucro inicia quando as vendas adicionais, depois de mostrar atingir a meta chegam ao ponto de equilíbrio" (Megliorini, 2011, p. 148). No momento em que inicia suas atividades, a empresa tem de gastar na produção, e só após a saída dos produtos e dedução dos gastos é que haverá receita. Em um primeiro período, os gastos são maiores que as receitas; por conseguinte, os prejuízos se fazem presentes. No período de crescimento, o número de venda aumenta, o prejuízo deixa de acontecer e o lucro começa a emergir.

Sendo assim, segundo Dubois, Kulpa e Souza (2009), o ponto de equilíbrio ocorre quando os custos se igualam às receitas. "O ponto de equilíbrio, ou ponto de corte, é o grau de vendas no qual o rendimento é zerado" (Bornia, 2010, p. 58).

Podemos definir que esse momento do balanço contábil ocorre quando tudo está a contento e as dinâmicas são adequadas no que diz respeito à vida financeira da empresa. Considerando Ribeiro (2015, p. 474), "o estágio obtido pela instituição onde a receita absoluta iguala-se aos custos e despesas totais, jamais havendo, contabilmente, nem ao menos lucro nem sequer prejuízo".

Segundo Megliorini (2011), o ponto de equilíbrio contábil é obtido por meio da operação em que a margem de contribuição é adequada para liquidar todos os custos e despesas fixos da empresa, até mesmo a desvalorização que não gera custo em fundos, caixa ou reserva da empresa.

Ponto de equilíbrio financeiro

No contexto do ponto de equilíbrio financeiro, as ocorrências para o respectivo cálculo acontecem quando a desvalorização não é contabilizada nos custos. Ainda de acordo com Megliorini (2011), as amortizações de empréstimos e possíveis outros desembolsos passam a formar uma cota de custos. "O ponto de equilíbrio financeiro ocupa-se de apontar o quanto a instituição terá de vender a fim de não ficar sem reservas para liquidar suas necessidades de gasto" (Bornia, 2010, p. 63).

Valor de venda

O valor é elemento que encoraja a fidelizar novos compradores e influencia a subsistência dos que já conhecem a organização e seus produtos.

A decisão referente aos valores de venda praticados deve ser minuciosamente calculada. Os empresários precisam observar as oscilações do mercado, entender os diferenciais da concorrência e verificar se os preços aplicados são condizentes com as práticas de mercado. Durante o tempo em que a oferta comercializa um bem com o mais alto valor praticado, o consumo tende a um propósito reverso, à procura do menor preço de mercado.

Opção de pagamento

O e-commerce nunca pode se limitar a oferecer as opções de boletos bancários ou cartões de crédito. Quanto mais alternativas de pagamento a empresa oferece, mais chamativa a organização é.

Podemos citar como exemplo o PayPal, forma modesta e segura de liquidar compras na internet, no telefone celular ou no *tablet*. Nesse recurso, dados financeiros (tais como os números de cartão de crédito e de conta bancária) jamais são compartilhados com os vendedores, e o cliente tem acesso exclusivo à sua conta. Não há tarifas para quem compra pelo PayPal; elas são cobradas de quem recebe pagamentos pela transação de produtos e serviços.

6.3 Parcelamento de compras no e-commerce

Atualmente, a comercialização na internet exige alguns pré-requisitos:

» possibilidade financeira;
» parcelamento;
» descontos a pagamentos à vista;
» frete gratuito e uma série de mais elementos de promoção.

Esses fatores não são regras determinantes para a distribuição. No entanto, eles têm impacto efetivo para a decisão de aquisição de um bem: ao comprar um tênis desportivo, seja de qual marca for, o cliente acaba encontrando opções de parcelamento de 10 ou 12 vezes sem juros.

Exemplificando

Um e-commerce pode estabelecer parcelamentos de 3 a 4 vezes para itens em torno de R$ 600,00 a R$ 700,00. Nesse caso, é presumível que as vendas não sejam boas, tendo em vista que esse nível de preço normalmente pressupõe uma média de parcelamento de 5-6 vezes, ou seja, o produto é caro e o consumidor precisa se adaptar à sua realidade.

Quando o e-commerce for realizar trocas com o adquirente, tais como Rede, Cielo, Getnet, Pagseguro, Paypal, Moip ou Mercado Pago, é imprescindível que a verba destinada a obter domínio de negociação seja centralizada.

Portanto, quanto maior for o volume financeiro incorporado à instituição adquirente, maiores são as chances de o empreendimento conquistar uma situação comercial mais adequada com esse parceiro.

Nessa dinâmica, é importante tratarmos do compromisso da empresa com sua saúde financeira. Em seu início, o e-commerce era incluída no setor de planejamento dentro de um conglomerados; atualmente, empresas têm uma área específica para o trabalho com essa modalidade.

A comercialização de um item por R$ 300,00 e o respectivo parcelamento em 3 vezes sem juros permitem a geração de uma tarifa de pagamento aceitável – certamente um gasto de 4% a 5% de taxa de pagamento para parcelamento no cartão –; nesse caso, paga-se cerca de R$ 12,00 para ganhar os R$ 300 da mercadoria. Portanto, não se ganhará mais R$ 300,00, mas sim R$ 288,00. Se esse mesmo produto for parcelado em 12 parcelas e um sub-adquirente for utilizado nessa transação, é possível pagar 12% de tarifa, o que significa que, dos R$ 300,00 negociados pelo produto, R$ 36,00 serão de tarifa ao adquirente. Esses valores, no entanto, variam conforme acerto em contrato firmado com as parceiras de pagamento, segundo o cadastro da empresa, histórico e a conta para arrecadar esse pagamento, visto que primeiro se paga para readquirir o dinheiro da venda. Em certas ocasiões, essa taxa paga pode atingir a margem de lucro da organização e, portanto, a lucratividade de seu produto.

Nesse cenário, a comercialização desse modelo é bastante difícil. Como é possível fugir dessa situação? Efetuando um desconto de 5% para pagamentos à vista. Dessa maneira, ainda com base no exemplo dos R$ 300,00, paga-se R$15,00 de tarifa pelo uso de cartão. É uma conciliação com o cliente como modo de capitalizar o e-commerce.

Por isso, é sempre necessário realizar cálculos para avaliar a viabilidade de um parcelamento generoso. Além disso, são necessários estudos que verifiquem os movimentos da concorrência a esse respeito.

Possibilitar parcelamentos tanto pela loja quanto pela operadora de cartão é uma saída que vale a pena e que rende vantagens aos lojistas. Uma das principais vantagens dessa estratégia é a geração constante de fluxo de caixa. Por outro lado, uma desvantagem é o tempo que as operadoras de cartão de crédito levam para repassar os valores aos empresários, ou mesmo de os clientes efetuarem diretamente o pagamento, processo que pode levar até 40 dias, dependendo da negociação. Contudo, explorar a concorrência e calcular os preços de vendas fundamentados no planejamento original do e-commerce são estratégias necessárias para cobrir as despesas e manter o negócio aberto, gerando lucro.

Portanto, é possível proporcionar condições incríveis para os consumidores, no entanto, deve-se ter cuidado para não ferir a oportunidade de lucro – para reabastecer valores que não entrem na loja, o estoque de itens ficará comprometido, o que pode causar problemas à empresa.

6.4
Ferramentas de avaliação da concorrência

A avaliação da concorrência refere-se a um conjunto de ações que o mercado realiza para analisar o comércio à sua volta. Os elementos colhidos nessa pesquisa auxiliam na elaboração de métodos destinados a atender às necessidades do mercado. Entre os diversos aspectos inseridos em uma avaliação de concorrência, citamos (Megliorini, 2011):

» estudo de preço;
» logística;
» característica de produtos.

Quanto maior for a profundidade da análise desses fatores, melhor será a avaliação final e mais preciso será o programa de negócio para a empresa.

Exercício resolvido

O estudo da concorrência não pode voltar-se apenas aos preços praticados no mercado; além desse fator, a análise dos concorrentes também deve abarcar dados relacionados a estoque, distribuição, entrega, frete, funcionários etc., pois todos esses dados influenciam o planejamento estratégico da empresa, haja vista que eles permitem as seguintes definições:

a) da estratégia, da classificação dos produtos e serviços que serão comercializados e da margem de lucro que a organização pretende obter.
b) da estrutura que a empresa usará para montar sua sede, da estratégia que a empresa adotará para chegar ao objetivo de ser a líder em seu segmento, da classificação dos produtos e serviços que serão comercializados e do plano de carreira dos funcionários.

c) da logística que a empresa usará para entregar os produtos antes de seus concorrentes e da classificação dos produtos e serviços que serão comercializados.
d) da quantia que a empresa usará para comprar equipamento e da forma de gestão financeira que ela vai aplicar, para que o cliente tenha a melhor experiência possível e nenhum frete seja cobrado.

Gabarito: A

***Feedback* do exercício**: A alternativa "A" é correta, pois, com base em uma pesquisa da concorrência, é possível montar um planejamento estratégico muito mais preciso para se atingir os objetivos da organização. A alternativa "B" é incorreta, pois, além da sede, todo o contexto da empresa e de seu planejamento estratégico importa. A alternativa "C" é errada, pois não se pensa em logística sem a preparação do produto para entrega. A alternativa "D" está equivocada, haja vista que não se pensa na quantia antes de se montar o planejamento estratégico da empresa e se distribuir a verba para todos os departamentos.

O primeiro aspecto a ser estudado na avaliação de concorrência diz respeito à determinação de quem são os concorrentes. E não há nenhuma empresa ou nicho de negócio que não tenha concorrência. É possível que, sem estudo prévio, a empresa tenha uma noção de quem são os competidores do seu nicho de negócio, porém surpresas podem ocorrer, pois uma organização que aparentemente não representaria ameaça para determinado empreendimento pode, de repente, fazer frente a esse competidor. Contudo, é importante enfatizar que, na maioria das vezes, não é viável aplicar a avaliação de concorrência de maneira mais ampla quando se está começando um negócio de e-commerce.

Nesse contexto, é preciso utilizar ferramentas que auxiliam nessa avaliação, sejam elas gratuitas, sejam elas pagas. Esses recursos viabilizam a pesquisa de nicho de um mercado a ser investigado e possibilitam a obtenção de informações sobre a concorrência que pode alavancar negócio.

A seguir, apresentamos ferramentas gratuitas muito utilizadas em empresas de e-commerce.

6.4.1 SimilarWeb

É uma ferramenta gratuita indicada para empresas que não podem gastar com agências de *marketing* ou ferramentas pagas para esse tipo de investigação. O recurso possibilita a produção de um relatório que pode contribuir para que o negócio passe a compreender a dinâmica de seu mercado.

Para usá-la, basta acessar *site*[1] da empresa (não é necessário realizar instalações), inserir os dados solicitados e deixar o sistema fazer o resto. O relatório apresenta um grande panorama geral acompanhado de dados valiosos que auxiliam qualquer negócio.

Exemplificando

Um e-commerce que produz camisas esportivas encontra os *sites* relevantes que comercializam esse item ao analisar sua concorrência no Google. Ao verificar quem são as empresas que produzem camisas do tipo, a loja virtual copia os endereços das páginas desses concorrentes e os coloca na ferramenta do SimilarWeb.

Feito o processo, é produzido um relatório completo da marca em poucos segundos, com diversas informações relevantes. Esses dados variam com base na compreensão geral

1 Disponível em: <https://www.similarweb.com/pt/>.

do movimento por meio do qual é possível mapear de que lugar vem o público que acessa o *site*. O resumo geral, por sua vez, analisa a movimentação da marca nas redes sociais.

6.4.2
Alexa

Equivalente ao SimilarWeb, é uma ferramenta de fácil utilização; além disso, dispõe de bons relatórios com referência que são capazes de auxiliar o e-commerce.

A exploração de um *site* por meio da ferramenta apresenta métricas de movimento, avaliação de palavras-chave e outras muitas informações da concorrência. De acordo com a verificação do relatório, a informação se torna mais detalhada com base na exploração de *sites* similares, medindo o tempo médio que um indivíduo passa no *site* e até o *ranking* da página no instante da geração do relatório.

6.4.3
Semrush

A mais completa e profissional das ferramentas elencadas. Podemos incorporar todos os dados do SimilarWeb e do Alexa, trazendo um diagnóstico mais completo de *performance* de palavras-chave. O relatório produzido por esse recurso permite (Dubois; Kulpa; Souza, 2009):

» mensurar a colocação da concorrência;
» executar o monitoramento e a gerência de SEO em estudo orgânico;
» adotar palavras-chave, tanto orgânicas quanto pagas, e a custo por clique (CPC).

Além dessas funcionalidades, o Semrush cria um rol de palavras-chave de um *site* e possibilita o cálculo do tráfego produzido por esse termo. Entretanto, esse recurso possibilita no máximo 10 requerimentos gratuitos. Depois da décima primeira palavra, algumas plataformas pedem o pagamento para que os recursos possam ser utilizados. Há casos de planos gratuitos, com limitações de uso.

O que é?

O que é *posicionamento de marca*?

É o lugar que a instituição deseja atingir no coração e na consciência de seu público-alvo. É, fundamentalmente, o casamento entre segmentação e diferenciação.

Como é uma ferramenta profissional e completa, é bastante usada por grandes companhias que desejam avaliar o êxito de seu mercado de ação.

6.4.4 Como entender as pesquisas e aplicá-las a um negócio

Como já explicamos , existem na atualidade ferramentas que possibilitam a realização de pesquisas para analisar os recursos de avaliação utilizados pela concorrência. Com tais dados em mãos, a questão é saber como utilizar os resultados da pesquisa no e-commerce, ou seja, criar planos para aprimorar a *performance* da empresa a fim de lançar tendências e atrair mais compradores.

É importante enfatizar: além da avaliação da concorrência, há outras técnicas que permitem que uma marca seja mais conhecida e elimine os concorrentes do mercado. Nesse contexto, para se tornar competitiva, uma empresa na internet não pode simplesmente oferecer preços competitivos e um portfólio de mercadorias digno. Um dos principais diferenciais para o sucesso do negócio reside na gestão, que deve se concentrar especialmente no controle de custos do e-commerce. Gastos corretamente administrados permitem que o empreendedor preveja e proteja os ganhos do mercado com maior maleabilidade no momento da venda, podendo dispor de descontos ou condições diferenciadas de pagamento, a título de exemplo.

Esse domínio permanente do mercado também se torna mais considerável em momentos de adversidade, nos imprevistos do cotidiano dos negócios. A fim de auxiliar na gestão dos gastos, apresentamos, a seguir, de acordo com Ribeiro (2015), quatro dicas para auxiliar a diminuir custos do e-commerce.

Encontre o fornecedor mais sensato

Para diminuir os custos da empresa virtual, é preciso tomar cuidado com o elemento mais relevante do empreendimento: o produto. A compra de produtos consiste no maior custo da instituição; sendo assim, é obrigação do empreendedor tratar e analisar os preços oferecidos pelos fornecedores.

Por melhor que seja o elo comercial com o fornecedor presente, o dono de um negócio deve manter-se atento a opções baratas e de qualidade similar. Além disso, é válido permutar qualquer requisito mais adequado caso a medida comprada seja superior à comprada anteriormente. Caso não seja possível obter uma negociação melhor com o fornecedor, o empresário pode optar por alternativas mais em conta e que tragam retorno para a empresa.

Organização da logística

Outro fator que gera custos significativos nas lojas virtuais é o processamento logístico. Duas classificações se destacam: o **estoque** e o **frete**.

A gestão ideal de estoque é imprescindível para manter a mercadoria acessível para compra, bem como para prevenir que os produtos encalhem ou estraguem nos armazéns. Esses esforços previnem custos com compras feitas às pressas e itens que serão descartados.

Com relação ao frete, é necessário observar atentamente o preço que esse recurso consome da uma empresa. Mesmo que o frete gratuito atraia consumidores, essa nem sempre é a alternativa mais vantajosa em prol do negócio. Deve-se considerar a inviabilidade de empregar uma transportadora, antes de avaliar a probabilidade de promover frete gratuito em algumas compras exclusivas.

Acredite no *marketing*

Se o propósito é diminuir os custos, é possível assumir o investimento em *marketing*. Natural: o custo de aquisição de cliente (CAC) diminui com a utilização apropriada de ferramentas de propaganda que beneficiam de modo direto a marca e intensificam a popularidade da empresa e a lealdade dos consumidores. Com isso, o regime de vendas torna-se mais simples, mais acessível e mais ágil. Como se gasta pouco para se comercializar melhor, também é possível diminuir os custos em relação à lucratividade do negócio.

Integrar um *marketplace*

Encontrar-se em um *marketplace* é como viver em um centro comercial de lojas virtuais. Além de usufruir a exibição de marca, a empresa que conta com essa estrutura geralmente se aproveita da confiança que o *marketplace* transmite. Na medida em que a confiabilidade é uma condição importante para o comércio virtual, a empresa pode passar a comercializar mais.

Além desses benefícios, a integração a um *marketplace* pressupõe a diminuição de custos em maior parte com estrutura, o que possibilita o foco nas metas de empreendimento.

O preço de compra ao consumidor pode ser incluído nessa variante, ao passo que os números de vendas são capazes de crescer consideravelmente. Ao adotar essas dicas, a empresa virtual pode viver com mais rentabilidade.

A diminuição dos custos no e-commerce é um dos maiores desafios encarados pelos empreendedores. No entanto, trata-se de fato de uma exigência em um nicho cada vez mais rico em concorrência, em um mercado no qual vence aquele que estabelecer o custo-benefício mais adequado para o cliente.

É conveniente frisar que o meio virtual é muito útil no momento de extrair métricas, avaliar quais setores são capazes de ser remodelados, identificar as possibilidades de cortes de gastos e em quais áreas é preciso aumentar o investimento.

6.5 Planejamento financeiro

A elaboração de um projeto de gasto é o primeiro passo para que a empresa possa reduzir custos, pois é esse panorama que mostra em qual lugar é preciso encurtar gastos e qual setor será capaz de avançar investindo ou, até mesmo, elevar o capital.

É importante manter planilhas mensais de investimento e faturamento, registrar de que modo é desembolsado o pagamento a cada fornecedor e com qualquer serviço. Pouco a pouco, essa prática tornará possível realizar uma avaliação mais bem aprofundada e determinar a origem dos cortes de gastos.

6.5.1 Logística do e-commerce

Despesas com fornecedores, guarda de produtos em estoque, prazo de entrega, fretes, devoluções e logística reversa fazem do setor de logística um universo amplo, com processos longos e complexos. Justamente por isso, essa área pode representar o objetivo fundamental da limitação de custos do e-commerce.

Em razão disso, não se pode deixar passar qualquer procedimento do setor no momento da realização da contabilidade. Nesse cenário, é preciso levar em consideração os seguintes fatores (Ribeiro, 2015):

- a qualidade das embalagens, para que continuem oferecendo garantia aos itens;
- dimensão de profissionais que a empresa necessita para realizar qualquer trabalho de etiquetagem;
- remessa, empacotamento e conferência;
- custos com prestadores de serviços logísticos.

O estoque do e-commerce deve receber o mesmo cuidado: deve-se prestar atenção nas promoções disponibilizadas na empresa virtual e conferir se o volume estocado de certo produto é suficiente. Tudo isso para que a loja virtual não corra o risco de ter de restabelecer o estoque e defrontar-se com um produto mais caro junto ao fornecedor.

O frete necessita de atenção

É importante dispensar uma atenção especial ao frete e analisar como o transporte deve ser operado. Embora seja um dos canais de entrega mais utilizados no mundo, os Correios, em algumas situações, demonstra ser excessivamente caro, tanto para o e-commerce quanto para o consumidor.

Nesse cenário, as transportadoras especializadas mostram-se uma possibilidade atraente. No entanto, é preciso prestar atenção no seguinte fator: dependendo da forma do produto que a empresa virtual comercializa, os gastos com o seguro tornam-se altos.

Uma boa escolha nesse caso é a opção dos pontos de retirada: são uma possibilidade à remessa por Correios ou por transportadora e permitem que o consumidor opte pelo lugar e hora mais adequados para retirar seu pedido. Uma ótima justificativa para essa estratégia é que ela possibilita uma economia de até 30% com custos de entrega, redução que pode ser repassada aos consumidores, o que, por consequência, amplifica as vendas do e-commerce.

Qualificação de fornecedores

Vivenciar uma união comercial prolongada com um fornecedor tem seus benefícios; contudo, é muito importante renovar parcerias, pois as mercadorias são os maiores investimentos de qualquer e-commerce.

O estudo de contrapartida com um número variado de fornecedores e a análise da possibilidade de formar uma parceria para ganhar redução de preços de produtos com maior quantidade adquirida é essencial. Nesse sentido, é essencial levar em consideração que a compra de lotes maiores pode gerar custos extras de estoque.

Por fim, há várias maneiras de barganhar com os fornecedores, o que pode se mostrar a chave para obter uma redução de custos significativa no comércio virtual.

O *marketing* é poderoso

A promoção correta de ações de *marketing* traz toda uma expectativa positiva sobre a diminuição de custos no e-commerce. Iniciativas claramente estruturadas de *marketing* na internet resultam em aumento no número de vendas pela propaganda virtual. A diminuição do preço de compra pago pelo consumidor, por sua vez, depende da gestão da empresa na adoção de estratégias que levem a tal contexto financeiro. O e-commerce com maior visibilidade tem mais chances de realizar vendas.

Ferramentas de gestão

Criar um rol de produtos, autorizar ou reprovar pagamentos, distribuir pedidos e notas fiscais, incluir os meios de pagamento, gerenciar o estoque, renovar plataformas, enviar encomendas. Que força, tempo e dinheiro são necessários para executar as obrigações básicas de um e-commerce sem a devida automatização?

Para resolver essa questão, o empreendedor precisa investir em uma ferramenta de gestão (como ERP – *entreprise resource planning*). De fato, trata-se de uma mudança que demanda tempo e dinheiro consideráveis. No entanto, no momento em que esse recurso se integra ao e-commerce, ele automatiza todos os processos a serem executados, gerando menos gastos.

Contudo, antes de se empregar uma ferramenta de gestão, é importante se assegurar de que a associação dela com a plataforma do e-commerce ocorre de modo correto e sem *bugs*.

Fidelização de clientes

A fidelização de consumidores demanda um gasto menor do que aquele empregado na conquista de novos consumidores. Entretanto, é possível afirmar que um e-commerce tem o poder de manter o cliente fiel? Sim, se a experiência do cliente for conduzida com perfeição, de modo que, ao fim da aquisição do produto/serviço adquirido, o consumidor esteja realizado e tenha todas as suas expectativas atendidas e, eventualmente, superadas. O fundamental é que, já em sua primeira compra, o cliente tenha uma ótima impressão da empresa virtual; por isso, todos os processos de compra, do pagamento até a entrega do item, precisam ser claros. Por exemplo: é importante enviar um *e-mail* para o cliente logo que o pagamento realizado por ele for aprovado, notificar quando o produto foi para a transportadora, estimar o tempo de entrega conforme as regras da empresa e garantir esse prazo. O maior descontentamento do consumidor é não conseguir receber o produto que ele adquiriu no dia programado.

Exercício resolvido

Sem o cliente, nada existiria, incluindo o mercado. Portanto, o consumidor tem de ser agradado. Pensando nesse tópico e levando em consideração a pandemia, as empresas melhoraram consideravelmente seus serviços de atendimento a clientes em e-commerce. Nesse cenário, é correto afirmar:

a) É primordial que, já em sua primeira compra, o cliente tenha uma ótima impressão da empresa virtual. Por isso, todos os processos de compra, do pagamento até a entrega do item, precisam ser claros.
b) É importante que, já em sua primeira compra, o cliente conte com o melhor preço de mercado em sua escolha. Por isso, todos os processos de compra, do pagamento até a entrega do item, precisam ser claros.
c) É imprescindível que, já em sua primeira compra, o cliente receba frete grátis da empresa virtual. Por isso, todos os processos de compra, do pagamento até a entrega do item, precisam ser claros.
d) É óbvio que, já em sua primeira compra, o cliente ganhe um brinde da empresa virtual. Por isso, todos os processos de compra, do pagamento até a entrega do item, precisam ser claros.

Gabarito: A

***Feedback* do exercício**: A alternativa "A" é correta, pois o cliente precisa confiar na empresa em que compra desde a primeira aquisição, ao passo que os processos precisam ser claros. Já a alternativa "B" é incorreta pelo fato de o preço não ser o único fator que conta no processo de compra. A alternativa "C" é incorreta, pois a empresa não é obrigada a oferecer frete grátis na primeira compra. Por fim, a alternativa "D" é incorreta pelo fato de que a empresa não é obrigada a oferecer brinde na primeira compra.

Se o consumidor não tiver uma ótima experiência em sua compra no e-commerce, é necessário reduzir as reclamações a respeito do evento trabalhando de maneira ágil e eficaz na explicação de dúvidas através do SAC – serviço de atendimento ao cliente (*chat* na internet, auxílio em redes sociais, *e-mail* e telefone).

Dessa maneira, o cliente perceberá que a empresa virtual sabe do valor de uma boa relação entre consumidor e e-commerce e que a avaliação do comprador é fundamental, o que acaba criando um elo para uma provável fidelização.

Outra maneira de fidelizar clientes consiste em dispor de qualquer forma de vantagem na segunda compra: frete grátis, presentes, deduções em produtos específicos, programas de fidelidade, brindes, descontos para as próximas compras e até mesmo assessorias. Obviamente, todas essas inciativas têm de ser sopesadas para que não tragam prejuízo à empresa, pois toda operação de fidelização ao cliente demanda custos diretos e indiretos atrelados a ela, seja com a entrega do produto, seja pela dedução do lucro líquido da empresa.

6.6 Controle financeiro e gestão

Um saudável controle financeiro é essencial para a força da instituição, o que não é diferente para o e-commerce. Administrar uma operação comercial, física ou digital, é um enorme desafio. Várias são as particularidades e os processos a serem acompanhados com muita atenção. Nesta seção, vamos tratar dessas particularidades.

Nenhum dono de empresa pretende ser incluído nas estatísticas de companhias fechadas do país, não é? O empreendedor deseja, isso sim, obter o reconhecimento de sua marca por parte dos consumidores e auferir resultados financeiros positivos advindos de suas comercializações.

Nesse cenário, a caminhada de um e-commerce se torna árdua e repleta de obstáculos se não estiver apoiada em um correto projeto financeiro. Abrir um negócio virtual em bastante vantajoso. Verdade seja dita, o reduzido investimento original e as notáveis possibilidades de serviços justificam o aumento de 38% desse comércio e a permanência de mais de 900 mil lojas virtuais, segundo o jornal *Gazeta do Povo* (E-commerce..., 2019b).

O fator complicador é que um dos principais atrativos desse sistema pode tornar-se um grande engano para que pessoas não se preparam para essa trajetória. O gasto operacional reduzido provoca a enganosa impressão de que o controle financeiro de uma loja na internet é simples.

Com base em informações do Sebrae (2023b), a realidade é que 25% das pequenas e médias instituições do país fecham antes de completarem 2 anos. Não há dúvida de que a ausência de planejamento tem grande influência nesse resultado. Dessa maneira, a gestão das finanças do empreendimento, a produção de estimativas, a determinação de possíveis perdas, a avaliação dos custos e realização da projeção de receitas são fundamentais.

Quando decide abrir um e-commerce, o empreendedor deve realizar pesquisas referentes ao investimento inicial, conhecido como ROI (*return over investment* – retorno sobre o investimento, em português) e ao ganho previsto. Trata-se de um cálculo para avaliar o quanto se obtém de retorno de cada investimento realizado pela empresa. É um termo muito usado para investimentos em *marketing*, por exemplo. Em suma, trata-se do primeiro passo para uma gerência financeira válida.

Mas, afinal de contas, por que são necessários tais esforços? De que modo o impacto do controle financeiro é benéfico para o e-commerce? A resposta para as duas perguntas é fácil: possibilitam um melhor controle de gastos e lucros.

No momento em que se esforça para seguir de perto todas as suas despesas, o administrador pode proteger-se de desperdícios e até rever seus preços. Em uma perspectiva de acirrada concorrência, isso talvez possa tornar-se um diferencial.

A seguir, vamos tratar de outros benefícios do controle financeiro e do trabalho de gestão.

6.6.1 Auxiliam na tomada de decisões

Tomar decisões é um grande desafio, principalmente quando essa atividade não é amparada por qualquer lógica ou por estudos aprofundados de informações. Por outro lado, uma administração financeira bem realizada torna tudo mais ágil e sem riscos.

Ao supervisionar suas entradas e saídas e criar uma projeção de receita, o empreendedor tem mais facilidade para projetar promoções e renovar estratégias. No fim de contas, as chances de êxito da organização são visivelmente maiores.

6.6.2 Reduzem os perigos de inadimplência

Fornecedores, empréstimos bancários e parceiros logísticos representam um pequeno detalhe diante dos principais compromissos de um e-commerce, pois a ausência de um controle financeiro pode impedir que essas despesas sejam quitadas no período correto. Levando tal fator em consideração, esse procedimento é extremamente importante para o desempenho do negócio, especificamente no que se refere à sua segurança financeira. Afinal, quando uma organização para de cumprir seus compromissos, as dificuldades começam a surgir: o quadro de funcionários pode abandonar o trabalho e os fornecedores podem bloquear a reposição de produtos, por exemplo.

6.6.3 Auxiliam na redução estratégica de custos

Reduzir gastos é um dos objetivos empresariais mais relevantes. No entanto, toda economia precisa ser bem planejada e estudada, caso contrário afetará o desempenho do e-commerce.

Nessa dinâmica, a diminuição estratégica de custos é mais uma motivação para investir em um controle financeiro. Com clareza a respeito das contas a pagar e a ganhar, é mais fácil identificar processos que podem ser cortados e otimizados. Portanto, o controle financeiro favorece a gestão de uma empresa virtual e protege a captação e uso do patrimônio, o que é primordial para o desenvolvimento do empreendimento.

É possível simplificar esse procedimento por meio de inúmeras ferramentas, especialmente as que se baseiam na automatização de trabalhos e na fusão de elementos.

Nesse sentido, vamos apresentar a seguir dois tipos de recursos que podem ser proveitosos para a organização.

Planilhas

As planilhas são as ferramentas destinadas ao controle financeiro básico. Elas substituem os antigos cadernos de apontamento e são proveitosos para pequenos empreendedores que não dispõem de capital para prover um sistema mais contemporâneo e eficaz.

É fundamental enfatizar que, por se assentar em lançamentos manuais, as chances de equívocos na utilização de planilhas são bem maiores. Além disso, complicações no momento de lançar o documento e a ausência de um *backup* podem resultar em enormes transtornos para o dirigente de empresa.

Software para controle financeiro

Utilizar a automatização dos processos e por meio de aplicativos projetados para facilitar a gerência financeira do e-commerce é uma ótima escolha. Essas ferramentas oferecem dados atualizados, bem como relatórios que descomplicam a avaliação do movimento de caixa.

Nesse contexto, é importante que a empresa disponha de um ERP. Trata-se de uma ferramenta de gestão que permite a integração das informações das diversas áreas da empresa. Esse recurso consiste em um *software* ou um conjunto deles, munido de aplicativos que otimizam a gestão empresarial por meio da tecnologia da informação, unindo desde as informações mais básicas até as mais complexas da organização, proporcionando um cenário mais claro ao gestor no que se referem às áreas de finanças, fiscal, de vendas, entregas, entre outras que devam ser monitoradas e acompanhadas.

Com os dados levantados por esse sistema, o gestor pode realizar diagnósticos aprofundados sobre as disposições necessárias para diminuir custos e reforçar a produtividade do negócio.

Vale enfatizar que a globalização e a fusão dos dados em uma única plataforma beneficiam o movimento dos dados, reduzem os retrabalhos e eliminam o distúrbio da dualidade e inconsistência nas indicações dos relatórios. Dessa maneira, o ERP é a ferramenta mais moderna e efetiva do mercado.

6.7 Gestão e ferramentas de e-commerce

Apresentamos, nesta seção, algumas ferramentas de e-commerce capazes de auxiliar a organização a controlar suas operações.

O nível de qualidade de uma gerência pode ser medido não apenas pela maneira como a companhia é capitaneada, mas também pela capacidade de controle de suas operações e processos. Nesse intuito, diversas ferramentas foram desenvolvidas para proporcionar ganhos mais precisos às empresas.

Assim, *gestão* é uma palavra-chave, pois se trata da predisposição para examinar, conferir, administrar e, no caso das organizações, elaborar indicadores que demostrem que negócio pode ser bem-sucedido e rentável. Para atingir esses objetivos, muitas etapas precisam ser cumpridas.

Nesse processo, o empreendedor deve angariar recursos humanos e tecnológicos destinados à execução e à compreensão das atividades diárias. Esses são alguns dos fatores mais caros à gestão, uma vez que os funcionários e os equipamentos estiverem alocados adequadamente, os resultados passaram a ser produzidos, a começar pelas métricas e pelos indicadores relacionados às atribuições dos profissionais, e em seguida pela análise das técnicas utilizadas e de sua aplicação devida no cotidiano do empreendimento.

Nessa perspectiva, salientamos que dispor de um produto ou um serviço de qualidade jamais será garantia de que o negócio dará certo. A qualidade na administração é fundamental para a compreensão das variações do mercado e para a modificação o segmento quando necessário.

A gestão é encarregada por toda a corporação e por suas particularidades departamentais. Por exemplo: as condutas aplicadas à equipe de vendas nem sempre serão eficazes nos departamentos de RH, financeiro ou *marketing*. No entanto, a empresa precisa encontrar protocolos que possam uniformizar minimamente o trabalho de todos esses setores.

Qual é a relação das condutas e dos procedimentos e a utilização de ferramentas de e-commerce? As ferramentas de *e-commerce* são aliadas da gestão e servem para melhorar o cotidiano operacional, regular as informações coletadas por meio dos dados e possibilitar o estudo acurado do perfil e do comportamento do consumidor. Além disso, o administrador precisa contar com entendimento seguro da gerência de serviços. Esse conhecimento precisa ser adquirido antes de um empreendedor potencial se transformar em um dono de empresa.

6.7.1 As sete ferramentas de auxílio à gestão do e-commerce

Nesta seção, vamos avaliar sete ferramentas que funcionam como pilares do processo de gestão de um e-commerce.

Google Analytics

O Google Analytics é uma ferramenta oferecida gratuitamente pela Google que permite avaliar *sites*. É utilizado para adquirir dados essenciais referentes ao perfil de quem acessa a página da empresa. O recurso fornece várias informações proveitosas para a gestão de vendas do e-commerce, tais como:

» número de visitantes, divididos entre visitantes únicos e indivíduos que retornam ao *site*;
» perfil de quem acessa o *site* e de quem complementa as compras;
» quais são as páginas preferentemente acessadas;
» o tipo de acesso utilizado pelos consumidores (telefone, celular ou computador);
» quais são as cidades mais importantes para o e-commerce;
» em que proporção os indivíduos encontram a empresa na *web* (*links* em vários *sites*, domicílio direto, buscas específicas no Google, entre outros recursos);
» taxas de modificação das ações de *marketing* implementadas pela organização;
» quais mídias sociais trazem mais acessos ao *site*;
» orientação dos objetivos criados para *website*.

A ferramenta precisa ser consultada constantemente para a verificação do relevância de uma mercadoria no *site* ou da relevância da página da empresa virtual.

Ao se utilizar os relatórios do Google Analytics como ferramenta de e-commerce, é possível determinar pontos do negócio que devem ser melhorados e os setores em que o desempenho é adequado. Por exemplo: se um produto que dispõe de mais fotos cadastradas é mais acessado, é necessário adotar esse padrão para todos os itens da loja virtual.

ERP

Um sistema ERP pode reunir todos os departamentos de uma empresa e centralizar suas informações para que os gerentes possam acessá-las com segurança e rapidez. Imagine que, mesmo que a equipe de vendas não esteja próxima do estoque, o grupo sempre pode consultá-lo. Da mesma maneira, se os responsáveis pelas compras do fornecedor constatam que há um aumento na demanda do produto, eles podem antecipar o pedido e evitar quebras.

Quando a loja virtual recebe um pedido de venda, a equipe responsável pode executar o processo em *background*, separar as mercadorias, emitir notas fiscais e entregar mercadorias.

Todo o processo é executado continuamente, sem a necessidade de transferência manual de dados de um local para outro. Nesse sentido, um sistema ERP pode ajudar o e-commerce a organizar seus dados e processos de modo a torná-los eficientes.

Usar ferramentas de gerenciamento integradas no e-commerce pode melhorar mais facilmente a satisfação do cliente. A otimização do processo de vendas ajuda a prevenir a perda de informações, reduzir o tempo de resposta, otimizar o atendimento ao cliente e encurtar o tempo de entrega.

CRM

No momento em que a empresa virtual recebe um pedido de venda, a equipe pode adotar os processos de *backoffice* – isolamento dos itens, envio de notas fiscais e despacho. Todo o procedimento corre de maneira contínua, e os dados não precisam ser substituídos manualmente de um local para outro.

Nesse cenário, dispor de um bom programa CRM (*customer relationship manegement*) auxilia a gestão do e-commerce a tornar-se mais organizada e efetiva, pois melhoria do movimento de vendas evita perdas de dados, reduz o tempo de resposta, otimiza o atendimento ao cliente e agiliza o tempo de entrega.

Marketing

O mercado de e-commerce é bem agressivo no que se refere à concorrência. Em razão disso, as empresas dessa modalidade de negócios precisam investir em técnicas de *marketing* de maneira organizada para se defenderem e colherem bons ganhos.

Ao usar ferramentas de e-commerce para automatização das ações de *marketing*, as projeções se concretizam de maneira automática. É possível sintonizar potenciais consumidores (*leads*) e, inclusive, manter o sustento do relacionamento com campanhas.

De acordo com Bornia (2010), a automatização de *marketing* pode ser implementada em várias atividades diferentes:

» tomada de interessados no negócio, com elaboração de rol automatizado de *leads* em direção a iniciativas futuras;

» programa de *posts* em diversas redes sociais, com a condução de um calendário predefinido, para conservar o conteúdo frequente;

» programa e envio de campanhas de *e-mail marketing*, *newsletters*, cupons e conteúdo promocional;

» elaboração e direcionamento dos consumidores para páginas de tomada de *leads*, inclusive conhecidas como *landing pages*;

» planejar o envio de conteúdo específico, materiais e informativos personalizados destinado aos clientes.

Com a automatização de *marketing* integrada a outras ferramentas, a empresa somente tem a ganhar: é possível diminuir os custos com a conquista de clientes, uma vez que a capacidade de *leads* pode garantir que as ações de *marketing* sejam eficientes em todos os estágios do gargalo de vendas.

Análise comportamental

Conhecer o modo como o consumidor se comporta na rede e o que atrai sua atenção permite que a empresa ofereça seus produtos de maneira mais assertiva no momento e pelo preço que o cliente deseja.

Por meio das respostas relacionadas às motivações, complicações e aspirações dos consumidores, é possível gerar uma persona: perfil completo de clientes, próximo dos consumidores reais. Desse modo, a organização pode oferecer promoções e trabalhar na fidelização de clientes com melhor efetividade.

A obtenção dessas informações se efetiva por meio de uma ferramenta única: a avaliação de comportamento. Com base nos dados coletados, é possível gerar determinado perfil de um cliente "ideal" para a empresa. Diversos rastros são deixados todos os dias pelos visitantes da *web*; com uma ferramenta adequada, é perfeitamente possível reunir elementos para orientar campanhas de *marketing* e gerar um número razoável para o negócio.

Algumas ferramentas disponíveis no mercado proveitosas para o estudo comportamental no e-commerce são as seguintes:

» Navegg;
» Audience Science;
» LucidMedia.

Elas utilizam tecnologias como *Big Data* e *Business Intelligence* para conceber informações completas e abranger um público mais bem delimitado.

Uma empresa de e-commerce pode empreender integrações diretas com os meios de pagamento selecionados. Nesse contexto, quando falamos de *gateway logístico*, estamos trabalhando com o mesmo conceito que utilizamos na gestão financeira de um e-commerce.

A empresa virtual não deve de modo algum pensar em toda a logística sozinha: o *gateway* logístico pode auxiliar a empresa a empreender movimentações mais eficientes nesse setor. Uma ferramenta de e-commerce destinado a um *gateway* logístico controla as seguintes variáveis do movimento de solicitações (Leone, 2010):

» orientação de desinteresse de carrinho;
» gerenciamento dos dados para processamento dos pacotes;
» assistência nas cotações e negociações com muitas transportadoras;
» melhoria de informações sobre a situação do pedido de maneira automática;
» diminuição de custos operacionais com frete;
» controle dos prazos e da capacidade das transportadoras utilizadas pela empresa.

É fundamental enfatizar, neste ponto, que um *gateway* logístico não é de fato um *gateway* de frete. O primeiro supera o segundo, acompanhando toda a grade de compartilhamento da empresa virtual, a começar do carrinho até a entrega dos itens ao consumidor. O *gateway* de frete, por sua vez, é um recurso que permite a admissão e orientação de diversas modalidades de carga em somente um local, tal como o Intelipost e o Melhor Envio.

SEO

Sigla para "*search engine optimization*" (em português, "aprimoramento para motores de procura"), o SEO muda o teor de uma empresa virtual para que ela obtenha clientes que procuram por produtos em páginas de pesquisa.

As técnicas de SEO atuam em vários pontos das informações dos *sites* e anúncios, valorizando a experiência do consumidor. Por isso, é preciso evitar julgamentos e focar exclusivamente na prestação de um melhor serviço. Essa melhoria é fundamental para o *site* de uma empresa, assim como para os anúncios cadastrados em *marketplace* ou empresa virtual, que inclusive contam com buscadores internos.

A seguir, elencamos algumas boas condutas e ferramentas de SEO úteis destinadas ao e-commerce:

» Para termos de concordância com as intenções de procura ou palavras-chave, que podem ser obtidas em pesquisas em ferramentas como o Ubersuggest.
» Para a integração de dados completos e pertinentes para os consumidores, usando sistemas destinado ao cadastro de produtos de maneira integrada, como o Tiny ERP.
» Para consumo de *links* de conteúdos, anúncios e mercadorias, evitando *links* divididos, capazes de ser conferidos ou rastreados por ferramentas como o SemRush.
» Para evitar plágio de conteúdo e dualismo nas páginas e anúncios, o Google consegue identificar quando uma informação já foi utilizada em plataformas disponíveis na internet.

A gestão do e-commerce é essencial para que o negócio seja bem-sucedido e consiga sintonizar e preservar clientes. Utilizar ferramentas de e-commerce é uma maneira de otimizar a condução do negócio, que deve adotar recursos específicos a fim de solucionar os aborrecimentos comuns nas práticas da organização.

A seleção entre tantas ferramentas de e-commerce requer o conhecimento das metas da empresa e dos caminhos que ela pretende explorar no comércio virtual. Essa é uma caminhada imprescindível para que a gestão aumente consideravelmente os ganhos da organização.

Síntese

Neste capítulo, tratamos do CMV (custo de mercadoria vendida) e de seu impacto no e-commerce. Demonstramos que os preços determinam o sucesso ou o fracasso de qualquer empresa em qualquer segmento, o que inclui o e-commerce.

Em seguida, traçamos um panorama dos conceitos de margem de lucro, tendo em vista a importância de considerar o lucro na definição do CMV. Na sequência, apresentamos os conceitos contábeis de ponto de equilíbrio e sua relevância para o e-commerce, bem como o método de mensuração de sucesso ou fracasso da empresa.

Por fim, tratamos da gestão financeira e das ferramentas de controle de gastos, bem como da importância das pesquisas de concorrência tanto para a formação de preços quanto para a sobrevivência da organização no mercado. Aproveitando o tema, elencamos as ferramentas que auxiliam na pesquisa de concorrência no mercado e explicamos como elas influenciam a gestão de um e-commerce.

considerações finais

O e-commerce está em ascensão no Brasil; por isso, é fundamental entender o funcionamento dessa modalidade.

Visando elencar os principais tópicos aqui trabalhados, destacamos primeiramente a abordagem apresentada no Capítulo 1, na qual apresentamos um arcabouço sobre investimentos, gastos, custos e despesas, considerando as perdas e os desperdícios.

No Capítulo 2, abordamos as plataformas, considerado os custos desses recursos e o *marketplace*. Em seguida, tratamos dos meios de pagamento utilizados no e-commerce.

No Capítulo 3, ressaltamos a visibilidade do e-commerce e a importância do meio digital nesse ambiente.

Já no Capítulo 4, nossa discussão se concentrou no processamento de pedidos, na tecnologia e na produção de conteúdo dedicada ao e-commerce.

Em seguida, no Capítulo 5, elencamos diversos elementos relacionados às compras, considerando a gestão de risco, o *chargeback*, os recibos, a coleta de dados, a inteligência artificial e a segurança no momento da compra.

Por fim, retratamos no Capítulo 6 a gestão estratégica de custos e todas as delimitações relacionadas aos custos de uma empresa.

Esses pontos demonstram o quanto o e-commerce está se desenvolvendo e a importância do estudo de todos os fatores referentes a esse novo meio de comercialização.

refe-rências

60% dos brasileiros se pautarão por preço nas decisões de compra após covid-19. **ABC da Comunicação**, 16 abr. 2020. Disponível em: <https://www.abcdacomunicacao.com.br/60-dos-brasileiros-se-pautarao-por-preco-nas-decisoes-de-compra-pos-covid-19/>. Acesso em: 17 jul. 2023.

A AUTOMAÇÃO flexível do armazém. **Mecalux**, 24 jan. 2023. Disponível em: <https://www.mecalux.com.br/blog/automacao-flexivel>. Acesso em: 17 jul. 2023.

ABCOMM – Associação Brasileira de Comércio Eletrônico. **Pesquisa**: logística no e-commerce brasileiro 2017. Disponível em: <https://www.abcomm.org/Pesquisas/Pesquisa-ABComm-Logistica-Ecommerce-2017.pdf>. Acesso em: 17 jul. 2023.

ABRAS BRASIL. **20ª Avaliação de Perdas no Varejo Brasileiro de Supermercados**. 2020. Disponível em: <http://static.abras.com.br/pdf/perdas2020.pdf>. Acesso em: 17 jul. 2023.

AGUIAR, F. H. O.; SAMPAIO, M. Identificação dos fatores que afetam a ruptura de estoque utilizando análise de agrupamentos. **Production**, v. 24, n. 1, p. 57-70, jan./mar. 2014. Disponível em: <https://www.scielo.br/j/prod/a/nZjCfXvmHn65mJXXBrSCgps/?format=pdf&lang=pt>. Acesso em: 17 jul. 2023.

ANTUNES JÚNIOR, J. A. V. A lógica das perdas nos sistemas de produção: uma análise crítica. **Revista Brasileira de Administração Contemporânea**, v. 1, n. 7, p. 35-371, 1995. Disponível em: <https://www.produttare.com.br/blog/a-logica-das-perdas-nos-sistemas-produtivos--uma-revisao-critica>. Acesso em: 17 jul. 2023.

APADi – Associação Paulista das Agências Digitais. **Guia de e-commerce**. São Paulo: Sebrae, 2013. Disponível em: <https://bibliotecas.sebrae.com.br/chronus/ARQUIVOS_CHRONUS/bds/bds.nsf/ccde5f38db3f12766787f0b25c4067d9/%24File/SP_guiadeecommerce_16.pdf.pdf>. Acesso em: 17 jul. 2023.

APRENDA como reduzir custos logísticos no seu e-commerce. **Pargar.me**, 11 jan. 2021. Disponível em: <https://pagar.me/blog/como-reduzir-custos-com-logistica/#:~:text=Segundo%20dados%20da%20Associa%C3%A7%C3%A3o%20Brasileira,manuseio%20(14%2C8%25).>. Acesso em: 17 jul. 2023.

ARMAZÉM para e-commerce, o coração das vendas feitas pela internet. **Mecalux**, 8 nov. 2022. Disponível em: <https://www.mecalux.com.br/blog/armazem-ecommerce>. Acesso em: 17 jul. 2023.

ASSIM SE AUTOMATIZA um e-commerce. **Mecalux**, 13 abr. 2021. Disponível em: <https://www.mecalux.com.br/blog/e-commerce-automacao>. Acesso em: 17 jul. 2023.

AZEVEDO, C. O.; ODONE, M. P.; COELHO, M. A. P. Estudo sobre a evolução do comércio eletrônico, suas formas de pagamentos digitais e suas preocupações quanto à segurança e a privacidade. ENCONTRO VIRTUAL DE DOCUMENTAÇÃO LIVRE/CONGRESSO INTERNACIONAL DE LINGUAGEM E TECNOLOGIA ONLINE. 11., 8., jun. **Anais...**, 2014. Disponível em: <http://www.periodicos.letras.ufmg.br/index.php/anais_linguagem_tecnologia/article/view/5781>. Acesso em: 17 jul. 2023.

BALLOU, R. H. A evolução e o futuro da logística e do gerenciamento da cadeia de suprimentos. **Production**, v. 16, n. 3, p. 375-386, 2006. Disponível em: <https://www.scielo.br/j/prod/a/MFgkvJ5HcbtHbHVdn9WCzws/?lang=en>. Acesso em: 17 jul. 2023.

BITENCOURT, V. Qual a taxa de devolução do seu e-commerce? Transforme esse câncer em ações positivas. **Linkedin**, 12 mar. 2021. Disponível em: <https://pt.linkedin.com/pulse/qual-taxa-de-devolu%C3%A7%C3%A3o-do-seu-e-commerce-transforme>. Acesso em: 17 jul. 2023.

BONASTRE, L.; GRANOLLERS, T. A Set Of Heuristics for User Experience Evaluation in E-commerce Websites. ACHI 2014: International Conference on Advances in Computer-Human Interactions. 7., **Proceedings**..., 2014. Barcelona. Iaria: 2014. Disponível em: <https://www.iaria.org/conferences 2014/ACHI14.html>. Acesso em: 17 jul. 2023.

BORNIA, A. C. **Análise gerencial de custos em empresas modernas.** Porto Alegre: Bookman, 2010.

BOWERSOX, D. J.; CLOSS, D. J. **Logistical Management**: the Integrated Supply Chain Process. São Paulo: McGraw-Hill, 1996.

BRASIL. Constituição (1988). **Diário Oficial da União**, Brasília, DF, 5 out. 1988. Disponível em: <http://www.planalto.gov.br/ ccivil_03/consti tuicao/constituicao.htm>. Acesso em: 17 jul. 2023.

BRASIL. Emenda Constitucional n. 87, de 16 de abril de 2015. **Diário Oficial da União**, Poder Legislativo, Brasília, DF, 17 abr. 2015a. Disponível em: <http://www.planalto.gov.br/ccivil_03/constituicao/emendas/emc/emc87.htm>. Acesso em: 17 jul. 2023.

BRASIL. Lei n. 8.078, de 11 de setembro de 1990. **Diário oficial da União**, Poder Legislativo, Brasília, DF, 12 set. 1990. Disponível em: <http://www.planalto.gov.br/ccivil_03/leis/l8078compilado.htm>. Acesso em: 17 jul. 2023.

BRASIL. Lei Complementar n. 87, de 13 de setembro de 1996. **Diário Oficial da União**, Poder Legislativo, Brasília, DF, 16 set. 1996. Disponível em: <https://www.planalto.gov.br/ccivil_03/leis/lcp/lcp87.htm>. Acesso em: 17 jul. 2023.

BRASIL. Lei Complementar n. 123, de 14 de dezembro de 2006. **Diário Oficial da União**, Poder Legislativo, Brasília, DF, 15 dez. 2006 Disponível em: <http://www.planalto.gov.br/ccivil_03/leis/lcp/lcp123.htm>. Acesso em: 17 jul. 2023.

BRASIL. Ministério da Economia. **Acessibilidade digital**. Disponível em: <https://www.gov.br/governodigital/pt-br/acessibilidade-digital>. Acesso em: 17 jul. 2023.

BRASIL. Ministério da Economia. Conselho Nacional de Política Fazendária. Convênio ICMS 93, de 17 de setembro de 2015. **Diário Oficial da União**, Poder Executivo, 17 set. 2015b. Disponível em: <https://www.confaz.fazenda.gov.br/legislacao/convenios/2015/CV093_15>. Acesso em: 17 jul. 2023.

BRASIL. Supremo Tribunal Federal. **Recurso Especial n. 598.677**. Relator: Ministro Dias Toffoli. Rio Grande do Sul, 29 mar. 2021. Disponível em: <https://www.jusbrasil.com.br/jurisprudencia/stf/1203240784/inteiro-teor-1203240787>. Acesso em: 17 jul. 2023.

BREMER, C. F. et al. Virtec: um caso prático de formação e gestão de uma organização virtual. SIMPÓSIO DE GESTÃO DA INOVAÇÃO TECNOLÓGICA. **Anais**..., São Paulo: PGT/FEA/FIA/POLI-USP, 2000. Disponível em: <https://repositorio.usp.br/item/001201947>. Acesso em: 17 jul. 2023.

BRUNI, A. L.; FAMÁ, R. **Gestão de custos e formação de preços**: com aplicações na calculadora HP 12C e Excel. 3. ed. São Paulo: Atlas, 2003.

CERTIFICADO digital: o que é, para que serve, tipos e como obter. **Conta Azul**, 10 mar. 2023. Disponível em: <https://blog.contaazul.com/o-que-e-certificado-digital#:~:text=O%20certificado%20digital%20%C3%A9%20a,meio%20de%20uma%20assinatura%20eletr%C3%B4nica.>. Acesso em: 17 jul. 2023.

CLARO, J. P. C. R. **Como criar uma empresa com apenas 1 euro**. Dissertação. (Mestrado em Engenharia Informática) – Faculdade de Ciências e Tecnologia, Universidade de Coimbra, 2014. Disponível em: <https://estudogeral.uc.pt/bitstream/10316/35540/1/Como%20criar%20uma%20empresa%20com%20apenas%201%20euro.pdf>. Acesso em: 17 jul. 2023.

CMV (custo de mercadoria vendida): o que é e como calcular. **Fia Business School**, 1º jun. 2021. Disponível em: <https://fia.com.br/blog/cmv/#:~:text=serve%20o%20CMV%3F-,Para%20que%20serve%20o%20CMV%3F,est%C3%A1%20sendo%20ou%20n%C3%A3o%20lucrativa.>. Acesso em: 17 jul. 2023.

COELHO, C. Entenda o que é o eBit e qual a sua importância para as lojas virtuais. **ISET**. 2021. Disponível em: <https://www.iset.com.br/blog/entenda-o-que-e-o-ebit-e-qual-a-sua-importancia-para-as-lojas-virtuais/>. Acesso em: 17 jul. 2023.

COMO FAZER o cálculo ICMS interestadual? **Sttyllo**, 16 fev. 2021. Disponível em: <https://sttyllocontabilidade.com.br/como-fazer-o-calculo-icms-interestadual/>. Acesso em: 17 jul. 2023.

COMO OTIMIZAR os custos da operação do seu e-commerce. **E-commerce Brasil**, 25 abr. 2021. Disponível em: <https://www.ecommercebrasil.com.br/artigos/como-otimizar-os-custos-da-operacao-do-seu-e-commerce>. Acesso em: 17 jul. 2023.

CONFIRA os principais highlights da Pesquisa Global de Identidade e Fraude 2020. **Serasa Experian**. 24 abr. 2020. Disponível em: <https://www.serasaexperian.com.br/conteudos/prevencao-a-fraude/confira-os-principais-highlights-da-pesquisa-global-de-identidade-e-fraude-2020/>. Acesso em: 17 jul. 2023.

CONHEÇA a integração da B2W. **Shopping de Preços**. 2023. Disponível em: <https://site.shoppingdeprecos.com.br/integracao-b2w/#:~:text=Quanto%20custa%20vender%20na%20B2W,de%20R%24%205%20por%20venda.>. Acesso em: 17 jul. 2023.

COSTA, A. A. **Prevenção de perdas**: analisar o gerenciamento da prevenção de perdas em organizações supermecardistas de varejo no DF. 63 f. Monografia (Bacharelado em Administração, modalidade a distância) – Departamento de Administração, Universidade de Brasília, DF, 2010. Disponível em: <https://bdm.unb.br/bitstream/10483/2865/1/2010_AdenildaAlmeidaCosta.pdf>. Acesso em: 17 jul. 2023.

COSTA, M. D. da. **Implantação de e-commerce em médias empresas**: conhecimentos específicos necessários aos profissionais de marketing. 20 f. Trabalho de Conclusão de Curso (Especialização em Marketing Digital e Comércio Eletrônico) – Universidade do Sul de Santa Catarina, 2017. Disponível em: <https://repositorio.animaeducacao.com.br/bitstream/ANIMA/12229/1/Artigo_IMPLANTA%C3%87%C3%83O%20DE%20E-COMMERCE%20EM%20M%C3%89DIAS%20EMPRESAS_Mauricio%20Diniz%20da%20Costa.pdf>. Acesso em: 17 jul. 2023.

COUTO, M. O que é estrutura de custos e como planejar uma? **Nuvemshop**, 20 fev. 2023. Disponível em: <https://www.nuvemshop.com.br/blog/planejar-estrutura-de-custos-ecommerce/>. Acesso em: 17 jul. 2023.

CRISTOFOLINI, J. Quais são os quatro grandes problemas do e-commerce. **E-commerce Brasil**, 9 fev. 2017. Disponível em: <https://www.ecommercebrasil.com.br/artigos/4-grandes-problemas-do-e-commerce-e-como-resolve-los/>. Acesso em: 17 jul. 2023.

CRUZ, A. Pagamento digital: como escolher o sistema de pagamento do seu e-commerce. **E-commerce Brasil**, 25 jul. 2014. Disponível em: <https://www.ecommercebrasil.com.br/artigos/pagamento-digital-como-escolher-o-sistema-de-pagamento-seu-e-commerce/>. Acesso em: 17 jul. 2023.

CUNHA, T. Melhores gateways de pagamento: veja 8 alternativas para conhecer em 2023! **iDinheiro**, 27 jan. 2023. Disponível em: <https://www.idinheiro.com.br/negocios/melhores-gateways-de-pagamento/>. Acesso em: 17 jul. 2023.

DIAS, K. Como funcionam as taxas em marketplace? **Loja Integrada**, 1º ago. 2022. Disponível em: <https://blog.lojaintegrada.com.br/taxas-de-marketplace/>. Acesso em: 17 jul. 2023.

DINIZ, E. H. Comércio eletrônico: fazendo negócios por meio da Internet. **RAC**, v. 3, n. 1, p. 71-86, jan./abr. 1999. Disponível em: <https://www.scielo.br/j/rac/a/ZXfv7Xjdg6nfTKpbxYWdjxg/?format=pdf&lang=pt>. Acesso em: 17 jul. 2023.

DORE, E. Logística reversa no e-commerce: o que é e por que ela é importante para o seu negócio. **Maplink**, 7 ago. 2019. Disponível em: <https://maplink.global/blog/logistica-reversa-e-commerce/>. Acesso em: 17 jul. 2023.

DUBOIS, A.; KULPA, L.; SOUZA, L. E. de. **Gestão de custos e formação de preços**: conceitos, modelos e instrumentos – abordagem do capital de giro e da margem de competitividade. São Paulo: Atlas, 2009.

E-COMMERCE: 92% dos clientes com boa experiência de troca voltam a comprar. **Mercado & Consumo**, 11 jul. 2019a. Disponível em: <https://mercadoeconsumo.com.br/11/07/2019/varejista/e-commerce-92-dos-clientes-com-boa-experiencia-de-troca-voltam-a-comprar/>. Acesso em: 17 jul. 2023.

E-COMMERCE cresce 38% e soma mais de 900 mil lojas virtuais no Brasil. **Gazeta do Povo**, 4 jul. 2019b. Disponível em: <https://www.gazetadopovo.com.br/economia/breves/ecommerce-cresce-mais-900-mil-lojas-brasil/>. Acesso em: 17 jul. 2023.

FELIPINI, D. **Oportunidades de negócios na internet**: como encontrar e avaliar um nicho de mercado (Ecommerce Melhores Práticas). Lebooks, 2014. Disponível em: <https://pt.scribd.com/read/405657743/Oportunidades-de-negocios-na-internet-Como-encontrar-e-avaliar-um-nicho-de-mercado#>. Acesso em: 17 jul. 2023.

FIORI, D. **Comércio eletrônico e e-business**. Curitiba: Intersaberes, 2023.

FONSECA, L. Como fazer uma promoção no seu e-commerce boa para os clientes e vantajosa para você. **Rockcontent**, 17 fev. 2017. Disponível em: <https://rockcontent.com/br/blog/promocao-no-e-commerce/>. Acesso em: 17 jul. 2023.

FRANCISCO, R. G. 25 melhores plataformas de ecommerce para 2022. **Jivochat**, 9 maio 2023. Disponível em: <https://www.jivochat.com.br/blog/ecommerce/melhores-plataformas-de-ecommerce-brasileiras.html>. Acesso em: 17 jul. 2023.

FREITAS, V. Quanto custa um ecommerce? Conheça custos variáveis, fixos e mais! **Ecommerce na prática**, 27 jun. 2022. Disponível em: <https://ecommercenapratica.com/blog/quanto-custa-um-ecommerce/>. Acesso em: 17 jul. 2023.

FRIEDRICH, L. R.; SILUK, J. C. M. Gestão estratégica de custos como base para decisão. ENCONTRO NACIONAL DE ENGENHARIA DE PRODUÇÃO, 30., 2010, São Carlos. Disponível em: <http://www.abepro.org.br/biblioteca/enegep2010_TN_STO_113_739_16656.pdf>. Acesso em: 17 jul. 2023.

GABRIEL, M.; KISO, R. **Marketing na era digital**: conceitos, plataformas e estratégias. 2. ed. São Paulo: Atlas, 2020.

GOOGLE. **Google Trends**. Disponível em: <https://trends.google.com.br/trends/?geo=BR>. Acesso em: 17 jul. 2023.

GUEDÊLHA, R. Quanto custa abrir uma loja virtual? **Nuvemshop**, 14 mar. 2023. Disponível em: <https://www.nuvemshop.com.br/blog/quanto-custa-montar-uma-loja-online/>. Acesso em: 17 jul. 2023.

GUERREIRO, A. S. **Análise da eficiência de empresas de comércio eletrônico usando técnicas da análise envoltória de dados**. 90 f. Dissertação (Mestrado em Engenharia de Produção) – Departamento de Engenharia Industrial, PUC-Rio, RJ, 2006. Disponível em: <https://www.maxwell.vrac.puc-rio.br/colecao.php?strSecao=resultado&nrSeq=9973@1>. Acesso em: 17 jul. 2023.

GUGLINSKI, V. O chargeback e suas repercussões no e-commerce e nos direitos do consumidor e da empresa. **EMERJ**, Rio de Janeiro, v. 14, n. 56, p. 235-244, out./dez., 2011. Disponível em: <https://www.emerj.tjrj.jus.br/revistaemerj_online/edicoes/revista56/revista56_235.pdf>. Acesso em: 17 jul. 2023.

HÖFELMANN, A. **Vender na internet**: segredos para vender muito. Benedito Novo SC: Clube de Autores, 2018.

KERBER, B. L. Logística reversa: o que é e como evitar prejuízos no seu e-commerce. **E-commerce Brasil**. 13 out. 2020. Disponível em: <https://www.ecommercebrasil.com.br/artigos/logistica-reversa-o-que-e-e-como-evitar-prejuizos-no-seu-e-commerce/>. Acesso em: 17 jul. 2023.

KOTLER, P.; KELLER, K. L. **Administração de marketing**. 12. ed. São Paulo: Pearson, 2006.

LAZARIN, E. Osklen inaugura loja loja com novo conceito. **Mercado & Consumo**, 22 nov. 2019. Disponível em: <https://mercadoeconsumo.com.br/2019/11/22/osklen-inaugura-loja-com-novo-conceito/>. Acesso em: 17 jul. 2023.

LEITE, P. R. Logística reversa: nova área da logística empresarial. **Revista Tecnologística**, São Paulo, maio 2002. Disponível em: <https://docplayer.com.br/4271879-Autor-paulo-roberto-leite-revista-tecnologistica-maio-2002-sao-paulo-edit-publicare-logistica-reversa-nova-area-da-logista-empresarial.html>. Acesso em: 17 jul. 2023.

LEONE, G. S. G. **Custos, planejamento, implantação e controle**. São Paulo: Atlas, 2010.

LIMA, F. O que é LAHAR: saiba para que serve. **Remessa Online**, 29 dez. 2022. Disponível em: <https://www.remessaonline.com.br/blog/lahar/>. Acesso em: 17 jul. 2023.

LIMA, F. F.; MORAES FILHO, R. A. de. Gestão estratégica de custos: custeio por absorção em pequenas empresas em Recife, PE, Brasil. **Revista Interações**, Campo Grande, MS, v. 17, n. 3, p. 528-541, jul./set. 2016. Disponível em: <https://www.scielo.br/pdf/inter/v17n3/1518-7012-inter-17-03-0528.pdf>. Acesso em: 17 jul. 2023.

LOGISTICS. In: CSCMP – Council of Supply Chain Management Professional. **Glossary of Terms**. 2010. Disponível em: <http://cscmp.org/digital/glossary/glossary.asp>. Acesso em: 17 jul. 2023.

LUBK. H. **Integração entre o CRM e o ERP**: o que é, como funciona, benefícios + um guia completo para aplicar. 31 jul. 2019. Disponível em: <https://blog.ploomes.com/integracao-entre-crm-e-erp/>. Acesso em: 17 jul. 2023.

MAAS, J. E. **Desenvolvimento de loja virtual utilizando plataforma de e-commerce**. 78 f. Trabalho de Conclusão de Curso. (Curso Superior de Tecnologia em Análise e Desenvolvimento Tecnológica) – Universidade Tecnológica Federal do Paraná, 2013. Disponível em: <http://repositorio.utfpr.edu.br/jspui/bitstream/1/15580/2/PB_COADS_2013_2_08.pdf>. Acesso em: 17 jul. 2023.

MAGALHÃES, A. C. 6 melhores meios de pagamento para ercommerce. **Ecommerce na Prática**, 4 ago. 2022. Disponível em: <https://ecommercenapratica.com/blog/top-meios-de-pagamento-para-ecommerce>. Acesso em: 17 jul. 2023.

MARQUAI, A.; ALCÂNTARA, R.; CHRISTOPHER, M. Using the Systematic Literature Review Procedure to Identify the Root Causes of Out-of-Stock in Retail Supply Chains. INTERNATIONAL ANNUAL EUROMA CONFERENCE. **Proceedings**... Porto: Catholic University of Portugal, 2010. Disponível em: <https://abdn.pure.elsevier.com/en/publications/using-the-systematic-literature-review-procedure-to-identify-the->. Acesso em: 17 jul. 2023.

MARTINS, E. **Contabilidade de custos**. 9. ed. São Paulo: Atlas, 2003.

MARTINS, E. A. A.; ZILBER, M. A. A busca por vantagem competitiva no segmento marketplace. ENCONTRO DE ESTUDOS SOBRE EMPREENDEDORISMO E GESTÃO DE PEQUENAS EMPRESAS, 10., 2018, São Paulo, SP. **Anais ...**, Campinas, SP: Embra Serviços Tecnologia Ltda., 2018a. Disponível em: <https://proceedings.science/egepe/papers/a-busca-por-vantagem-competitiva-no-segmento-marketplace>. Acesso em: 17 jul. 2023.

MARTINS, E. A. A.; ZILBER, M. A. A inovação como fator de diferenciação no segmento e-marketplace. **Revista Eletrônica de Estratégia & Negócios**, Florianópolis, v. 11, set./dez. 2018b. Disponível em: <https://portaldeperiodicos.animaeducacao.com.br/index.php/EeN/article/view/5055/pdf>. Acesso em: 17 jul. 2023.

MEGLIORINI, E. **Custos análise e gestão**. 2. ed. São Paulo: Pearson Prentice Hamm, 2011.

MERLO, E. **O desafio da logística no e-commerce**. Vitória: Universidade Federal do Espírito Santo, 2002.

MESQUITA, R. Custo de aquisição de clientes: entenda o que é e como reduzir o CAC da sua empresa. **RockContent**, 4 ago. 2018. Disponível em: <https://rockcontent.com/br/blog/custo-de-aquisicao-de-clientes/>. Acesso em: 17 jul. 2023.

MESQUITA, F. W. da S.; LOOS, M. J. Controle de perdas causadas por rupturas nas gôndolas em uma rede de supermercado no estado do Ceará. **Exacta – EP**, São Paulo, v. 15, n. 2, p. 275-285, 2017. Disponível em <https://www.redalyc.org/pdf/810/81052202008.pdf>. Acesso em: 17 jul. 2023.

MONAGHAN, M. WooCommerce Pricing: Every Cost Explained. **WebsiteBuilderExpert**, 5 jan. 2023. Disponível em: <https://www.websitebuilderexpert.com/wordpress/woocommerce-pricing/>. Acesso em: 17 jul. 2023.

MUNIZ, A. A tributação de ICMS no e-commerce. **Dootax**, 27 abr. 2021. Disponível em: <https://blog.dootax.com.br/a-tributacao-de-icms-no-e-commerce/>. Acesso em: 17 jul. 2023.

NAKAMURA, A. M. **Comércio eletrônico riscos nas compras pela internet**. 56 f. Trabalho de Conclusão de Curso (Graduação em Tecnologia em Processamento de Dados) – Faculdade de Tecnologia de São Paulo, SP, 2011. Disponível em: <http://www.fatecsp.br/dti/tcc/tcc0027.pdf>. Acesso em: 17 jul. 2023.

OLIVEIRA, N. **SEO na prática**: como gerar negócios para sua empresa através da internet. 2013.

OLIVIERO, C. A. J.; DEGHI, G. J. **E-commerce**: princípios para o desenvolvimento e gerenciamento de uma loja virtual. Saraiva: Kindle Edition, 2014.

O QUE É chargeback e como evitar este problema no seu e-commerce. **Pagar.me**. 9 abr. 2021. Disponível em: <https://pagar.me/blog/como-evitar-chargeback/>. Acesso em: 17 jul. 2023.

PAIM, W. M. **Análise de custos**. Londrina: Educacional S.A., 2016.

PAIVA, M. FAQ: o que é e como criar uma página de perguntas frequentes? **Nuvemshop**, 3 fev. 2023. Disponível em: <https://www.nuvemshop.com.br/blog/construir-pagina-de-faq/>. Acesso em: 17 jul. 2023.

PLANOS e preços. Disponível em: <https://pt.semrush.com/pricing/>. Acesso em: 17 jul. 2023.

PARENTE, J. **Varejo no Brasil**: gestão estratégica. São Paulo: Atlas, 2000.

PASSO a passo para escolher o melhor ERP possível. **Omninews**, 6 fev. 2020. Disponível em: <https://www.omninews.com.br/erp-passo-a-passo-para-escolher-o-melhor-sistema-possivel/>. Acesso em: 17 jul. 2023.

PATEL, N. Marketing de conteúdo para e-commerce: 15 maneiras de começar. **NeilPatel**. Disponível em: <https://neilpatel.com/br/blog/marketing-para-e-commerce/>. Acesso em: 17 jul. 2023.

PEROTTO, V. Z. **Plataforma de marketplace para vendedores diretos**. Trabalho de Conclusão de Curso. (Graduação em Sistemas de Informação) – Universidade Regional de Blumenau. Blumenal, 2018. Disponível em: <https://bu.furb.br/docs/MO/2018/366678_1_1.pdf>. Acesso em: 17 jul. 2023.

PESQUISA da média de itens devolvidos e trocados no e-commerce brasileiro. **Mercado Pago**, 11 jan. 2021. Disponível em: <https://conteudo.mercadopago.com.br/dropshipping-a-importancia-da-politica-de-cancelamento-de-compra#:~:text=Cancelamentos%20e%20devolu%C3%A7%C3%B5es%20de%20produtos,ter%20uma%20taxa%20de%2030%25>. Acesso em: 17 jul. 2023.

PLATAFORMA centralizada de recebíveis completa 5 anos com 30,6 bilhões de boletos registrados. **Febraban**, 13 out. 2022. Disponível em: <https://portal.febraban.org.br/noticia/3848/pt-br/>. Acesso em: 17 jul. 2023.

PORTER, M. E. **Vantagem competitiva**: criando e sustentando um desempenho superior. Rio de Janeiro: Elsevier, 1989.

QUAL É a diferença entre ERP e WMS, e como essas soluções podem funcionar juntas. **Softdata**. Disponível em: <https://www.softdata.com.br/diferenca-entre-erp-e-wms/>. Acesso em: 17 jul. 2023.

QUANTO CUSTA o marketing digital? Entenda os valores. **Redaweb**. Disponível em: <https://www.redaweb.com.br/posts/quanto-custa-o-marketing-digital-entenda-os-valores>. Acesso em: 17 jul. 2023.

QUANTO CUSTA um ERP? **Conta Azul**, 17 out. 2022. Disponível em: <https://blog.contaazul.com/quanto-custa-um-erp#Principais>. Acesso em: 17 jul. 2023.

QUANTO CUSTA um vídeo institucional? **Mais Resultado**, 1º nov. 2021. Disponível em: <https://agenciamaisresultado.com.br/quanto-custa-um-video-institucional/>. Acesso em: 17 jul. 2023.

QUANTO VALE o trabalho em mídias sociais. **Curso de E-Commerce**. Disponível em: <https://www.cursodeecommerce.com.br/quanto-custa-trabalho-em-midias-sociais/ Acesso em: 17 jul. 2023.

RECUERO, R. **Redes sociais na internet**. Porto Alegre: Sulina, 2010. (Coleção Cibercultura).

REDE. **Chargeback**: contestação de venda. Disponível em: <https://www.userede.com.br/pt-BR/Lists/Downloads/Attachments/25/Rede_Chargeback_V2.pdf>. Acesso em: 17 jul. 2023.

REIS, T. Custos e despesas: entenda quais são as diferenças entre os dois. **Suno**, 19 jan. 2023. Disponível em: <https://www.suno.com.br/artigos/custos-despesas/>. Acesso em: 17 jul. 2023.

RIBEIRO, O. M. **Contabilidade avançada**. São Paulo: Saraiva, 2015.

RICHARDSON, M. Entenda o que é substituição tributária. **Sebrae**, 7 ago. 2019. Disponível em: <https://www.sebrae.com.br/sites/PortalSebrae/ufs/ap/artigos/entenda-o-que-e-substituicao-tributaria,d2ef84d96c431510VgnVCM1000004c00210aRCRD>. Acesso em: 17 jul. 2023.

RICO, L. Como usamos a Semrush para um e-commerce vencer todos os grandes sites do segmento. **Semrush Blog**, 25 jun. 2020. Disponível em: <https://pt.semrush.com/blog/como-usamos-a-semrush-para-um-e-commerce-vencer-todos-os-grandes-sites-do-segmento/>. Acesso em: 17 jul. 2023.

RIDALL, J. 30 Content Marketing Statistics You Should Know. **Search Engine Journal**, Jan. 6th 2023. Disponível em: <https://www.searchenginejournal.com/content-marketing-statistics/475206/#close>. Acesso em: 17 jul. 2023.

RONDINELLI, J. Tentativas de fraude ao e-commerce aumentam no primeiro semestre de 2020, diz Konduto. **E-commerce Brasil**, 25 ago. 2020. Disponível em: <https://www.ecommercebrasil.com.br/noticias/fraude-primeiro-trimestre-konduto>. Acesso em: 17 jul. 2023.

ROSA, J. R. C. **Marketplace no Brasil**: desafios, vantagens e tendências deste modelo de negócio para empresas varejistas. 68 f. Dissertação (Mestrado Profissional em Administração de Empresas) – Faculdade FIA, São Paulo, SP, 2019. Disponível em: <https://fia.com.br/wp-content/uploads/2019/05/Jo%C3%A3o-Roberto-Concei%C3%A7%C3%A3o-Rosa_Vers%C3%A3o-Final_MPROF4.pdf>. Acesso em: 17 jul. 2023.

ROSA, N. G.; DIAS, S. de B. A. Estratégia e gestão de gôndolas de supermercado. **Estudos**, Goiânia, v. 42, n. 1, p. 83-102, jan./fev. 2015. Disponível em: <https://seer.pucgoias.edu.br/index.php/estudos/article/viewFile/4311/2480>. Acesso em: 17 jul. 2023.

RUANO, E. Chris Anderson e o fenômeno da cauda longa. **La Parola**, 6 ago. 2015. Disponível em: <https://laparola.com.br/chris-anderson-e-o-fenomeno-da-cauda-longa>. Acesso em: 17 jul. 2023.

RYAN, E.; WILLETT, N. Shopfy Pricing 2023: Comparison of Plans, Fees & More. **WebsiteBuilderExpert**, 30 jan. 2023. Disponível em: <https://www.websitebuilderexpert.com/ecommerce-website-builders/shopify-pricing/>. Acesso em: 17 jul. 2023.

SALVADOR, M. **Como abrir uma loja virtual de sucesso**. 3. ed. Ebook Kindle, 2013.

SAMPAIO, M.; AGUIAR, F. H. O. de. Identificação dos fatores que afetam a ruptura de estoque utilizando análise de agrupamentos. **FEI**, São Bernardo do Campo, SP, 2012. Disponível em: <https://www.scielo.br/pdf/prod/2013nahead/aop_0103-11.pdf>. Acesso em: 17 jul. 2023.

SANTOS, C. P. dos. **Impacto do gerenciamento de reclamações na confiança e lealdade do consumidor no contexto de trocas de serviços relacionais**. 252 f. Tese (Doutorado em Administração) – Universidade Federal do Rio Grande do Sul, Porto Alegre, 2001. Disponível em: <https://lume.ufrgs.br/handle/10183/1758>. Acesso em: 17 jul. 2023.

SANTOS, J. J. **Análise de custos**: remodelando com ênfase para custo marginal; relatórios e estudos de caso. 3. ed. São Paulo: Atlas, 2000.

SANTOS, W. R. das N.; DIB A. Inovação do e-commerce brasileiro na pandemia. **Econômica – Niterói**, v. 22, n. 1, p. 95-115, jun. 2020. Disponível em: <https://periodicos.uff.br/revistaeconomica/article/download/43247/30383>. Acesso em: 17 jul. 2023.

SÃO PAULO (Estado). Decreto n. 45.490, de 30 de novembro de 2000. **Diário Oficial do Estado**, Poder Executivo, São Paulo, SP, 30 nov. 2000. Disponível em: <https://www.al.sp.gov.br/repositorio/legislacao/decreto/2000/decreto-45490-30.11.2000.html>. Acesso em: 17 jul. 2023.

SÃO PAULO (Estado). Decreto n. 57.608, de 12 de dezembro de 2011. **Diário Oficial do Estado**, São Paulo, SP, 12 dez. 2011. Disponível em: <https://www.al.sp.gov.br/repositorio/legislacao/decreto/2011/decreto-57608-12.12.2011.html>. Acesso em: 17 jul. 2023.

SÃO PAULO (Estado). Decreto n. 62.250, de 4 novembro de 2016. **Diário Oficial do Estado**, Poder Executivo, São Paulo, SP, 5 nov. 2016. Disponível em: <https://www.legisweb.com.br/legislacao/?id=330877>. Acesso em: 17 jul. 2023.

SÃO PAULO (Estado). Secretaria da Fazenda e Planejamento. Portaria CAT n. 42, de 21 de maio de 2018. **Diário Oficial do Estado**, Poder Executivo, 21 maio 2018. Disponível em: <https://legislacao.fazenda.sp.gov.br/Paginas/pcat422018.aspx>. Acesso em: 17 jul. 2023.

SEBRAE – Serviço Brasileiro de Apoio às Micro e Pequenas Empresas. **Como transformar MEI em microempresa**. Disponível em: <https://www.sebrae.com.br/Sebrae/Portal%20Sebrae/UFs/RJ/Anexos/LEGALIZACAO_como_transformar_mei.pdf>. Acesso em: 17 jul. 2023a.

SEBRAE – Serviço de Brasileiro de Apoio às Micro e Pequenas Empresas. **Entenda o motivo do sucesso e do fracasso das empresas.** Disponível em: <https://www.sebrae.com.br/sites/PortalSebrae/ufs/sp/bis/entenda-o-motivo-do-sucesso-e-do-fracasso-das-empresas,b1d31ebfe6f5f510VgnVCM1000004c00210aRCRD>. Acesso em: 17 jul. 2023b.

SEBRAE – Serviço Brasileiro de Apoio às Micros e Pequenas Empresas. **Integre seus canais de vendas a partir do conceito de omnichannel**. 3 out. 2022a. Disponível em: <https://sebrae.com.br/sites/PortalSebrae/artigos/integre-seus-canais-de-vendas-a-partir-do-conceito-de-omnichannel,87426f65a8f3a410VgnVCM2000003c74010aRCRD> Acesso em: 17 jul. 2023.

SEBRAE – Serviço Brasileiro de Apoio às Micro e Pequenas Empresas. **Plataforma de e-commerce**: como escolher. 16 dez. 2015. Disponível em: <https://www.sebrae.com.br/sites/PortalSebrae/artigos/plataforma-de-e-commerce-como-escolher,ab8a59efc9ba1510VgnVCM1000004c00210aRCRD>. Acesso em: 17 jul. 2023.

SEBRAE – Serviço Brasileiro de Apoio às Micro e Pequenas Empresas. **Taxa de conversão**: entenda como transformar usuários em clientes. 7 set. 2022b. Disponível em: <https://www.sebrae.com.br/sites/PortalSebrae/artigos/taxa-de-conversao-o-grande-desafio-do-e-commerce,0eec538981227410VgnVCM2000003c74010aRCRD>. Acesso em: 17 jul. 2023.

SCHRODER, H. **Curso completo de e-commerce**: tudo o que você precisa saber para iniciar e gerenciar sua loja virtual. Curitiba: Kindle Edition, 2018.

SILVA, S. B. **E-commerce**: aplicação da informática nos negócios. 48 f. Trabalho de Conclusão de Curso (Graduação em Análise e Desenvolvimento de Sistemas) – Faculdade de Tecnologia de Americana, São Paulo, 2013. Disponível em: <http://ric.cps.sp.gov.br/bitstream/123456789/633/1/20132S_SILVASidneiBentoda_TCCPD1230.pdf>. Acesso em: 17 jul. 2023.

SLACK, N.; CHANBERS, S. T.; JOHSTON, R. **Administração da produção**. São Paulo: Atlas, 2002.

SOBROZA, T. Melhor site para registrar domínio: ranking 2022. **Tudo sobre Hospedagem de Sites**. 1º ago. 2022. Disponível em: <https://tudosobrehospedagemdesites.com.br/melhor-site-para-registrar-dominio/>. Acesso em: 17 jul. 2023.

SOUZA, A.-S. de. Quanto investir em marketing digital? **Tribuzana Marketing Hoteleiro**. Disponível em: <https://tribuzana.com.br/quanto-investir-em-marketing-digital/>. Acesso em: 17 jul. 2023.

SOUZA, I. de. Afinal, quanto custa contratar um influencer? Saiba agora? **RockContent**, 16 dez. 2020. Disponível em: <https://rockcontent.com/br/blog/quanto-custa-contratar-um-influenciador/>. Acesso em: 17 jul. 2023.

STEFANO, N.; ZATTAR, I. C. **E-commerce**: conceitos, implementação e gestão. Curitiba: Intersaberes, 2016.

TABELA Sib. **IPSutdio**. Disponível em: <https://ead.ipstudio.com.br/tabela-sib-precos-de-ilustracao/>. Acesso em: 17 jul. 2023.

TCHILIAN, F. ClearSale evita R$ 1,9 bilhão em prejuízos com fraudes em 2019. **ClearSale**, 23 jan. 2020a. Disponível em: <https://blogbr.clear.sale/clearsale-evita-quase-dois-bilhoes-em-fraudes>. Acesso em: 17 jul. 2023.

TCHILIAN, F. Tentativas de fraude no varejo online aumentam 18% na pandemia. **ClearSale**, 25 maio 2020b. Disponível em: <https://blogbr.clear.sale/tentativas-de-fraudes-aumentam-na-quarentena>. Acesso em: 17 jul. 2023.

TESTA, M. G.; LUCIANO, E. M. Vantagens e características das lojas "físico-virtuais": o caso da Colombo Virtual Shop. **REAd**, v. 14, n. 1, p. 160-186, 2008. Disponível em: <https://www.redalyc.org/pdf/4011/401137459008.pdf>. Acesso em: 17 jul. 2023.

THE GOOGLE Analytics 360 Suite Increases Domino's Monthly Revenue by 6%. Disponível em: <https://services.google.com/fh/files/misc/ga360_dominos_case_study_v3.pdf>. Acesso em: 17 jul. 2023.

TOREZANI, N. O crescimento do e-commerce no Brasil. **iMasters**, 21 ago. 2008. Disponível em: <https://imasters.com.br/carreira-dev/o-crescimento-do-e-commerce-no-brasil>. Acesso em: 17 jul. 2023.

TORRES, C. **A bíblia do marketing digital**. São Paulo: Novatec, 2010.

TRIBUTAÇÃO no comércio eletrônico: quais os principais pontos a serem observados pela empresa? **CHC Advocacia**, 21 out. 2020. Disponível em: <https://chcadvocacia.adv.br/blog/comercio-eletronico/>. Acesso em: 17 jul. 2023.

TRY BigCommerce free for 15 days, then pic a plan. 2023. Disponível em: <https://www.bigcommerce.com/essentials/pricing/>. Acesso em: 17 jul. 2023.

TUCUNDUVA, M. 8 ferramentas para ecommerce [indispensáveis] para criar o site, gerir e vender. Disponível em: <https://blog.lahar.com.br/marketing-digital/ferramentas-para-ecommerce/>. Acesso em: 17 jul. 2023.

TUCUNDUVA, M. **Quanto custa para abrir uma loja virtual?** 2017. Disponível em: <https://ecommerce-pratica.com.br/site2/quanto-custa-loja-virtual/#:~:text=Voc%C3%AA%20vai%20precisar%20de%20um,nicho%20e%20caracter%C3%ADsticas%20do%20neg%C3%B3cio>. Acesso em: 27 out. 2022.

TURCHI, S. R. **Estratégias digital e e-commerce**. São Paulo: Atlas, 2012.

VALLE, L. B. **Acessibilidade web**: a qualidade de navegação em sites de e-commerce para deficientes visuais. 38 f. Trabalho de Conclusão de Curso (Graduação em Publicidade e Propaganda) – Faculdade de Tecnologia e Ciências Sociais do Centro Universitário de Brasília. Brasília, 2016. Disponível em: <https://repositorio.uniceub.br/jspui/bitstream/235/9572/1/21077993.pdf>. Acesso em: 17 jul. 2023.

VEEQO Pricing. **SaaSworthy**. Disponível em: <https://www.saasworthy.com/product/veeqo/pricing>. Acesso em: 17 jul. 2023.

VEJA quanto custa montar uma loja virtual em 2023. **Contabilizei.blog**, 24 jan. 2023. Disponível em: <https://www.contabilizei.com.br/contabilidade-online/quanto-custa-montar-uma-loja-virtual/>. Acesso em: 17 jul. 2023.

VILVERT, C. PIX no e-commerce: tudo que você precisa saber. **Vtex Blog**, 8 out. 2020. Disponível em: <https://vtex.com/pt-br/blog/produto/pix-no-e-commerce/>. Acesso em: 17 jul. 2023.

WEBSTER, L. Primeiros passos para montar uma loja virtual. In: FUJITA, A. et al. **Bastidores do e-commerce**: uma análise aprofundada dos processos de e-commerce e sua operação. São Paulo, SP: EZCommerce, 2016. p. 6-11.

estudo de caso

DISCIPLINA: E-commerce

CAPÍTULO 6 – Estudo da concorrência

ESTUDO DE CASO – Saldão da Informática

Texto introdutório

Empresa virtual do nicho de eletrônicos recertificados, a Saldão de Informática tem um grande obstáculo: a concorrência de grandes plataformas como Americanas e Mercado Livre.

Em menos de 5 anos, a organização alcançou um marco notável, de 60 mil produtos vendidos para mais de 1 milhão de unidades. Esse feito possibilitou que a empresa chegasse à primeira posição do *ranking* da Google para pesquisas sobre termos como "*notebook*", altamente buscados na internet (1 milhão e meio de ocorrências por mês).

Texto do caso

Como a Saldão da Informática chegou aos números anteriormente apresentados? Com um diferencial que faz dessa empresa uma organização que vai além da mera venda de eletrônicos: a comercialização de produtos recertificados.

O que vem a ser um item recertificado? Trata-se de um produto descartado pela indústria por algum defeito e que foi reformulado, o que permite a prática de preços abaixo do mercado.

Portanto, podemos chegar à conclusão de que a soma entre um nicho rentável e a excelência é imbatível para o sucesso de uma empresa. Nesse contexto, foco e aparência são consistentemente a melhor estratégia. Nesse ponto, podemos seguir para os aspectos técnicos de uma ótima estratégia de SEO.

Solução:

A otimização de mecanismos de busca tem na SEMrush uma poderosa ferramenta para estruturas de SEO robustas orientadas a dados. Graças a seus recursos de *benchmarking*, as possibilidades de negócios aumentam exponencialmente.

Resolução:

Para que o empreendimento tenha sucesso em suas estratégias de SEO, é necessária uma visão do panorama do *site* como um todo para determinar sua *performance*.

Nesse cenário, o recurso de Percepção Geral do Domínio torna a avaliação de SEO mais eficiente, pois estabelece métricas claras para canais orgânicos e pagos.

Por meio dessa ferramenta, o analista pode estudar com avaliar com acurácia a perspectiva do nicho e os potenciais concorrentes. Entre as métricas utilizadas nesse sentido, podemos citar as seguintes: Authority Score (consentimento de alçada), Trânsito Vegetal, Trânsito Reparado, *Backlinks* e Conjunto de meios de comunicação Display.

Fonte: Elaborado com base em Rico, 2020.

Dica 1

Já viu como funciona a SEMrush? Veja esse vídeo tutorial:

CONSULTORIA DIGITAL. **SEMRush Tutorial**: veja como usart e se vale a pena contratar. Disponível em: <https://www.youtube.com/watch?v=1Z2eSpBBOCc>. Acesso em: 17 jul. 2023.

Dica 2

Quer saber o que é o SEO? Como aplicar no SEMrush? Assista ao seguinte vídeo:

SEMRUSH BRASIL. **Como fazer SEO com o Kit de Ferramentas de SEO da Semrush**. Disponível em: <https://www.youtube.com/watch?v=AxKew-IKJBg>. Acesso em: 17 jul. 2023.

DISCIPLINA – E-commerce
CAPÍTULO: Livro Geral
ESTUDO DE CASO – Domino's

Texto introdutório

Há pouco tempo, a pizzaria lançou uma campanha denominada "Domino's AnyWare", com uma grande disputa: mostrar que solicitações poderiam ser feitas por meio de qualquer tecnologia.

Com isso, a marca integrou em sua página central diversos ícones de dispositivos como Smartwatch, Voice, automóvel, Google Home, Amazon Alexa, além de muitas redes sociais de uma só vez.

Tudo para favorecer a vida do cliente que pretende requisitar uma pizza da maneira como ele quiser ou no lugar em que estiver.

Texto do caso

Uma das redes de entrega de pizza mais famosas da Europa, a Domino's vem consolidando cada vez mais sua ascendência e aumentando progressivamente suas vendas, com 76 milhões de pizza vendidas e £ 766,6 milhões (1,02 bilhões de dólares) de receita em 2014, perfazendo um crescimento de 14,6% em comparação com o exercício de 2013.

No Reino Unido e na Irlanda, a comercialização virtual cresce como um relógio, em um ritmo de 30% de aumento por ano. Perfazendo 70% de todas as vendas, as transações virtuais vieram para ficar, e 44% desse montante é realizado na palma da mão, por meio dos mais diferentes dispositivos.

Um dos segredos do sucesso da Domino's vem de seu investimento consistente em novas tecnologias, incluindo as de comércio eletrônico. O benefício? O cliente pode adquirir suas pizzas de qualquer lugar, em vários dispositivos (aplicativos para iPhone, Android iPad e Windows, incluindo pedidos por Xboxes).

Outro segredo da rede consiste na utilização de recursos de estudo de *performance* de *marketing*, acompanhando as inovações rápidas da empresa. Contudo, a Domino's ainda tem de superar pesquisas isoladas e utilizar recursos que analisem além do item *canais*, limitação que restringe o setor de *marketing* a verificar distintos caminhos para a compra.

Pergunta:

Como gerar essa análise da maneira correta?

Solução:

Tendo consciência da carência de informações fundamentais para suas pesquisas de *marketing*, efetuou uma combinação exitosa dos recursos Google Analytics 360, Tag Manager 360 e BigQuery. Tal associação permitiu que a rede empreendesse pesquisas mais precisas do comércio digital e dos diferentes perfis de seus consumidores.

Fonte: Elaborado com base em The Google..., 2023.

Resolução

Para avaliar se os clientes estavam conseguindo de fato pedir pizza de qualquer tipo de aplicativo, a Domino's acompanhou de perto todo o processo e, por meio do Google Analytics e de outras ferramentas, obteve relatórios tão precisos que mostravam de que tipo de aparelho a pessoa conseguiu pedir uma pizza. Até por aparelhos de *videogame* era possível pedir produtos. Contudo, só foi possível medir se a campanha era um sucesso ou um fracasso por meio de ferramentas de gestão.

Dica 1

O Google Analytics é amplamente usado no e-commerce. Para saber mais, veja este vídeo com três dicas infalíveis para aplicar em qualquer loja virtual:

ECOMMERCE NA PRÁTICA. **3 dicas de como usar o Google Analytics no ecommerce**: métricas Boss. Disponível em: <https://www.youtube.com/watch?v=_uPHgYbwgng>. Acesso em: 17 jul. 2023.

Dica 2

Você sabe analisar as visitas das pessoas que procuraram uma loja virtual? Não? Assista ao vídeo do Canal E-commerce e fique por dentro.

ECOMMERCE NA PRÁTICA. **Como analisar visitas da loja virtual**: instalar Google Analytics. Disponível em: <https://www.youtube.com/watch?v=YIB-DG3X2yQ>. Acesso em: 17 jul. 2023.

Dica 3

Sabe definir metas com o Google Analytics? Quer aprender? Assista ao seguinte vídeo:

GIANINI, A. **Como definir metas no Google Analytics**. Disponível em: <https://www.youtube.com/watch?v=ghOfrd3iJb4>. Acesso em: 17 jul. 2023.

bibliografia comentada

BORNIA, A. C. **Análise gerencial de custos em empresas modernas**. Porto Alegre: Bookman, 2010.

O propósito desse livro é resultar a percepção da avaliação de custos, demostrando que uma avaliação bem-feita é primordial para o sucesso e um instrumento poderoso para todos dentro de uma empresa.

BRUNI, A. L.; FAMÁ, R. **Gestão de custos e formação de preços**: com aplicações na calculadora HP 12C e Excel. 3. ed. São Paulo: Atlas, 2003.

A obra trata da avaliação de custos, ferramenta estratégica no processamento decisório, sendo relevante para muitos trabalhos gerenciais, como formação de valor, melhorias em processos de fabricação e valorização de reserva. Essa atividade é realizada pelas companhias para estabelecer uma medida mais exata dos gastos empreendidos para se preservarem operantes. Ela integra a contabilidade de custos, setor contábil que cuida dos gastos ocorridos na fabricação de propriedades e serviços.

De um ponto de vista prático, a avaliação de custos é a repartição contábil das operações produtivas da empresa por meio das contas de ajuda, que são capazes de ser divididas em: custos de serviços (gastos que ocorrem na prestação de serviços) e custos industriais (gastos que ocorrem na fabricação de itens).

DUBOIS, A.; KULPA, L.; SOUZA, L. E. de. **Gestão de custos e formação de preços**: conceitos, modelos e instrumentos: abordagem do capital de giro e da margem de competitividade. São Paulo: Atlas, 2009.

Aptidões e competências teórico-práticas referentes aos formatos de custos para medição de oportunidades de ganho são primordiais para todos os gestores. Analisar custos e definir a metodologia que melhor se encaixa na formação do valor do produto ou serviço é um grande diferencial, que impacta diretamente o planejamento engenhoso de qualquer empresa.

Esse livro apresenta os conceitos de custos de maneira abrangente, contemplando as definições tradicionais até as proposições mais criativas. O conteúdo é enriquecido com treinos, casos práticos e pesquisas de caso para melhor fixação dos conceitos.

O livro é dividido em três partes. Na Parte I, são apresentadas a generalidade estrutural de custos e os conceitos básicos que devem nortear o leitor. A Parte II trata de sistemas e técnicas de ajuda. Por fim, a Parte III destaca os fatores importantes para um apreciável foco sobre formação do valor de distribuição e suas influências no resultado das organizações.

LEONE, G. S. G. **Custos, planejamento, implantação e controle**. São Paulo: Atlas, 2010.

A obra trata da pesquisa da contabilidade de custos como um centro processador de dados e preparador de informações gerenciais para os distintos graus de decisão, controle e planejamento das companhias. A essa ideia básica é concedido um tratamento técnico, operacional e educativo. O conteúdo introdutivo apresenta uma percepção total dos sistemas de custos, destacando suas finalidades, aplicações e restrições. O teor final trata da implantação desses sistemas, com distintos casos práticos vivenciados.

MEGLIORINI, E. **Custos análise e gestão**. 2. ed. São Paulo: Pearson Prentice Hamm, 2011.

Ótima ferramenta para todos os que pretendem iniciar na pesquisa de custos. Com abordagem clara e didática, a obra é uma das principais referências do mercado. No intuito de favorecer o ensino profissionalizante, traz um conteúdo focado na aplicação dos conceitos e na execução da disciplina.

Os conteúdos são tratados de maneira atraente e gradual, mantendo a atenção do aluno. Além disso, traz uma sequência coerente, transitando de situações fáceis a complexas, permitindo ao leitor familiarizar-se com o assunto de maneira natural e intuitiva.

RIBEIRO, O. M. **Contabilidade avançada**. São Paulo: Saraiva, 2015.

Com a amparo do Código Internacional de Contabilidade (IFRS), conteúdos complexos e novos processos começaram a fazer parte do cotidiano dos contadores, que se viram obrigados a dominar novos conceitos e novas ideias.

A obra aborda aspectos contábeis avançados, tais como conciliação de serviços, remuneração de capital próprio, tributos sobre ganho, *impairment*, ajuste a valor presente, evidência dos fluxos de caixa, políticas contábeis, todos atualizados de acordo com os pronunciamentos emitidos pelo Enviados de Pronunciamentos Contábeis (CPC), escolhidos por sua relevância.

SANTOS, J. J. **Análise de custos**: remodelando com ênfase para custo marginal; relatórios e estudos de caso. 3. ed. São Paulo: Atlas, 2000.

A obra apresenta conceitos e casos práticos importantes para a execução de uma gestão rentável de negócios. A abordagem dos capítulos favorece a percepção de toda uma metodologia baseada no custeamento para apuração do ganho urgente de cada produto comercializado, no momento de sua embarcação para o cliente.

Entre outros temas, a obra trata da urgência de apurar e administrar o ganho de cada produto comercializado em vez de aguardar pelo fecho dos resultados mensais que ocorrem em meses seguintes, para a consumo do *feedback* do ganho das vendas realizadas. Entre as inovações dessa união, destacam-se os conteúdos sobre metas e pesquisa de caso da "arte da contabilidade".

sobre as autoras

Silvana Torquato Fernandes Alves é doutoranda em Ciências da Informação (Jornalismo) na Universidade Fernando Pessoa, no Porto/Portugal. Mestre em História pela Universidade Federal de Campina Grande (UFCG). Especialista em Comunicação e Educação (2007) e graduada em Comunicação Social, habilitação em Jornalismo, ambas pela Universidade Estadual da Paraíba (UEPB, 2005). Atualmente, é professora nos cursos de Publicidade e Propaganda e Direito no Centro de Educação Superior Reinaldo Ramos (Cesrei) – Faculdade Reinaldo Ramos (Farr). Também teve experiência como professora na UEPB e IFPB. Tem experiência como repórter do portal *Jornal da Paraíba,* periódico no qual também atuou como chefe de reportagem, editora, secretária de redação e repórter da versão impressa. Tem experiência na área de comunicação, atuando principalmente nos seguintes temas: jornalismo, mídias digitais, novas tecnologias, *marketing* digital, publicidade e propaganda, estudos de mídia, redes sociais, internet, convergência, jornalismo digital, jornalismo colaborativo, educação e comunicação.

Lúcia Maria Tavares é mestra em Governança Corporativa. Desenvolve sua carreira na área de TI voltada para área da saúde, com ampla experiência no mercado de saúde e no desenvolvimento de projetos de implantação de sistemas, estruturação e governança de TI. Tem experiência em gestão de TI e governança corporativa; gerenciamento e controle de riscos; avaliação do ambiente de controles internos com o intuito de auxiliar as áreas da companhia a atingirem seus objetivos de maneira segura, mitigando a exposição a riscos relevantes; definição de metodologia para avaliação de riscos e controles internos, fundamentado no modelo COSO; disseminação da cultura de controles internos e *compliance* em todos os níveis da companhia; definição do escopo dos trabalhos, desenho e revisão dos testes de auditoria interna; preparação de relatórios de auditoria com pontos identificados e recomendações de melhorias; monitoramento dos planos de ações propostos; preparação de sumários executivos e reportes para a alta administração; gestão de continuidade de negócios; implantação de Itil e Cobit; montagem de *service desk* específico para o negócio de saúde. Conta com experiência em administração de sistemas de gestão de planos de saúde, análise de negócios, gestão de projetos de integração de sistemas e domínios, regulação e legislação da ANS, domínio sobre área da saúde (gestão de planos e hospital), BI e BSC.

Impressão:
Agosto/2023